Thomas Meißner

Aktienkursreaktionen auf Direktinvestitionen in Osteuropa

GABLER EDITION WISSENSCHAFT

Thomas Meißner

Aktienkursreaktionen auf Direktinvestitionen in Osteuropa

Befunde für den deutschen Kapitalmarkt

Mit einem Geleitwort von Prof. Dr. Martin Klein

Deutscher Universitäts-Verlag

Bibliografische Information Der Deutschen Bibliothek
Die Deutsche Bibliothek verzeichnet diese Publikation in der Deutschen Nationalbibliografie; detaillierte bibliografische Daten sind im Internet über <http://dnb.ddb.de> abrufbar.

Dissertation Universität Halle-Wittenberg, 2003 u.d.T.: Meißner, Thomas: Reaktionen auf das Bekanntwerden ausländischer Direktinvestitionen in Mittel- und Osteuropa. Modellierung und empirische Befunde für den deutschen Aktienmarkt.

1. Auflage Oktober 2003

Lektorat: Brigitte Siegel / Katharina Harsdorf

Der Deutsche Universitäts-Verlag ist ein Unternehmen der Fachverlagsgruppe BertelsmannSpringer.
www.duv.de

Umschlaggestaltung: Regine Zimmer, Dipl.-Designerin, Frankfurt/Main

Gedruckt auf säurefreiem und chlorfrei gebleichtem Papier

ISBN-13:978-3-8244-7892-7 e-ISBN-13:978-3-322-81563-7
DOI: 10.1007/978-3-322-81563-7

Geleitwort

Seit der Wende hat sich die Standortproblematik in Deutschland erheblich verschärft. Die ehemals sozialistischen Staaten Mittel- und Osteuropas sind seit ihrem Übergang zur Marktwirtschaft ein wichtiges Ziel unternehmerischer Direktinvestitionen geworden. Aus Ländern an der europäischen Peripherie wurden so ernsthafte Konkurrenten im internationalen Standortwettbewerb.

Die Dissertation von Herrn Meißner ist ein Beitrag zu dieser Problematik. Sie behandelt Direktinvestitionen in Mittel- und Osteuropa ab dem Jahre 1990 unter dem Blickwinkel des deutschen Kapitalmarkts. Im Mittelpunkt steht eine Untersuchung über die Auswirkungen dieser Direktinvestitionen auf die Position der Muttergesellschaften an den deutschen Börsen. Basierend auf einem panel-theoretischen Ansatz gelingt im Rahmen einer Event Study der Nachweis positiver Überschussrenditen. Kurz gesagt bedeutet dies, dass Direktinvestitionen in der Region von den Kapitalmärkten honoriert wurden und dass sie den Muttergesellschaften Vorteile im nationalen und internationalen Wettbewerb einbrachten. Aufbauend auf diesem Ergebnis identifiziert Herr Meißner dann die Faktoren, die diese Kapitalmarktwirkungen signifikant beeinflussen. Dies sind zum einen die Standortgegebenheiten in den Zielländern, zum anderen aber auch Faktoren, die dem Standort der Muttergesellschaften zuzurechnen sind.

Herr Meißner sichtet in seiner Arbeit ein weites Spektrum ökonomischer Theorieansätze. Er stellt Bezüge her zwischen der Investitions- und Finanzierungstheorie, der Theorie der unternehmerischen Standortwahl, der Theorie der Unternehmung und außenwirtschaftstheoretischen Ansätzen. Von hier wagt er den Spagat zur Empirie. Als Verbindung von theoretischen und empirischen Forschungsansätzen wendet sich die Arbeit an Unternehmenspraktiker und an Wirtschaftspolitiker. Für Unternehmenspraktiker belegt sie, wie bedeutsam First-mover advantages sein können, um im internationalen Unternehmenswettbewerb zu bestehen. Für Wirtschaftspolitiker gibt sie Hinweise darauf, welche Faktoren einem Land ein günstiges Profil geben, um sich im internationalen Standortwettbewerb zu behaupten.

Prof. Dr. Martin Klein

Vorwort

Unablässig, wenn auch mit wechselnder Intensität erfreuen sich die unternehmerischen Direktinvestitionen des wissenschaftlichen Interesses. Eine ausgemachte Wissenschaftskonjunktur erlebt dieses Phänomen seit dem Beginn der Transformation in Mittel- und Osteuropa. Wenn auch ich mich diesem Thema angenommen habe, so haben dabei nicht so sehr die Wirkungen von Direktinvestitionen auf die Faktormärkte in betroffenen Ländern im Vordergrund gestanden, sondern eher die einzelwirtschaftlichen Aspekte und hier speziell die Vor- und Nachteile für die Kapitaleigner Direktinvestitionen durchführender Unternehmen.

Ich danke an dieser Stelle ganz besonders meiner Frau, die während der gesamten Zeit meines Dissertationsprojektes eine aufmerksame Zuhörerin und eine konstruktive Gesprächspartnerin war. Ohne ihre fortwährenden Ermunterungen weiterzumachen, aber auch ohne ihre Ermahnungen, Abwegiges nicht weiterzuverfolgen, wäre dieses Projekt nicht zu einem erfolgreichen Abschluss gekommen.

Meinen Eltern gilt Dank für die Ausbildung, die sie mir ermöglicht haben und zu der sie selbst wesentlich beigetragen haben. Ihre Fürsorge und Fürsprache sind nicht nur während der Bearbeitung meiner Dissertation eine stets willkommene Unterstützung gewesen.

Herrn Prof. Dr. Martin Klein gebührt Dank für seine beharrliche Betreuung meines Projektes und die Übernahme der Erstkorrektur. Seinem Bemühen, alle Befunde stets auf den Prüfstand des jeweiligen aktuellen Stands der wissenschaftlichen Diskussion zu stellen, sind wertvolle Denkanstöße entsprungen. Herr Prof. Dr. Rüdiger Pohl hat sich als mein ehemaliger Vorgesetzter am Institut für Wirtschaftsforschung Halle und Zweitkorrektor dankbarerweise als stets fordernder Begleiter erwiesen. Die offene Diskussionsatmosphäre am Institut, die namentlich auf ihn zurückzuführen ist, hat sich sehr positiv auf meine Doktorarbeit ausgewirkt. Herrn Prof. Dr. Herbert Hax kommt Dank zu für die Übernahme der Drittkorrektur meiner Arbeit. Seine wertvollen, feinsinnigen Hinweise zum Manuskript haben bei mir Erinnerungen an Beratungen mit ihm beim Sachverständigenrat wachgerufen, denen ich beiwohnen durfte.

Zur Schar der wohlmeinenden, urteilssicheren Begleiter meiner Dissertation zählt des Weiteren mein ehemaliger Kollegenkreis am IWH und hier speziell die Referenten der Abteilung "Mittel- und Osteuropa" sowie die Diskutanten des wirtschaftswissenschaftlichen Forschungskolloquiums der Martin-Luther-Universität Halle-Wittenberg. Als Korrekturleser hat sich insbesondere mein Bruder Burkhard hervorgetan. Wichtige Details wären ohne Anregungen von dieser Seite unerwähnt oder unklar geblieben. Die Unterstützung meiner Kollegen der DZ BANK in jüngster Zeit hat zu einer gelungenen Abrundung meiner Doktorarbeit beigetragen.

Erkenntlich möchte ich mich den Herren Hilmar Schneider und Badi Baltagi gegenüber zeigen. Ohne sie wäre mir die Fülle und der Reichtum, den die Paneldaten-Analyse bereithält, zu großen Teilen verschlossen geblieben.

Bei allem gedanklichen Austausch mit meiner Umwelt bin ich mir bewusst, dass Fehler nicht ganz zu vermeiden gewesen sein dürften. Die Verantwortung hierfür übernehme ich bereitwillig.

Viele weitere gute Geister wären es wert, lobend erwähnt zu werden. Ich werde jegliche Unterstützung in guter Erinnerung behalten, speziell von meinen Verwandten, Freunden und Bekannten.

Thomas Meißner

Inhaltsverzeichnis

Verzeichnis der Abbildungen im Text

Tabellenverzeichnis

Einleitung

In den zurückliegenden Jahren stiegen die Direktinvestitionsströme weltweit erheblich an. Lange Zeit vorzugsweise zwischen Ländern mit entwickelten Marktwirtschaften oder von diesen in die Länder aufholender Entwicklung geflossen, stellten Direktinvestitionen zuletzt ein globales Phänomen dar; dabei kam es in der jüngeren Vergangenheit auch zu einem größeren Strom dieser Mittel innerhalb der Gruppe von Volkswirtschaften aufholender Entwicklung.[1] Die Gründe für solche Tendenzen sind vielschichtig. Große Bedeutung hat aber wohl ein seit etwa Anfang der achtziger Jahre in allen Regionen der Welt zu beobachtender Deregulierungs- und Privatisierungsschub.

Große Direktinvestitionszuwächse kennzeichneten seit dem Jahre 1990 die Länder des untergegangenen Rats für gegenseitige Wirtschaftshilfe. Speziell die mittel- und osteuropäischen Reformstaaten, zuvor von der globalen Zunahme überregionaler außenwirtschaftlicher Verflechtungen so gut wie abgeschnitten, vollzogen seither eine rapide Integration in die Weltwirtschaft. Dies ging mit einer Einbindung in unternehmerische Netzwerke einher, was sich unter anderem in gestiegenen Direktinvestitionszuflüssen und - wenngleich in geringerem Maße - in gestiegenen Direktinvestitionsabflüssen niederschlug.

Als Herkunftsländer der Direktinvestitionen in die Reformstaaten traten nach Einsetzen der dortigen Systemveränderungen zu Beginn der neunziger Jahre hauptsächlich die Staaten Westeuropas in Erscheinung. Hier war es insbesondere Deutschland, das - wohl nicht zuletzt aufgrund seiner geographischen Nähe und seiner gesamtwirtschaftlichen Leistung - zum Direktinvestitionsaufkommen erheblich beitrug.[2] Geht es um eine Diskussion der Motive, die Direktinvestoren zu Engage-

---

1 ZEBREGS, Harm: Can the neoclassical model explain the distribution of foreign direct investment across developing countries? Washington, D. C. (= IMF working paper Nr. WP/98/139) 1998.

2 Vgl. KAUFMANN, Friedrich / MENKE, Andreas: Standortverlagerungen mittelständischer Unternehmen nach Mittel- und Osteuropa - eine empirische Untersuchung am Beispiel der vier Visegrád-Staaten. Stuttgart (= Schriften zur Mittelstandsforschung, N.F., Nr. 74) 1997; HUMMEL, Marlies u. a.: Stärken und Schwächen Deutschlands im internationalen Wettbewerb um Einkommen und Arbeitsplätze - Strukturberichterstattung 1995. Berlin (= Schriftenreihe des Ifo-Instituts für Wirtschaftsforschung Nr. 143) 1996, S. 134-135; KLODT, Henning / MAURER, Rainer: Internationale Direktinvestitionen - Determinanten und Konsequenzen für den Standort Deutschland. Kiel (= Kieler Diskussionsbeiträge Nr. 284) 1996, S. 14-15; RHEINISCH-WESTFÄLISCHES INSTITUT FÜR WIRTSCHAFTSFORSCHUNG ESSEN: Der Wirtschafts-

ments in den Reformstaaten veranlassen, so werden immer wieder zwei Punkte herausgestellt: einerseits die Ausnutzung von Kosten-, insbesondere Lohnkostenvorteilen, andererseits die Erschließung erwarteter Marktpotentiale.[3]

In der wirtschaftspolitischen Diskussion wird häufig davon ausgegangen, dass eine in Mittel- oder Osteuropa vorgenommene Direktinvestition asymmetrische Wirkungen auf die einzelnen Gruppen entfalte, die spezifische Interessen am Kurs eines direktinvestierenden Unternehmens hätten: Von den verschiedenen *Stakeholders* müssten insbesondere die Arbeitnehmer an den angestammten Unternehmensstandorten ökonomische Einbußen hinnehmen, was bis hin zum Verlust von Arbeitsplätzen führen könne; allerdings stützen die empirischen Befunde diese Position nicht eindeutig.[4] Vergleichsweise geringe öffentliche Aufmerksamkeit erfährt demgegenüber die Frage, welche Vor- und Nachteile Direktinvestitionen in den Reformstaaten für die Anteilseigner von Unternehmen mit sich bringen. Dies mag damit zusammenhängen, dass für die *Shareholders* vielfach eine Interessenkongruenz mit den Entscheidern innerhalb der Unternehmen angenommen wird. Auch in Kapitalgesellschaften, in denen die Funktionen Eigentümer und Geschäftsführer voneinander getrennt seien, entschieden Unternehmensmanager, so die Hypothese, in der Regel im Sinne der Eigentümer.[5] Die Arbeit von Unternehmenslenkern

---

standort Deutschland vor dem Hintergrund regionaler Entwicklungstendenzen in Europa - Gutachten. Essen 1996.

3 Gut erkennbar ist eine zeitliche Abfolge in der durch die Öffentlichkeit wahrgenommenen Bedeutung der beiden Hauptmotive. Wurde noch im Jahre 1994 aufgrund der Lohnkostendifferentiale zwischen Westeuropa und den Reformstaaten gesprochen von einer "Flucht nach Osten" (in: Manager Magazin, Nr. 3 / 1994, S. 84-97), so hieß es zuletzt "Lockende Märkte" (in: Wirtschaftswoche, Nr. 38 / 2000, S. 50-53).

4 AGARWAL, Jamuna P.: Does foreign direct investment contribute to unemployment in home countries? An empirical survey. Kiel (= Kieler Arbeitspapiere Nr. 765) 1996; BELLAK, Christian J.: Effekte aktiver Direktinvestitionen im Ursprungsland. Frankfurt am Main u. a. 1993; BLOMSTRÖM, Magnus / FORS, Gunnar / LIPSEY, Robert E.: Foreign direct investment and employment - home country experience in the United States and Sweden; in: The economic journal / Royal Economic Society, Jg. 107 (1997), November = No. 445, S. 1787-1797; BORSOS, Julianna: Domestic employment effects of Finnish FDIs in Eastern Europe. Helsinki (= Elinkeinoelämän Tutkimuslaitos, Series B, Nr. 111) 1995; BRAINARD, S. Lael / RIKER, David A.: Are US multinationals exporting US jobs? Cambridge, MA (= National Bureau of Economic Research, Working paper Nr. 5958) 1997; HENNEBERGER, Fred / GRAF, Stefan: Deutsche Direktinvestitionen im Ausland - Gefahr für deutsche Arbeitsplätze? St. Gallen (= Diskussionspapiere des Forschungsinstituts für Arbeit und Arbeitsrecht an der Hochschule St. Gallen Nr. 41) 1996.

5 FAMA, Eugene F.: Agency problems and the theory of the firm; in: Journal of political economy, Jg. 88 (1980), S. 288-307.

orientiere sich an der Steigerung von Unternehmenswerten und damit am *Shareholder value*. Daraus wird für den hier interessierenden Zusammenhang in der Regel gefolgert, dass eine Direktinvestition in den Reformstaaten Mittel- oder Osteuropas in der überwiegenden Mehrzahl der Fälle mit einer Verbesserung der ökonomischen Position der Anteilseigner einhergehen dürfte. Andernfalls unterbliebe ein derartiges Vorhaben. Insofern mag die Frage nach der Vorteilhaftigkeit von Direktinvestitionen in Mittel- und Osteuropa für die Anteilseigner betreffender Unternehmen möglicherweise sogar trivial erscheinen.

Die Annahme der Interessenkongruenz zwischen Unternehmenseignern und -geschäftsführung ist allerdings gewagt. Dies gilt nicht zuletzt für solche Fälle, in denen vor dem Hintergrund der Präferenzen geschäftsführender Manager deren persönliches ökonomisches Ergebnis nicht adäquat an den Erfolg ihres Unternehmens gekoppelt ist.[6] Der diskretionäre Entscheidungsspielraum mag Angestellten der obersten Leitungsebene eines Unternehmens Gelegenheit geben, eigene Ziele zu verfolgen, die denjenigen der Anteilseigner zuwiderlaufen können.[7] Die Folge hiervon kann auch in Direktinvestitionen liegen, die zwar die Machtbasis geschäftsführender Manager stärken, den *Shareholder value* aber unverändert lassen oder gar mindern.

Die "Neue Investitionstheorie"[8] liefert ein Argument dafür, dass von einer Direktinvestition auch gar kein Effekt auf das Netto-Vermögen von Unternehmenseignern ausgehen kann. Hat nämlich einerseits eine Direktinvestition zu einem bestimmten Zeitpunkt einen positiven Nettokapitalwert, dann wäre sie - so die Argumentation - bereits zuvor durchgeführt worden. Hat andererseits eine Direktinvestition zu einem Zeitpunkt, da eine Entscheidung hierüber ansteht, einen negativen Nettokapitalwert, dann entscheidet sich ein betreffendes Unternehmen gegen die Direktinvestition. Hieraus folgt, dass eine Option direktzuinvestieren dann

---

6 Vgl. KIENER, Stefan: Die Principal-Agent-Theorie aus informationsökonomischer Sicht. Heidelberg 1990, und die dort angegebene Literatur.

7 So schon JENSEN, Michael C. / MECKLING, William H.: The theory of the firm - Managerial behaviour, agency costs and ownership structure; in: Journal of financial economics, Jg. 3 (1976), S. 305-366.

8 Vgl. grundlegend DIXIT, Avinash K. / PINDYCK, Robert S.: Investment under uncertainty. Princeton, NJ, 1994; zuvor bereits MYERS, Steward C.: Determinants of corporate borrowing; in: Journal of financial economics, Jg. 5 (1977), S. 147-175, oder McDONALD, Robert / SIEGEL, Daniel: The value of waiting to invest; in: The quarterly journal of economics, Jg. 101 (1986), Nr. 4, S. 707-727.

und nur dann ausgeübt wird, wenn ein Unternehmen, dem eine solche Option offensteht, gerade indifferent ist zwischen der Direktinvestition und dem dazu alternativen Vorgehen, nicht direktzuinvestieren. So gesehen müssen sich die Werte der beiden fraglichen Alternativen, direktzuinvestieren oder nicht, zum Zeitpunkt einer Entscheidung für eine Direktinvestition exakt entsprechen (*value matching*).[9] Da der Bruttowert einer Direktinvestition genau mit den Opportunitätskosten der Alternative, nicht direktzuinvestieren, übereinstimmt, akquiriert ein Unternehmen mit einer Direktinvestition ein Projekt mit einem Nettokapitalwert von Null. Der Nettowert eines Unternehmens ändert sich durch eine Direktinvestition nicht. Im Ergebnis sollte eine Direktinvestition keinen Effekt auf das Netto-Vermögen von Unternehmenseignern ausüben.

Wenig zielführend ist die gelegentlich vorgebrachte Argumentation, ein Unternehmen könne auch ganz bewusst einen Verlust an *Shareholder value* in Kauf nehmen, um ein bestimmtes strategisches Ziel zu erreichen; gehe es beispielsweise um die Besetzung von Marktpositionen im Ausland oder um die Erhöhung von Marktanteilen, mag ein Direktinvestitionsengagement selbst dann vorgenommen werden, wenn sich die unternehmerischen Anteilseigner netto anschließend schlechter stellen. Insofern bedürfe es eigennütziger Manager gar nicht, damit eine Direktinvestition durchgeführt wird, die den Wert eines Unternehmens verringert. Diese Argumentation übersieht, dass jedes Streben auf Seiten geschäftsführender Manager nach einem strategischen Ziel letztlich der Besserstellung der Unternehmenseigner dienen muss. Ein Konflikt zwischen kurz- und langfristigen Zielen existiert an dieser Stelle nicht.

Die auf den ersten Blick vielleicht gehaltlos erscheinende Frage nach den Vor- und Nachteilen einer Direktinvestition in den Reformstaaten für die Anteilseigner von Unternehmen erlaubt bei genauerem Hinsehen keine schnelle Antwort. Der Wert eines Unternehmens mag durch ein derartiges langfristiges Investitionsengagement steigen, gleich bleiben oder sinken. *A priori* können die Anteilseigner eines Unternehmens nach einer Direktinvestition besser oder schlechter dastehen als zuvor, aber auch genauso wie zuvor. Insofern erscheint es sinnvoll, das Augenmerk auf die empirischen Fakten zu lenken, um festzustellen, welche Wirkungen seit dem Jahre 1990 von Direktinvestitionen in den Reformstaaten auf die Anteilseigner

9 DIXIT, Avinash K.: Entry and exit decisions under uncertainty; in: Journal of political economy, Jg. 97 (1989), Nr. 3, S. 620-638.

betreffender Unternehmen tatsächlich ausgingen. Als Ausgangshypothese kann dabei gelten, dass Unternehmensinhaber im Zuge von Direktinvestitionen in Mittel- und Osteuropa in den Jahren ab 1990 keine Nettovermögensänderung erfuhren. Alternativ hierzu lässt sich die Hypothese aufstellen, dass es für diese Personengruppe durchaus eine Nettovermögensänderung gab, zum Besseren oder zum Schlechteren. Die so umrissene Problematik besitzt nicht zuletzt für deutsche Unternehmen eine gehörige Brisanz, sind diese doch unter den Direktinvestoren in den Reformstaaten überproportional stark vertreten. Gerade die Lenker deutscher Unternehmen dürften sich bei einem empirisch ermittelten Ergebnis, ihr beträchtliches Engagement bei Direktinvestitionen in Mittel- und Osteuropa habe sich für die sie beauftragenden Eigenkapitalgeber nicht gelohnt, fragen lassen müssen, ob sie richtig gehandelt haben.

Als Instrument zur Untersuchung der Fragestellung, inwiefern Direktinvestitionen in den Reformstaaten den Anteilseignern von Unternehmen zu Gute kamen, bietet sich insbesondere die Analyse an Börsen festgestellter Aktienkurse an. Diese geben einen guten Eindruck über die Vermögenslage unternehmerischer Anteilseigner im Zeitablauf. Vor diesem Hintergrund geht es im Folgenden darum, Wirkungen aufzudecken, die von im Zeitraum der Jahre 1990 bis 1998 bekannt gewordenen Direktinvestitionen in Mittel- und Osteuropa auf die Aktienkurse betroffener Unternehmen und damit auf die wirtschaftliche Position zugehöriger unternehmerischer Anteilseigner ausgingen. Untersuchungsgegenstand stellen an deutschen Börsen festgestellte Kurse direktinvestierender Kapitalgesellschaften dar - deutscher und ausländischer. Geprüft wird im Kern die Vorteilhaftigkeit in den Reformstaaten eingegangener Direktinvestitionsengagements.

Den Anfang der Analyse im ersten Kapitel bildet ein Überblick über die jüngere wirtschaftliche Entwicklung der Reformstaaten Mittel- und Osteuropas und über deren wirtschaftliche Situation am aktuellen Rand. Ergänzt wird dies durch eine Darstellung des wirtschaftspolitischen Handlungsbedarfs, wie er sich während der Transformation und in der Periode der nachfolgenden Reformen darstellte. Das zweite Kapitel beschäftigt sich mit der Theorie der Direktinvestitionen. Eine Betrachtung der einschlägigen Literatur zur Erklärung, wie Mittelflüsse dieser Art zustande kommen, liefert Anhaltspunkte, welchen Einflüssen Direktinvestitionen unterliegen. Das dritte Kapitel geht auf die zentrale, hier verwendete "*Event-study*-Methodik" zur Analyse von Aktienkursverläufen ein, bevor sich im vierten Kapitel die eigentliche empirische Arbeit anschließt. Hierbei werden zunächst Aktienkursverläufe im zeitlichen Umfeld des jeweiligen Bekanntwerdens von Direktinvestitionen eingehend nachgezeichnet. Im Anschluss daran werden die Verläufe mit verschiedenen Länder- und Unternehmenscharakteristika in Verbindung gebracht. Hierdurch lassen sich Zusammenhänge aufzeigen zwischen einerseits Aktienrenditen sowie andererseits Länder- und Unternehmenscharakteristika. Diese Zusammenhänge werden zuvor gewonnenen Hypothesen gegenübergestellt, um aus einem Vergleich genauere Vorstellungen über Wirkungsmechanismen zu gewinnen, denen Direktinvestitionen in Mittel- und Osteuropa unterliegen. Eine kritische Wertung im fünften Kapitel beschließt diese Arbeit.

1 Direktinvestitionen in Mittel- und Osteuropa - Grundlagen

1.1. Volumina ausländischer Direktinvestitionen

Die Staatengruppe der mittel- und osteuropäischen Reformstaaten attrahierte im Zeitraum der Jahre 1990 bis 1998 zahlungsbilanzwirksame ausländische Netto-Direktinvestitionen in einer Größenordnung von unkonsolidiert gut 68,5 Mrd. US-Dollar (vgl. Tabelle 1).[10] Davon vereinigten die ostmitteleuropäischen Anrainerstaaten der Europäischen Union Polen, die Slowakische Republik die Tschechische Republik, Ungarn und Slowenien 44,2 Mrd. oder knapp 65 vH auf sich - bei einem Anteil von lediglich knapp 25 vH an der insgesamt in der Region lebenden Bevölkerung. Nach Südosteuropa fiel der Zufluss ausländischer Direktinvestitionen vergleichsweise zurückhaltend aus; in Bulgarien und Rumänien summierten sich die Mittel von 1990 bis 1998 auf lediglich 5 Mrd. US-Dollar. Bezogen auf die Bevölkerung war das Niveau des Engagements ausländischer Unternehmen hier nur etwa ein Viertel so stark wie in Ostmitteleuropa. Im Baltikum akquirierte insbesondere Estland zu Beginn der neunziger Jahre Direktinvestitionen in nennenswerten Größenordnungen, bevor die Zuflüsse auch nach Lettland und nach Litauen stark zunahmen. Knapp ein Viertel aller Direktinvestitionszuflüsse nach Mittel- und Osteuropa zwischen 1990 und 1998 betrafen die drei Länder Osteuropas Russland, Weißrussland und Ukraine - relativ zur dort lebenden Bevölkerung ein geringer Betrag.

Als Ergebnis der divergierenden Entwicklungen ergab sich eine starke Disparität innerhalb der Reformstaaten: Die Direktinvestitionen nach Mittel- und Osteuropa waren durch eine hohe Konzentration gekennzeichnet. Mehr als 60 vH hiervon gingen zusammengenommen nach Ungarn, in die Tschechische Republik und nach Polen. In die drei Länder mit den höchsten kumulierten Zuflüssen pro Kopf der Bevölkerung, Ungarn, Tschechien und Estland, gingen insgesamt gut 41 vH der genannten gut 68,5 Mrd. US-Dollar, und dies, obwohl hier zusammengenommen nur knapp sieben Prozent der Bevölkerung lebten. Im Zeitablauf verschob sich die relative Bedeutung einzelner Länder. Insbesondere Polen vermeldete in jüngster Zeit

---

10 Vgl. zu den verschiedenen Statistiken zur Erfassung von Direktinvestitionen in Mittel- und Osteuropa MEYER, Klaus E.: Direct foreign investment in Central and Eastern Europe - understanding the statistical evidence. London (= London Business School, CIS Middle Europe Centre, Discussion paper Nr. 12) 1994; BREWER, Thomas L.: Indicators of foreign direct investment in the countries of Central and Eastern Europe - a comparison of data sources; in: Transnational corporations, Jg. 3, Nr. 2 (August 1994), S. 115-126.

Tabelle 1: Ausländische Direktinvestitionen (netto) in ausgewählten Reformstaaten Mittel- und Osteuropas gemäß nationaler Zahlungsbilanzstatistiken.

Land beziehungsweise Region	1990	1991	1992	1993	1994	1995	1996	1997	1998	Summe der Direktinvestitionszuflüsse der Jahre 1991 bis 1998	Summe der Direktinvestitionszuflüsse der Jahre 1991 bis 1998 pro Kopf der Bevölkerung
Ostmitteleuropa	**514**	**2 210**	**2 951**	**3 750**	**2 769**	**8 443**	**6 545**	**6 441**	**10 898**	**44 521**	**543,6**
Polen	10	117	284	580	542	1 134	2 741	3 041	6 330	14 779	384,9
Tschechoslowakei	195	593	1 083								
Slowakische Republik				168	250	202	251	177	508	1 756	331,3
Tschechische Republik				563	749	2 526	1 388	1 275	2 485	10 657	1 034,7
Ungarn	311	1 459	1 471	2 328	1 097	4 410	1 987	1 653	1 410	16 126	1 565,6
Slowenien	- 2	41	113	111	131	171	178	295	165	1 203	601,7
Südosteuropa	**- 14**	**93**	**115**	**142**	**445**	**515**	**720**	**1 425**	**1 556**	**4 997**	**160,5**
Bulgarien	4	56	42	55	105	98	140	499	401	1 400	170,1
Rumänien	- 18	37	73	87	340	417	580	926	1 155	3 597	157,1
Baltische Republiken			**123**	**240**	**398**	**498**	**638**	**975**	**1 258**	**4 131**	**529,6**
Estland			80	154	212	182	110	132	575	1 445	963,3
Lettland			43	51	155	244	376	515	220	1 604	616,9
Litauen				35	31	72	152	328	463	1 082	292,4
Osteuropa			**1 654**	**1 620**	**701**	**1 974**	**2 296**	**4 531**	**2 089**	**14 864**	**71,5**
Russland			1 454	1 404	539	1 710	1 700	3 752	1 200	11 759	79,7
Ukraine			200	198	151	257	526	581	747	2 660	53,1
Weißrussland				18	11	7	70	198	142	445	43,2
Insgesamt	**500**	**2 303**	**4 843**	**5 752**	**4 313**	**11 430**	**10 199**	**13 372**	**15 801**	**68 514**	**208,4**

Quellen: Nationale Statistiken; EUROPEAN BANK FOR RECONSTRUCTION AND DEVELOPMENT: Transition report. London, verschiedene Ausgaben.
Anmerkungen: "Netto" bezeichnet den Saldo der ausländischen Direktinvestitionen im Inland und der Direktinvestitionen durch Inländer im Ausland. Kein Eintrag bedeutet entweder, dass keine entsprechende Direktinvestition stattfand, dass keine Informationen über eine derartige Transaktion vorliegen oder dass ein Eintrag logisch nicht möglich erscheint. Angaben in Mio. US-Dollar, sofern nicht anders vermerkt. Differenzen in den Summen durch Runden der Zahlen.

deutlich höhere Direktinvestitionsvolumina. Hierhin flossen ab dem Jahre 1996 mehr Mittel dieser Art als nach Ungarn, das zuvor die höchsten Beträge auf sich vereinigt hatte.

An den globalen Direktinvestitionsströmen hatten die hier betrachteten Reformstaaten Mittel- und Osteuropas nur einen geringen Anteil. Im Jahre 1998 vereinigten sie von den Zuflüssen dieser Art in die einzelne Länder der Welt lediglich 2,7 vH auf sich.[11] Mehr noch: die Bedeutung der Region als Direktinvestitionsziel scheint auf den ersten Blick abgenommen zu haben; immerhin hatten die Reformstaaten Mittel- und Osteuropas noch im Jahre 1993 gut 3,0 vH aller Direktinvestitionen auf sich gezogen. Die Zuwächse der zufließenden Direktinvestitionen hielten hier nicht Schritt mit denjenigen andernorts. Allerdings lag dies allein an der Entwicklung in den Ländern mit entwickelten Marktwirtschaften, zu denen insbesondere die Länder Westeuropas, die Vereinigten Staaten, Kanada und Japan zählen. Hier ergab sich ein Anteilssprung von 61 vH im Jahre 1993 auf 71,5 vH im Jahre 1998. Den Anteil an den Direktinvestitionszuflüssen in die Länder aufholender Entwicklung steigerten die Reformstaaten Mittel- und Osteuropas im selben Zeitraum von 8,5 vH auf 10,5 vH.

Bei den Herkunftsländern ausländischer Direktinvestitionen nach Mittel- und Osteuropa dominierten die Staaten der Europäischen Union. Diese vereinigten nur in den beiden osteuropäischen Ländern Russland und Ukraine weniger als die Hälfte der Direktinvestitionsbestände auf sich (vgl. Tabelle 2). In den übrigen Ländern der Region stellten sie die absolut meisten Mittel bereit. Ausschlaggebend für die Dominanz der EU-Staaten dürfte neben anderen Faktoren die räumliche und kulturelle Nähe der jeweiligen Geber- und Zielländer gewesen sein. Dies wird auch daran deutlich, wie stark sich Unternehmen einzelner Herkunftsländer in den Reformstaaten engagierten. Deutsche Unternehmen überwogen zum Beispiel in Zentraleuropa, beispielsweise in Ungarn und in Tschechien. Demgegenüber sorgten in Slowenien österreichische Unternehmen für die höchsten Bestände ausländischer Direktinvestitionen. In den baltischen Republiken wiederum investierten Unternehmen aus Skandinavien sehr stark, so Unternehmen aus Schweden und Finnland in Estland und Litauen sowie Unternehmen aus Dänemark in Lettland.

---

11 Die Zahlen dieses Absatzes gehen zurück auf UNITED NATIONS CONFERENCE ON TRADE AND DEVELOPMENT: World investment report - 1999. Foreign direct investment and the challenge of development. New York / Geneva 1999, S. 477-481; eigene Berechnungen.

Tabelle 2: Geographische Herkunft der bis zum Jahre 1998 nach Mittel- und Osteuropa geflossenen Direktinvestitionen (Bestände; in vH).

Gastland	Herkunftsland beziehungsweise Herkunftsregion															Summe
			darunter:													
	Mittel- und Osteuropa	Europäische Union	Deutschland	Frankreich	Vereinigtes Königreich	Italien	Niederlande	Belgien und Luxemburg	Schweden	Finnland	Dänemark	Österreich	Vereinigte Staaten	Japan	Sonstige	
Polen[a]	1	77	22	11	4	5	22	2	2	1	4	4	12		10	100
Slowakische Republik	10	71	20	7	13		8					20	11		8	100
Tschechische Republik[a]	2	81	31	1	5	2	28	2	3			10	6	1	10	100
Ungarn[a]	1	59	25	6	8	3	14	4	1			11	15	2	23	100
Slowenien[a]	15	75	14	8	5	8	4				2	31	5		5	100
Bulgarien	2	63	16	1	5		7	18				5	7		28	100
Rumänien	4	60	10	7	5	8	15	5	2			5	7		29	100
Estland	2	77	3		4	1	2		32	27	5	2	5		16	100
Lettland	13	53	8		8		3		7	4	16	1	11		23	100
Litauen	3	57	7		5				22	19	4		16		24	100
Russland		22	8	1	6	2	2		2	3		1	30	2	46	100
Ukraine	7	25	8		8		9						18		50	100
Weißrussland	11	65	25		3	9	25					3	17		7	100

[a]: 1997

Anmerkungen: Kein Eintrag bedeutet entweder, dass keine entsprechende Direktinvestition stattfand, dass keine Informationen über eine derartige Transaktion vorliegen oder dass ein Eintrag logisch nicht möglich erscheint. Jeweils jüngstes verfügbares Jahr (1998, sofern nicht anders vermerkt). Differenzen in den Summen durch Runden der Zahlen.

Quelle: UNITED NATIONS CONFERENCE ON TRADE AND DEVELOPMENT: World investment report - 1999. Foreign direct investment and the challenge of development. New York / Geneva 1999, S. 434.

Die Regionalstruktur der Herkunftsländer ging Hand in Hand mit der Verteilung der Direktinvestitionen auf einzelne Branchen in den Zielländern.[12] Als Beispiel sei die chemische Industrie herangezogen, eine traditionell insbesondere in Deutschland stark vertretene Branche. Die chemische Industrie war mit etwa 8 vH an den bislang in der Tschechischen Republik und in Ungarn getätigten Direktinvestitionen beteiligt. Dabei trug sie in diesen beiden Ländern selbst beispielsweise nur knapp 3 vH zu den dortigen Bruttoanlageinvestitionen bei. Eine ähnliche Situation lag in Polen bis etwa zum Ende des Jahres 1993 vor. Bis dahin stellten deutsche Unternehmen die Mehrzahl der dort direkt investierten Mittel. Wohl als Folge davon entfielen in etwa 8 vH aller einströmenden Direktinvestitionen auf die chemische Industrie, obwohl diese Branche in Polen selbst seinerzeit nur für etwa 1,8 vH der Bruttoanlageinvestitionen verantwortlich zeichnete.

1.2. Wirkungen einströmender Direktinvestitionen

Ungarn, das sich für ausländische Direktinvestitionen bereits recht früh geöffnet hatte, verzeichnete in den neunziger Jahren innerhalb Mittel- und Osteuropas mit die größten Fortschritte beim Strukturwandel. Dies wurde nicht zuletzt an stärker als in vielen anderen Ländern der Region gewandelten Produktions- und Außenhandelsstrukturen ersichtlich. So erreichte Ungarn innerhalb der Gruppe der Reformstaaten den höchsten Anteil des intraindustriellen Handels am Außenhandel: Auf Basis der Außenhandelsstatistik, erfasst in zweistelligen Güterkategorien, fanden sich in der zweiten Hälfte der neunziger Jahre fünf der zehn umsatzstärksten Exportprodukte Ungarns auch unter den zehn umsatzstärksten Exportprodukten der Europäischen Union.[13] Zudem war im Falle Ungarns derjenige Anteil des Exports, der auf Hochtechnologiegüter entfiel, sichtlich höher als in den übrigen Ländern der Region.[14] Die Anteile ressourcen- und arbeitsintensiver sowie umweltintensiver

---

12 HORBACH, Jens / ROTHFELS, Jacqueline / MEISSNER, Thomas, *et al.*: Theoretische und empirische Zusammenhänge zwischen Wettbewerbsfähigkeit und Umweltschutz. Halle (Saale) (= IWH-Forschungsberichte Nr. 2) 1998.

13 PETSCHE, Alexander: Der Weg Ungarns in die Europäische Union - Ausgangslage, Beitrittsvoraussetzungen und Kosten eines ungarischen EU-Beitritts. Frankfurt / Main u. a. 1997.

14 WERNER, Klaus: Wachstum und Warenstruktur der MOE-Exporte nach Westeuropa seit 1990 - Anhaltspunkte für eine Arbeitsteilung zwischen Ost- und Westeuropa? Vortrag, gehalten beim 13. Leipziger Weltwirtschaftsseminar des Zentrums für Internationale Wirtschaftsbeziehungen (ZIW) der Universität Leipzig. Leipzig, 27.-28. November 1997.

Produkte an den Güterausfuhren lagen hier niedriger als anderswo in der Region.[15] Speziell der hohe Anteil des intraindustriellen Handels ist gemäß neuerer außenhandelstheoretischer Überlegungen[16] als ein Beleg dafür zu werten, dass Ungarn deutliche Fortschritte auf dem Weg zu einer vorteilhaften Integration in die Weltwirtschaft machte. Untersuchungen auf Unternehmensebene legen den Schluss nahe, dass die Umstrukturierung der ungarischen Wirtschaft zu großen Teilen auf die Beteiligung ausländischer Unternehmen am Wirtschaftsgeschehen zurückzuführen ist.[17] Dabei hatten diese ihre Engagements im Lande nicht selten mit Direktinvestitionen begonnen.

Auch andernorts in Mittel- und Osteuropa stellte der Zufluss ausländischer Direktinvestitionen ein wesentliches Element der Modernisierung und Restrukturierung der Volkswirtschaften dar. Die Wirkungen, die der Zufluss dieser Mittel dabei in den Reformstaaten entfaltete, reichten von einer Erhöhung der Investitionsquote[18] über eine Zunahme der Wettbewerbsintensität bis hin zu einer Verbesserung des verfügbaren Standes der Technik.[19] Schließlich leisteten ausländische Direktinvesti-

---

15 HORBACH, Jens / ROTHFELS, Jacqueline / MEISSNER, Thomas, *et al.*, a. a. O. (Fußnote 12).

16 KRUGMAN, Paul R.: Rethinking international trade. Cambridge - London 1990; DIXIT, Avinash K. / NORMAN, Victor D.: The theory of international trade - A dual general equilibrium approach. Digswell Place, Welwyn, Herts. 1980, S. 265-295.

17 FARKAS, Péter: The effect of foreign direct investment on research, development and innovation in Hungary. Budapest (= Hungarian Academy of Sciences, Institute for World Economics, Working papers Nr. 81) 1997; SZANYI, Miklós: Experiences with foreign direct investment in Hungary; in: Russian & East European finance and trade, Jg. 31 (1995), Nr. 3, S. 6-30.

18 Wie schwer dieses Argument wiegt, wird auch daran deutlich, dass in den hier betrachteten Reformstaaten die Summe der einfließenden Direktinvestition in Relation zu den inländischen Bruttoanlageinvestitionen mit - im Jahre 1998 - 10,5 vH erheblich über dem Durchschnitt aller Länder der Welt mit 7,7 vH lag (Quelle: UNITED NATIONS CONFERENCE ON TRADE AND DEVELOPMENT, a. a. O. (Fußnote 11), S. 501-512).

19 ZEMPLINEROVÁ, Alena: Die Rolle der ausländischen Direktinvestitionen im Restrukturierungsprozeß der tschechischen Wirtschaft; in: KUNZE, Cornelie (Hrsg.): Mittel- und Osteuropa als Produktionsstandort und Absatzmarkt für Westeuropa. Leipzig (= Transformation - Leipziger Beiträge zu Wirtschaft und Gesellschaft Nr. 8); S. 106-121; KUBIELAS, Stanislaw: Technology transfer and the restructuring of new market economies - The Case of Poland. Sussex (= University of Sussex, STEEP discussion paper Nr. 32) 1996; EMADI-MOGHADAM, Mehrdad / EMADI-COFFIN, Barbara: The link between foreign direct investment, human capital upgrading, and trade in the Czech Republic and Slovakia - 1990-1994; in: Prague economic papers, Jg. 4 (1995), Nr. 3, S. 249-259. Es gibt aber auch andere Stimmen. So finden DJANKOV / HOEKMAN in Daten eines tschechischen Unternehmenspanels zwar positive, aber insignifikante Effekte ausländischer Direktinvestitionen auf das Wachstum der totalen Faktorproduktivität (DJANKOV, Simeon / HOEKMAN, Bernard: Avenues of technology transfer -

tionen positive Beiträge zum Zuwachs der gesamtwirtschaftlichen Leistung und zur Beschäftigung: In Polen stieg der an den Einnahmen aus Verkäufen gemessene Anteil an der Gesamtproduktion, den Unternehmen mit ausländischer Beteiligung auf sich vereinigten, allein im Zeitraum der Jahre 1989 bis 1993 von 1,8 vH auf 10,8 vH; überdurchschnittlich nahm bei diesen Unternehmen auch die Beschäftigung zu.[20]

1.3. Systemtransformation

Kapitalzuflüsse und -abflüsse in großem Stil und damit auch Direktinvestitionszuflüsse und -abflüsse waren in Mittel- und Osteuropa bis zum Ende der achtziger Jahre nahezu unbekannt. Eine Wende brachte die dortige Systemtransformation ab dem Jahre 1990.[21] Mit diesem Begriff wird der Übergang zwischen zwei verschiedenen Wirtschaftssystemen belegt: Als Ausgangspunkt der Systemtransformation fungieren Wirtschaftssysteme mit hauptsächlich zentral verwalteten und geplanten Prozessen sowie mit dominierendem Gesellschafts- oder Staatseigentum. Von dort geht die Entwicklung hin zu Wirtschaftssystemen, die maßgeblich über Märkte organisiert werden und in denen Privateigentum vorherrscht.[22]

Die Ausrichtung des wirtschaftlichen Geschehens an marktlichen Gegebenheiten im Zuge der Transformation bewirkte in den Reformstaaten Mittel- und Osteuropas eine durchgreifende Änderung der Wirtschaftspolitik. Im Kern ging es um die Etablierung

---

foreign investment and productivity change in the Czech Republic. London (= Centre for Economic Policy Research, Discussion paper Nr. 1883) 1998).

20 QUAISSER, Wolfgang: Ausländische Direktinvestitionen im polnischen Transformationsprozeß. München (= Arbeiten aus dem Osteuropa-Institut München Nr. 184) 1995, S. 22-26. Vgl. für ähnliche Befunde zu Ungarn FÓTI, Klára: Some impacts of foreign direct investment on employment and labour in Hungary; in: OPPENLÄNDER, Karl Heinrich (Hrsg.): Einfluß der Europäischen Währungsunion auf den Transformationsprozess in Ostmitteleuropa unter besonderer Berücksichtigung Ungarns - Ifo/IfW-Symposium vom 11. bis 13. Dezember 1995 in München. München u. a. (= Ifo-Studien zur Osteuropa- und Transformationsforschung Nr. 24) 1996, S. 59-73.

21 Vgl. zur genauen Datierung PITLIK, Hans: Explaining economic performance during transition - what do we know? in: Intereconomics, Bd. 35 (2000), H. 1, S. 38-45.

22 Vgl. zu ähnlich gelagerten Definitionen KLOTEN, Norbert: Die Transformation von Wirtschaftsordnungen - theoretische, phänotypische und politische Aspekte. Tübingen 1991; SCHÜLLER, Alfred: Probleme des Übergangs von der Staatswirtschaft zur Marktwirtschaft; in: SCHÜLLER, Alfred, *et al.* (Hrsg.): Zur Transformation von Wirtschaftssystemen - Von der Sozialistischen Planwirtschaft zur Sozialen Marktwirtschaft (Hannelore Hamel zum 60. Geburtstag). Marburg (= Forschungsstelle zum Vergleich wirtschaftlicher Lenkungssysteme der Phillipps-Universität Marburg, Arbeitsberichte zum Systemvergleich Nr. 15).

des Preismechanismus als des zentralen Allokationsinstrumentes innerhalb der Wirtschaftsordnung.[23] Wird dies im Sinne einer Ordnungspolitik verstanden, wie sie speziell von der Freiburger Schule propagiert wurde, lassen sich als Kernaufgaben der Wirtschaftspolitik während der Transformation im Einzelnen nennen:[24]

(1) Stabilität einer Landeswährung nach innen und außen einschließlich fiskalischer Konsolidierung als Beitrag zur Vermittlung einer glaubwürdigen Wirtschaftspolitik,

(2) freier Marktzutritt einschließlich einer Liberalisierung des Außenhandels und des Kapitalverkehrs,

(3) Privateigentum an Vermögenswerten mit voller Vertragsfreiheit und mit voller Haftung jedes Wirtschaftssubjektes sowie

(4) Beständigkeit und

(5) Kohärenz der Wirtschaftspolitik.

Durch die breite Öffnung Mittel- und Osteuropas für außenwirtschaftliche Beziehungen und privatwirtschaftliche Betätigung wurden die dortigen Reformstaaten, wenn auch in unterschiedlichem Maße, in die Weltwirtschaft integriert. Dies ermöglichte ihnen eine verstärkte Reallokation ihrer Ressourcen und speziell ihrer Produktionsfaktoren nach Effizienzgesichtspunkten.[25] Überlagert wurde die realwirtschaftliche Integration von einem Abbau tarifärer und nichttarifärer Handelshemmnisse, insbesondere bilateral gegenüber der Europäischen Union.

---

23 Vgl. SCHRADER, Klaus: Ordnungspolitische Weichenstellungen für eine marktwirtschaftliche Entwicklung in mittel- und osteuropäischen Reformländern. Tübingen (= Kieler Studien Nr. 297) 1999.

24 Rekurriert wird hier auf EUCKENS "Konstituierende Prinzipien der Wirtschaftspolitik", vgl. beispielsweise EUCKEN, Walter: Grundsätze der Wirtschaftspolitik, herausgegeben von EUCKEN, Edith / HENSEL, K. Paul. 4. Auflage, Tübingen, Zürich, 1968, S. 254; GUTMANN, Gernot: Euckens kostituierende Prinzipien der Wirtschaftspolitik und der ordnungspolitische Wandel in den Ländern Osteuropas; in: SCHÜLLER, Alfred, *et al.* (Hrsg.): Zur Transformation von Wirtschaftssystemen - Von der Sozialistischen Planwirtschaft zur Sozialen Marktwirtschaft (Hannelore Hamel zum 60. Geburtstag). Marburg (Forschungsstelle zum Vergleich wirtschaftlicher Lenkungssysteme der Phillipps-Universität Marburg, Arbeitsberichte zum Systemvergleich Nr. 15), S. 61-69. Ähnliche Kataloge mit Anforderungen an die Wirtschaftspolitik finden sich - mit jeweils wechselnden Ableitungen - auch andernorts, vgl. BOHNET, Armin / OHLY, Claudia: Zum gegenwärtigen Stand der Transformationstheorie - Eine Literaturstudie; in: Zeitschrift für Wirtschaftspolitik, Jg. 41 (1992), Nr. 1, S. 27-50; FELDMANN, Horst: Die Transformation von Wirtschaftssystemen, in: Das Wirtschaftsstudium, Jg. 29 (2000), Nr. 1, S. 112-117; PITLIK, Hans, a. a. O. (Fußnote 21).

25 LÖHNIG, Claudia: Systemtransformation - Aspekte der wirtschaftlichen Umstrukturierung in den Reformstaaten Osteuropas und der ehemaligen Sowjetunion. Weiden u. a. 1996; EL-SHAGI, El-Shagi: Die EU-Osterweiterung und ihre Konsequenzen für Deutschland; in: Das Wirtschaftsstudium, Jg. 29 (2000), Nr. 4, S. 592-600.

1.4. Beitritt zur Europäischen Union für die mitteleuropäischen Reformländer absehbar

Auf dem Kopenhagener Gipfel vom 21. / 22. Juni 1993 stellte die Europäische Union den zehn mittel- und osteuropäischen Ländern Bulgarien, Estland, Lettland, Litauen, Polen, Rumänien, die Slowakische Republik, Slowenien, die Tschechische Republik und Ungarn einen Beitritt förmlich in Aussicht.[26] An die Aufnahme eines beitrittswilligen Landes wurden allgemeine Bedingungen geknüpft. Vor einem Beitritt müsse ein Land

(1) eine institutionelle Stabilität verwirklicht haben als Garantie für eine demokratische und rechtsstaatliche Ordnung, für die Wahrung der Menschenrechte sowie die Achtung und den Schutz von Minderheiten;

(2) eine funktionsfähige Marktwirtschaft etabliert haben und die Fähigkeit aufweisen, dem Wettbewerbsdruck und den Marktkräften innerhalb der Union standzuhalten;

(3) schließlich alle aus einer Mitgliedschaft erwachsenen Verpflichtungen übernehmen. Zur Auflage wurde gemacht, sich die Ziele der politischen Union sowie der Wirtschafts- und Währungsunion zu eigen machen zu können.

In der AGENDA 2000 konkretisierte die Europäische Kommission diese Bedingungen unter anderem durch die Punkte (a) Preis- und Außenhandelsliberalisierung, (b) keine nennenswerten Behinderungen des Marktzugangs oder des Marktaustritts, (c) makroökonomische Stabilität und (d) ein hinreichender Bestand an Humankapital und Infrastruktur, insbesondere Verkehrsinfrastruktur.[27] Insbesondere bedürfe es einer Übertragung wesentlicher Bestandteile des *acquis communautaire*, des Gemeinsamen Besitzstandes der EU-Mitgliedsländer, in nationales Recht.[28] Die Aufnahme förmlicher Beitrittsverhandlungen markierte dann den vorläufigen Höhepunkt eines durch die Union initiierten Heranführungsprozesses dieser Reformländer.[29]

---

26 Grundlegend für die Erweiterungsproblematik http://europa.eu.int/comm/enlargement/index.htm.

27 EUROPÄISCHE KOMMISSION: Agenda 2000 - Eine stärkere und erweiterte Union (Die Veröffentlichung stützt sich auf Dokument KOM(97) 2000 endg.); in: Bulletin der Europäischen Union, Beilage Nr. 5/97, S. 46-49.

28 Ebenda, S. 49-52.

29 STEPPACHER, Burkard: Die Europäische Union vor einer neuen Erweiterungsrunde - Kernpunkte der intensivierten Heranführungsstrategie der EU für mittel- und osteuropäische Beitrittsaspiranten. 2. Auflage, Sankt Augustin 1997. Zur Frage, ob die Integration Mittel- und Osteuropas in den gesamteuropäischen Wirtschaftsraum für die beteiligten Ökonomien von Vorteil ist oder nicht, vgl. TICHY, Gunther: Integrationstheorie und Osterweiterung; in: MAYER, Otto G. / SCHARRER, Hans-Eckhart (Hrsg.): Osterweiterung der Europäischen Union - Sind die

In den bilateralen Verhandlungen zwischen der Europäischen Union und den einzelnen Kandidatenländern über einen Beitritt zur Union wurden bis zur Mitte des Jahres 2001 lediglich im Falle Rumäniens und Bulgariens weniger als 20 Verhandlungsbereiche, so genannte "Kapitel", in Angriff genommen (vgl. Tabelle 3). Die übrigen Länder waren in ihren Verhandlungen mit der EU in etwa gleich weit vorangekommen. Unter den Beitrittskandidaten kristallisierte sich eine gewisse Zweiteilung heraus:[30] Zuletzt sprach vieles für eine erste EU-Osterweiterung um acht Länder zu einem gemeinsamen Termin. Dieses Urteil muss nicht stark revidiert werden, wenn die abgeschlossenen Verhandlungen über die 31 fraglichen Kapitel mit ins Bild genommen werden, mag hierbei auch eine größere Bandbreite bei den Verhandlungsfortschritten zu sehen sein.

Durch die mit der Vorbereitung auf einen Beitritt verbundene Transplantation von Normen und Standards, die sich innerhalb der Europäischen Union, gerade auch auf dem Wege des Institutionenwettbewerbs, als vorteilhaft herausgestellt haben, nach Mittel- und Osteuropa werden dort schnell und effektiv glaubwürdige Institutionen geschaffen.[31] Da dies transformationsbedingte Unsicherheiten des Wirtschaftens abbaut,[32] wobei von untergeordneter Bedeutung sein dürfte, wie lange sich ein

---

mittel- und osteuropäischen Länder und die EU reif für eine Erweiterung? Baden-Baden (= Veröffentlichungen des HWWA-Institut für Wirtschaftsforschung Hamburg Band 35) 1997, S. 11-60.

30 o. V.: Ungarn und Zypern sind jetzt Spitzenreiter; in: Frankfurter Allgemeine Zeitung, Nr. 147, Donnerstag, 28. Juni 2001, S. 6.

31 Vgl. zum Problemkreis "Glaubwürdigkeit der Wirtschaftspolitik" ALESINA, Alberto / TABELLINI, Guido: Credibility and politics; in: European economic review, Jg. 32 (1988), Nr. 2/3, S. 542-550; APOLTE, Thomas / CASSEL, Dieter: Systemtransformation und Politikvertrauen; in: HERRMANN-PILLATH, Carsten / SCHLECHT, Otto / WÜNSCHE, Horst-Friedrich (Hrsg.): Marktwirtschaft als Aufgabe - Wirtschaft und Gesellschaft im Übergang vom Plan zum Markt. Stuttgart (= Grundtexte zur sozialen Marktwirtschaft, Nr. 3) 1994, S. 657-667; BACKUS, David K. / DRIFFILL, Edward J.: Rational expectations and policy credibility following a change in regime; in: Review of economic studies, Jg. 52 (1985), Bd. 2 (= Nr. 169), S. 211-221; BEGG, David K. / FISCHER, Stanley / DORNBUSCH, Rudiger W.: Economics, 3. Ausgabe, London u. a. 1991; DORNBUSCH, Rudiger W.: Credibility and stabilization; in: The quarterly journal of economics, Jg. 106 (1991), Bd. 3 (= Nr. 426), S. 837-850; FUNKE, Norbert: Credibility of government policy - lessons for economies in transition; in: Intereconomics, Jg. 28 (1993), Nr. 2, S. 73-78.

32 MEISSNER, Thomas: Mittel- und Osteuropa als Ziel des Kapital-, Waren- und Dienstleistungsexportes aus der Europäischen Union; in: MACH, Zdzisław (Hrsg.): Polens Mitgift - Was bringt Polen in die Europäische Union? Beitragsband der gleichnamigen Tagung, Kraków, 3.-5. Dezember 1997. Kraków (Gespräche in der Villa Decius Nr. 1) 1999, S. 31-39.

Tabelle 3: Überblick über den Stand der bilateralen Beitrittsverhandlungen der Reformstaaten mit der Europäischen Union (Stand: Jahresmitte 2001).

Kapitel	Polen	Slowakische Republik	Tschechien	Ungarn	Slowenien	Bulgarien	Rumänien	Estland	Lettland	Litauen
1. Freier Warenverkehr	O	O	O	O	O	X		O	O	O
2. Freier Personenverkehr	X	O	X	O	X			X	O	X
3. Freier Dienstleistungsverkehr	O	O	O	O	O	X		O	O	O
4. Freier Kapitalverkehr	X	O	O	O	O	X	X	O	O	O
5. Gesellschaftsrecht	X	O	O	O	O	O	X	O	O	O
6. Wettbewerbspolitik	X	X	X	X	X	X	X	X	X	X
7. Landwirtschaft	X	X	X	X	X			X	X	X
8. Fischerei	X	O	O	O	O	O	O	O	X	O
9. Verkehr	X	X	X	X	X	X	X	X	X	X
10. Besteuerung	X	X	X	O	X			X	X	X
11. Wirtschafts- und Währungsunion	O	O	O	O	O			O	O	O
12. Statistik	O	O	O	O	O	O	O	O	O	O
13. Sozial- und Beschäftigungspolitik	O	O	O	O	O			O	O	O
14. Energie	X	X	X	O	O			X	X	X
15. Industriepolitik	O	O	O	O	O			O	O	O
16. Kleine und mittlere Unternehmen	O	O	O	O	O	O	O	O	O	O
17. Wissenschaft und Forschung	O	O	O	O	O	O	O	O	O	O
18. Bildung und Ausbildung	O	O	O	O	O	O	O	O	O	O
19. Telekommunikation	O	O	O	O	O	X	X	O	X	O
20. Kultur und Audiovisuelles	O	O	O	X	O	O	X	O	O	O
21. Regionalpolitik	X	X	X	X	X			X	X	X
22. Umwelt	X	X	O	O	O			O	X	O
23. Verbraucher- und Gesundheitsschutz	O	O	O	O	O	O		O	O	O
24. Justiz und Innere Sicherheit	X	X	X	X	X	X		X	X	X
25. Zollunion	O	O	O	O	X	X		X	X	X
26. Außenbeziehungen	O	O	O	O	O	O	O	O	O	O
27. Gemeinsame Außen- und Sicherheitspolitik	O	O	O	O	O	O	O	O	O	O
28. Finanzkontrolle	O	X	X	O	O	X		O	X	X
29. Haushalt	X	X	X	X	X			X	X	X
30. Institutionen										
31. Sonstiges										
Anzahl bereits eröffneter Kapitel des acquis	29	29	29	29	29	19	13	29	29	29
Anzahl abgeschlossener Kapitel des acquis	16	19	19	22	20	10	7	19	16	18

Bemerkungen: O = Verhandlungen vorläufig abgeschlossen; X = Verhandlungen eröffnet. Quelle: o. V.: Ungarn und Zypern sind jetzt Spitzenreiter; in: Frankfurter Allgemeine Zeitung, Nr. 147, Donnerstag, 28. Juni 2001, S. 6, basierend auf Angaben des EU-Ministerrats.

Beitritt zur Europäischen Union verzögert,[33] dürfte ein solches Vorgehen einem Aufbau eigener Institutionen im Zuge eines langwierigen Suchprozesses überlegen sein. Besondere Bedeutung hat die Schaffung glaubwürdiger Institutionen für multinationale Unternehmen, die ein Engagements in den Reformstaaten erwägen. Eine Reduktion des politischen, wirtschaftlichen oder gesellschaftlichen Risikos, dem sich multinationale Unternehmen in einer sich wandelnden Region wie Mittel- und Osteuropa gegenübersehen, erleichtert dort den Marktzutritt. Namentlich bei Überlegungen zu Engagements wie Direktinvestitionen oder dem Aufbau längerfristiger Lieferbeziehungen reagieren multinationale Unternehmen äußerst sensibel auf Unsicherheiten der Umfeldbedingungen.[34] Wenn glaubwürdige Institutionen die Stabilität eines anvisierten Wirtschaftsraums signalisieren, erhöht dies die Anreize, intendierte Engagements nicht länger hinauszuzögern, sondern unverzüglich hiermit zu beginnen.[35]

1.5. Stand der wirtschaftlichen Entwicklung

Die Prozesse der Reformen während der Systemtransformation schritten von Land zu Land sehr unterschiedlich voran, sowohl was die Prioritätensetzung, als auch was die Geschwindigkeit der Reformen anging.[36] Allerdings wirkten sich auf deren Fortschritt auch die unterschiedlichen strukturellen Hinterlassenschaften der bis zur Systemtransformation vorherrschenden Wirtschaftssysteme aus.

In ausnahmslos allen Reformstaaten Mittel- und Osteuropas kam es nach Beginn der Transformation zu einer Rezession, während der die gesamtwirtschaftliche Leistung deutlich abnahm; allerdings divergierten die Entwicklungen in ihrem Verlauf und in der Stärke der Produktionsrückgänge innerhalb der Ländergruppe erheblich.[37] Das

---

33 o. V.: Verzögerung bei den EU-Beitrittsverhandlungen; in: Frankfurter Allgemeine Zeitung, Nr. 74, Dienstag, 28. März 2000, S. 1.

34 Vgl. zum Fall ausländischer Direktinvestitionen in Bulgarien MEISSNER, Thomas: Foreign direct investment in Bulgaria - The significance of the "Value of waiting to invest"; in: SCHÖNFELDER, Bruno (Hrsg.): Problems of privatization in Bulgaria. München (= Südosteuropa Aktuell Nr. 24) 1997, S. 79-94.

35 Vgl. auch Abschnitt 2.3.7. dieser Arbeit.

36 Vgl. z. B. VINCENTZ, Volkhart / QUAISSER, Wolfgang: Wachstumsfaktoren in Osteuropa; in: ifo-Schnelldienst Nr. 30/1999, S. 16-24; PITLIK, Hans, a. a. O. (Fußnote 21).

37 PITLIK, Hans, a. a. O. (Fußnote 21). Vgl. für eine detaillierte Beschreibung der laufenden Wirtschaftsentwicklungen EUROPEAN BANK FOR RECONSTRUCTION AND DEVELOPMENT: Transition report. London, verschiedene Ausgaben; ORGANISATION FOR

Bruttoinlandsprodukt Polens verringerte sich nach 1989 für zwei Jahre; während dieser Zeit sank es um insgesamt 18,3 vH (vgl. Abbildung 1). Slowenien erlebte den Tiefpunkt seiner transformationsbedingten Rezession im dritten Jahr der Transformation; bis zum Jahre 1992 sank das Bruttoinlandsprodukt hier gegenüber dem Vergleichsstand des Jahres 1989 um 17,1 vH ab. In den Nachfolgestaaten der ehemaligen Tschechoslowakei und in Ungarn hielt der Rückgang des Bruttoinlandsproduktes bis zum Jahre 1993 an. Im Falle Ungarns summierte er sich dabei auf knapp 19 vH, im Falle der Tschechischen Republik auf knapp 22,5 vH und im Falle der Slowakischen Republik auf annähernd 25 vH. Nachfolgend nahm die gesamtwirtschaftliche Leistung in Ungarn und in der Tschechischen Republik nur zögerlich wieder zu. Bis zum Jahre 1998 erreichte das Bruttoinlandsprodukt in Ungarn erst gut 95 vH des Vergleichsstandes des Jahres 1989. Ausschlaggebend hierfür war nicht zuletzt ein Austeritätsprogramm der Regierung aus dem Jahre 1995 zur gleichzeitigen Bekämpfung eines Defizits in der Leistungsbilanz und eines Defizits des öffentlichen Gesamthaushalts.[38] In Tschechien verzeichnete das Bruttoinlandsprodukt noch im Jahre 1998 weniger als 90 vH des Standes von 1989; hier war es im Gefolge einer Zahlungsbilanzkrise zu einem erneuten Nachlassen der gesamtwirtschaftlichen Aktivität gekommen.[39] Demgegenüber holte in der Slowakischen Republik das Bruttoinlandsprodukt bis zum Jahre 1998 annähernd sämtliche Verluste des Zeitraums von 1990 bis 1993 wieder auf. In Slowenien und in Polen wurden die jeweiligen Vergleichsstände des Jahres 1989 zuletzt wieder übertroffen.

Sehr fragil gestaltete sich nach Einsetzen der Transformation die wirtschaftliche Entwicklung in Südosteuropa. Rumänien und Bulgarien erlebten mehrere aufeinander folgende Phasen von Wachstumseinbrüchen, wobei auf temporär positive

---

CO-OPERATION AND DEVELOPMENT: Economic Survey, verschiedene Ausgaben; des Weiteren die laufende Berichterstattung durch die EUROPÄISCHE KOMMISSION über den Stand der Konvergenz in denjenigen Ländern, die dem Kreis der Kandidaten für eine Aufnahme in die Europäische Union angehören, jüngst beispielsweise EUROPEAN COMMISSION: European Commission forecast for the candidate countries, Spring 2001; in: European economy - Supplement C. Economic reform monitor - Economic situation and economic reform in Central and Eastern Europe. Nr. 2 (April 2001).

38 GNOTH, Werner / STEPHAN, Johannes: Ungarns Wirtschaftswachstum von Ungleichgewichten geprägt - Ein erneutes Problem mit dem Zwillingsdefizit? in: IWH - Wirtschaft im Wandel, Jg. 5 (1999), Nr. 8, S. 10-16.

39 LINNE, Thomas / LÖHNIG, Claudia: Zahlungsbilanzkrisen in Transformationsökonomien - Das Beispiel Tschechien; in: IWH - Wirtschaft im Wandel, Jg. 3 (1997), Nr. 9, S. 15-23.

Abbildung 1: Entwicklung der Bruttoinlandsprodukte in Mittel- und Osteuropa (1989 = 100).

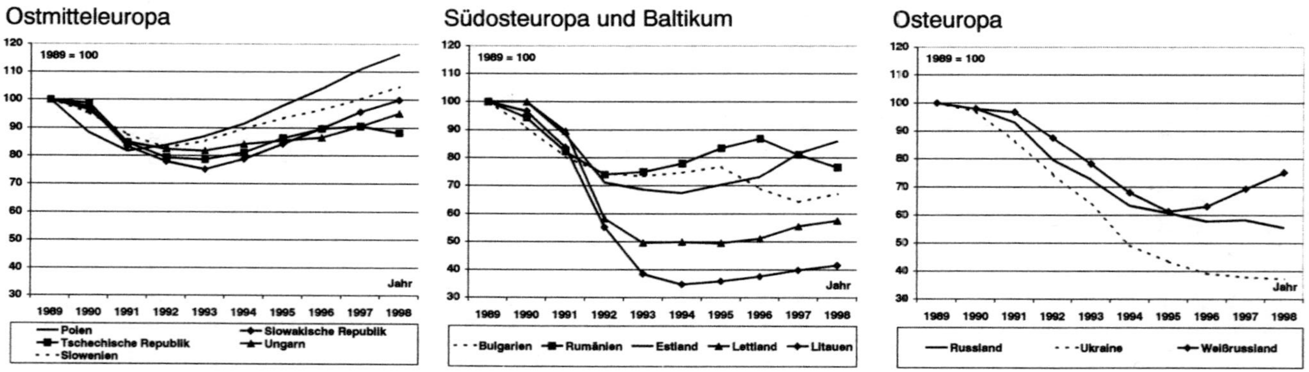

Quellen: BUNDESMINISTERIUM FÜR WIRTSCHAFT (Hrsg.): Wirtschaftslage und Reformprozesse in Mittel- und Osteuropa - Sammelband. Bonn, verschiedene Ausgaben; DEUTSCHES INSTITUT FÜR WIRTSCHAFTSFORSCHUNG / INSTITUT FÜR WELTWIRTSCHAFT AN DER UNIVERSITÄT KIEL / INSTITUT FÜR WIRTSCHAFTSFORSCHUNG HALLE: Die wirtschaftliche Lage der Republik Belarus. Halle (Saale), verschiedene Ausgaben; eigene Berechnungen.

Veränderungsraten der Bruttoinlandsprodukte weitere Abnahmen der gesamtwirtschaftlichen Leistungen zu beobachten waren. So verringerte sich das Bruttoinlandsprodukt Rumäniens bis zum Jahre 1998 auf knapp 77 vH des Vergleichsstandes des Jahres 1989. Damit erreichte es annähernd wieder das Niveau des Jahres 1992. Im Zeitraum der Jahre 1993 bis 1996 war es hier zu einem Niveauanstieg um insgesamt mehr als zehn Prozentpunkte gekommen. Bulgariens Bruttoinlandsprodukt fiel bis zum Jahre 1997 auf unter 65 vH des Vergleichsstandes des Jahres 1989. Zuvor waren hier ebenfalls temporär Zuwächse zu verzeichnen gewesen.

Markant waren die Diskrepanzen in den gesamtwirtschaftlichen Entwicklungen innerhalb der Gruppe der Nachfolgestaaten der ehemaligen Sowjetunion. Während Estlands Bruttoinlandsprodukt bis zum Jahre 1994 auf ein Niveau von gut zwei Drittel des Vergleichsstandes des Jahres 1989 abnahm, halbierte es sich im Falle Lettlands, und dies binnen dreier Jahre. In Litauen wurde im Jahre 1994 die Marke von 35 vH unterschritten. In der Ukraine schrumpfte das Bruttoinlandsprodukt im Zeitraum der Jahre 1990 und 1998 in ausnahmslos jedem Jahr. Zuletzt wurde hier eine gesamtwirtschaftliche Leistung erbracht, die weniger als 40 vH des Vergleichsstandes des Jahres 1989 gleichkam. Russland sah zwischen 1990 und 1998 mit 1997 nur ein einziges Jahr mit einer positiven Zuwachsrate des Bruttoinlandsprodukts, bevor es im Jahre 1998 zu einer einschneidenden Krise kam, die sogar weite Teile der Weltwirtschaft in Mitleidenschaft zog.[40] In einem gewissen Gegensatz hierzu meldete Weißrussland in den Jahren 1996 bis 1998 zum Teil zweistellige Zuwächse der gesamtwirtschaftlichen Leistung.[41]

Im Ergebnis bildete sich in Mittel- und Osteuropa eine deutliche Ungleichheit in der Wirtschaftsleistung pro Kopf der Bevölkerung heraus. Das Pro-Kopf-Bruttoinlandsprodukt, ausgedrückt in Kaufkraftparitäten, schwankte im Jahre 1998 zwischen knapp 14 000 US-Dollar in Slowenien und etwas über 3 000 US-Dollar in der Ukraine - ein Unterschied um den Faktor 4 1/4. Werden die Länder nach der Rangfolge ihres realen Pro-Kopf-Bruttoinlandsprodukts geordnet, belegten die

---

40 SACHVERSTÄNDIGENRAT ZUR BEGUTACHTUNG DER GESAMTWIRTSCHAFTLICHEN ENTWICKLUNG: Wirtschaftspolitik unter Reformdruck - Jahresgutachten 1999 / 2000. Stuttgart 1999, Tz. 3, S. 2.

41 Die Verlässlichkeit dieser Meldungen und die Nachhaltigkeit dieser Entwicklung werden allerdings erheblich angezweifelt, vgl. DEUTSCHES INSTITUT FÜR WIRTSCHAFTSFORSCHUNG / INSTITUT FÜR WELTWIRTSCHAFT AN DER UNIVERSITÄT KIEL / INSTITUT FÜR WIRTSCHAFTSFORSCHUNG HALLE: Die wirtschaftliche Lage der Republik Belarus - Dreizehnter Bericht. Weitere Restauration der Planwirtschaft. Halle (Saale), 1998, S. 11.

Länder der ostmitteleuropäischen Staatengruppe fünf der sechs ersten Positionen. Ein deutlicher Abstand bestand nachfolgend zu den Ländern Südosteuropas und des Baltikums, zur Ukraine und zu Russland (vgl. Tabelle 4).

Tabelle 4: Bruttoinlandsprodukte pro Kopf der Bevölkerung zu Kaufkraftparitäten in den mittel- und osteuropäischen Reformstaaten im Jahre 1998.

	Ostmitteleuropa	Südosteuropa	Baltische Republiken	Osteuropa
Slowenien	13 835,0			
Tschechische Republik	13 296,0			
Ungarn	10 780,0			
Slowakische Republik	10 056,0			
Weißrussland				8 829,2
Polen	8 470,0			
Estland			5 202,7	
Bulgarien		4 984,7		
Rumänien		4 947,2		
Litauen			4 733,1	
Russland				4 273,9
Lettland			3 919,8	
Ukraine				3 270,0

Quellen: BUNDESMINISTERIUM FÜR WIRTSCHAFT (Hrsg.): Wirtschaftslage und Reformprozesse in Mittel- und Osteuropa - Sammelband. Bonn, verschiedene Ausgaben; DEUTSCHES INSTITUT FÜR WIRTSCHAFTSFORSCHUNG / INSTITUT FÜR WELTWIRTSCHAFT AN DER UNIVERSITÄT KIEL / INSTITUT FÜR WIRTSCHAFTSFORSCHUNG HALLE: Die wirtschaftliche Lage der Republik Belarus. Halle (Saale), verschiedene Ausgaben; eigene Berechnungen.

Die Arbeitskosten folgten im Verlauf im wesentlichen den jeweiligen Bruttoinlandsprodukten. Die durchschnittlichen Bruttomonatslöhne zu Kaufkraftparitäten in vergleichbarer Währung zeichneten das Bild der jeweiligen transformationsbedingten Rezessionen nach, auch wenn sich nicht in jedem Falle die Tiefpunkte der jeweils vergleichbaren Entwicklungen deckten. Während in Ostmitteleuropa und in den baltischen Republiken bei den durchschnittlich gezahlten Bruttomonatslöhnen zu Kaufkraftparitäten in den neunziger Jahren überwiegend ein einmaliger Einbruch zu verzeichnen war, auf den eine wieder aufwärts gerichtete Entwicklung folgte, kam es in Tschechien im Zuge der dortigen Zahlungsbilanzkrise des Jahres 1997 und in Ungarn im Zusammenhang mit dem Austeritätsprogramm des Jahres 1995 zu weiteren Rückschlägen. In Rumänien, in Russland und in der Ukraine zeigten die Trends bei den durchschnittlichen Bruttomonatslöhnen noch im Jahre 1998 abwärts. Als Resultat streuten im Jahre 1998 die in Kaufkraftparitäten ausgedrückten durchschnittlichen Bruttomonatslöhne in vergleichbarer Währung noch deutlicher als die in Kaufkraftparitäten ausgedrückten Pro-Kopf-Bruttoinlandsprodukte. Die Bandbreite lag hier zwischen 1 284 US-Dollar in Slowenien und 109 US-Dollar in der

Ukraine - ein Unterschied um annähernd den Faktor 12. Bei einer Auflistung der Länder nach den dort jeweils durchschnittlich gezahlten Bruttomonatslöhnen belegten im Jahre 1998 die Länder der ostmitteleuropäischen Staatengruppe alle fünf ersten Positionen. Unmittelbar danach folgten die drei baltischen Republiken.

Die monetäre Stabilisierung betrieben die einzelnen Reformstaaten Mittel- und Osteuropas mit unterschiedlichem Tempo und Erfolg.[42] Nach dem Abbau der zurückgestauten Inflation zu Beginn der neunziger Jahre durch eine häufig schnelle Freigabe der Preise für weite Bereiche einer Volkswirtschaft führten insbesondere die baltischen Reformstaaten ihre Geldentwertung zuletzt bis auf einstellige Raten zurück. Jedoch verschwand diese in keinem der Reformländer zur Gänze. Statt dessen beschleunigte sie sich verschiedentlich wieder, teilweise sogar erheblich. Nachdem beispielsweise Ungarn bis zum Jahre 1994 die jährliche Veränderungsrate seines Konsumentenpreisindex auf unter 20 vH verringert hatte, brachte die Umsetzung des Austeritätsprogramms des Jahres 1995 eine kurzzeitige Zunahme der Geldentwertung. Die Tschechische Republik erlebte im Zusammenhang mit ihrer Zahlungsbilanzkrise des Jahres 1997 temporär wieder höhere Preissteigerungsraten. Sehr unstet verlief die Preisniveauentwicklung in Südosteuropa und in Osteuropa. Bulgarien zeigte über mehrere Jahre hinweg hohe und stark schwankende Teuerungsraten, bevor es zum Jahreswechsel 1996/97 eine Zahlungsbilanzkrise erlebte - mit gravierenden Folgen für seine gesamtwirtschaftliche Stabilität. So fiel die prozentuale Preisniveausteigerungsrate des Jahres 1997 vierstellig aus. Bulgarien zeigte alle Anzeichen einer Hyperinflation, bevor dann im Zuge der Einführung eines *Currency boards* die Geldentwertung drastisch zurückging.[43] In Rumänien und in allen slawisch dominierten Nachfolgestaaten der Sowjetunion blieb die Geldentwertung hoch.

In der überwiegenden Mehrzahl der Fälle werteten die Landeswährungen über die Zeit hin nominal nicht in einem solchen Maße ab, wie im Innern die Preise anzogen. Infolgedessen werteten die betroffenen Landeswährungen real auf. So nahm der

---

42 KLEIN, Martin: Transition economies and the convergence criteria of Maastricht - Monetary vs. real aspects. Beitrag zur Konferenz "Meeting the convergence criteria of EMU - Problems of countries in transition", Warsaw, September 15th-16th 1997. Warsaw (= Polish economic society) 1997.

43 MEISSNER, Thomas: Rückschläge bei der Transformation Mittel- und Osteuropas - das Beispiel Bulgariens; in: IWH - Wirtschaft im Wandel, Jg. 3 (1997), Nr. 8, S. 13-17; DERSELBE: Bulgariens erste Erfahrungen mit seinem *Currency board*; in: IWH - Wirtschaft im Wandel, Jg. 4 (1998), Nr. 8, S. 9-14.

Wert des Polnischen Zlotys im Zeitraum der Jahre 1991 und 1998 real um mehr als 10 vH zu, derjenige der Tschechischen Krone um gut 18 vH und derjenige der Slowakischen Krone um mehr als 30 vH. Der Wert des Bulgarischen Lev erhöhte sich in diesem Zeitraum real sogar auf mehr als das Dreifache. Demgegenüber verhinderte das in Ungarn praktizierte Wechselkursregime vorangekündigter nominaler Abwertungen, dass der Forint zwischen 1991 und 1998 um mehr als 6,5 vH real an Wert hinzugewann. Ausnahmen bei der realen Aufwertung stellten in Mittelost- und Südosteuropa die Landeswährungen Sloweniens und Rumäniens dar. Während der Tolar innerhalb von sieben Jahren leicht um gut 6 vH real abwertete, kam es in Rumänien zu einer realen Abwertung der Landeswährung Lei um nahezu die Hälfte. In Russland, in Weißrussland und in der Ukraine werteten die Landeswährungen jeweils um ein Vielfaches real auf, bevor zuletzt zum Teil kräftige nominale Abwertungen diesem Trend ein Ende setzten.

Eine fiskalische Konsolidierung erreichten nicht alle Reformstaaten Mittel- und Osteuropas. In Ostmitteleuropa waren zuletzt sämtliche Salden der öffentlichen Gesamthaushalte defizitär. Ungarns Haushaltsdefizit entsprach im Jahre 1998 erneut mehr als 5 vH des Bruttoinlandsprodukts. Damit ähnelte die Situation derjenigen der Jahre zwischen 1993 und 1995,[44] die unter anderem Anlass zum Austeritätsprogramm gegeben hatte. Ebenfalls Verschlechterungstendenzen waren in der Tschechischen und in der Slowakischen Republik auszumachen. Demgegenüber stabilisierte sich die Lage in Polen. Im Baltikum und in Südosteuropa verliefen die Entwicklungen alles in allem positiv. Hier wies zuletzt kein Land ein Haushaltsdefizit von mehr als 5 vH des Bruttoinlandsproduktes auf. Speziell Bulgarien, das zwischen 1990 und 1996 kontinuierlich Haushaltsdefizite jenseits dieser Marke verzeichnet hatte, erwirtschaftete im Jahre 1998 einen Haushaltsüberschuss. In Osteuropa war in jüngster Zeit ebenfalls eine Verbesserung der Haushaltssituationen erkennbar. Nichtsdestotrotz wiesen dort noch im Jahre 1998 die öffentlichen Haushalte Defizite auf.

Im Zuge der Systemtransformation stieg der Offenheitsgrad der mittel- und osteuropäischen Volkswirtschaften deutlich an: Die Summe der Güterexporte und -importe, bezogen auf das jeweilige Bruttoinlandsprodukt, erreichte im Jahre 1998 in Estland, in der Slowakischen Republik, in Tschechien, in Ungarn und in Weißrussland mehr als 100 vH. Demgegenüber blieben in Polen, in Rumänien und in

---

44 GNOTH, Werner / STEPHAN, Johannes, a. a. O. (Fußnote 38).

Russland die jeweiligen Offenheitsgrade unterhalb von 50 vH, nicht zuletzt aufgrund der Größe dieser Länder und der daraus folgenden größeren Bedeutung des Binnenhandels. Die zunehmende wirtschaftliche Öffnung führte zu einer umfassenden Änderung der außenwirtschaftlichen Beziehungen. Zu wichtigen Handelspartnern der Reformstaaten avancierten dabei die Länder der Europäischen Union. Sechs der dreizehn hier betrachteten Reformstaaten wickelten zuletzt mehr als die Hälfte ihres jeweiligen gesamten Außenhandels mit der Europäischen Union ab. Umgekehrt erhöhte beispielsweise Deutschland denjenigen Anteil an seinem Außenhandel, der auf die mittel- und osteuropäischen Reformländer entfiel, in den neunziger Jahren auf mehr als 10 vH; zu Beginn des Jahrzehnts hatte der Vergleichswert noch bei 6,5 vH gelegen.[45]

Im Außenhandel mit Gütern verbuchten die Reformstaaten im Jahre 1998 zusammengenommen einen unkonsolidierten Fehlbetrag von mehr 26,5 Mrd. US-Dollar. Das waren knapp 4 Mrd. US-Dollar oder gut 17 vH mehr als im Jahr zuvor. Russland herausgerechnet zeigte sich für das Jahr 1998 sogar ein unkonsolidiertes Handelsbilanzdefizit der Reformstaaten von 41 Mrd. US-Dollar. Das Bild bei den zusammengefassten Leistungsbilanzen fiel etwas günstiger aus, doch wies der Trend hier gleichfalls ins Negative. Die Leistungsbilanzdefizite beispielsweise der Slowakischen Republik, Estlands und Lettlands nahmen zuletzt Niveaus jenseits von 10 vH des Bruttoinlandsprodukts an (vgl. Abbildung 2). Ursächlich für die Defizite waren insbesondere stark ausgeweitete Einfuhren der Reformländer. Besonders ausgeprägt war dieser "Importsog" in Polen und in den Nachfolgestaaten der ehemaligen Tschechoslowakei, aber auch in den drei baltischen Republiken. Hier wurde ein zunehmender Teil der gestiegenen Inlandsnachfrage durch Importgüter befriedigt. In erheblichem Umfang waren dies für die Restrukturierung und Erneuerung des Kapitalstocks notwendige Investitionsgüter.[46]

Die Defizite in den mittel- und osteuropäischen Handels- und Leistungsbilanzen trugen nicht selten zu einer Ausweitung der Auslandsverschuldung der Reformstaaten bei. In denjenigen Ländern, die keine hinreichende Steigerung ihrer Exporte generierten, nahm die Schuldendienstquote zu, definiert als Quotient aus den Leistungen

---

45 SACHVERSTÄNDIGENRAT ZUR BEGUTACHTUNG DER GESAMTWIRTSCHAFTLICHEN ENTWICKLUNG, a. a. O. (Fußnote 40), Tabelle 48*; eigene Berechnungen.

46 WERNER, Klaus: Die wirtschaftliche Lage in Mittel- und Osteuropa - Ergebnisse 1996 und Prognose 1997; in: IWH - Wirtschaft im Wandel, Jg. 3 (1997), Nr. 5, S. 7-8.

Abbildung 2: Leistungsbilanzsalden mittel- und osteuropäischer Reformstaaten im Verhältnis zu den jeweils entsprechenden Bruttoinlandsprodukten (in vH).

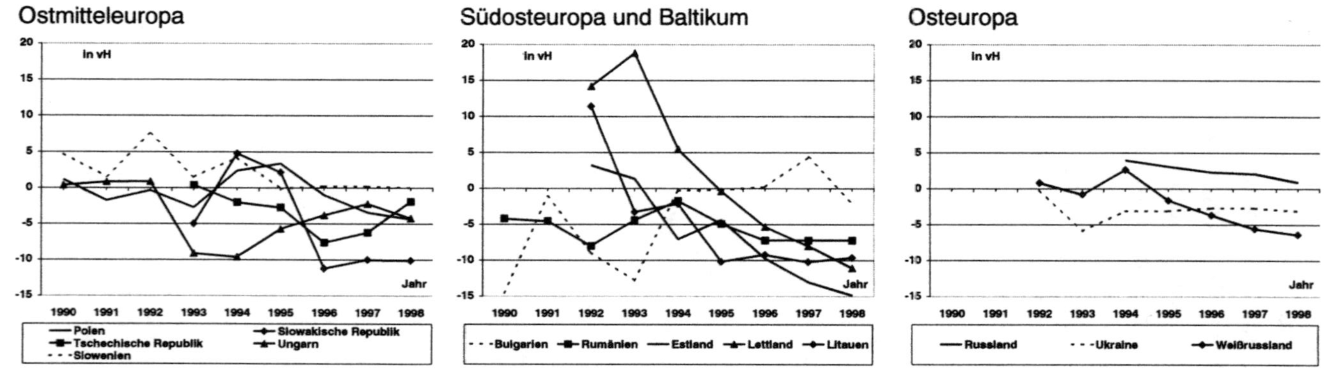

Quellen: BUNDESMINISTERIUM FÜR WIRTSCHAFT (Hrsg.): Wirtschaftslage und Reformprozesse in Mittel- und Osteuropa - Sammelband. Bonn, verschiedene Ausgaben; DEUTSCHES INSTITUT FÜR WIRTSCHAFTSFORSCHUNG / INSTITUT FÜR WELTWIRTSCHAFT AN DER UNIVERSITÄT KIEL / INSTITUT FÜR WIRTSCHAFTSFORSCHUNG HALLE: Die wirtschaftliche Lage der Republik Belarus. Halle (Saale), verschiedene Ausgaben; eigene Berechnungen.

an das Ausland für dort aufgenommene Kredite und der Summe der Güterausfuhren. Schuldendienstquoten in einer Größenordnung von mehr als 20 vH wiesen zuletzt namentlich Ungarn und Rumänien auf. Stark ansteigende Tendenz offenbarte neben der Schuldendienstquote Rumäniens insbesondere diejenige Bulgariens.

Zu Beginn der neunziger Jahre lag der Anteil des Privatsektors am Bruttoinlandsprodukt in keinem Land der Region bei mehr als einem Drittel. Speziell Polen, dem Land mit dem zu jener Zeit größten Privatsektor, kam zu Gute, dass hier vor Beginn der Transformation private Wirtschaftstätigkeit in größerem Maße geduldet worden war als anderswo in der Region. Bis zum Jahre 1998 erhöhte sich der Anteil des Privatsektors am Bruttoinlandsprodukt in zwölf der dreizehn betrachteten Staaten auf mehr als die Hälfte, nicht zuletzt weil in vielen Staaten der Region die Privatisierung vormals staatlicher Aktiva eine gewisse Priorität während der Systemtransformation genoss.[47] In Weißrussland, einer der wenigen Ausnahmen, kam es währenddessen statt zu einer Beschleunigung der systemischen Reformen zu einer "Restauration der Planwirtschaft"[48] und zu einer Stagnation bei der Beteiligung Privater an der gesamtwirtschaftlichen Leistungserstellung.

Wie schnell sich die Strukturen in Mittel- und Osteuropa wandelten, verdeutlicht die sich verändernde Bedeutung einzelner Wirtschaftsbereiche für die Volkswirtschaften. Frappierend waren insbesondere die Entwicklungen bei den Dienstleistungen. Im Jahre 1990 hatten lediglich zwei Länder, Ungarn und Slowenien, einen Anteil dieses Sektors an der Bruttowertschöpfung von mehr als 50 vH. Im Jahre 1998 gab es demgegenüber mit Rumänien und Weißrussland nur noch zwei Länder, die bei diesem Indikator einen Wert erheblich unterhalb von 50 vH aufwiesen. Die Zugewinne bei den Dienstleistungen gingen zuvorderst zu Lasten der Industrie und der

---

47 Die Literatur zur Privatisierung in Mittel- und Osteuropa ist kaum noch zu überblicken, vgl. nur Čubajs, A(natolij): Itogi privatizacii v Rossii i zadači sledujuščego ėtapa; in: Voprosy ėkonomiki, Jg. 66 (1994), Nr. 6, S. 4-9; BLANCHARD, Olivier J. / LAYARD, Peter R. / GROSFELD, Irena: How to privatize; in: The transformation of socialist economies - Beiträge eines Symposiums im Institut für Weltwirtschaft an der Universität Kiel. Tübingen 1992, S. 27-43; BOJKO, Maksim V. / SHLEIFER, Andrei / VISHNY, Robert W.: A theory of privatization; in: The economic journal / Royal Economic Society, Jg. 106, Nr. 435 (= März 1996), S. 309-319; EARLE, John S. / FRYDMAN, Roman / RAPACZYNSKI, Andrzej (Hrsg.): Privatization in the transition to a market economy - studies of preconditions and policies in Eastern Europe. London 1993; LIPTON, David / SACHS, Jeffrey D.: Privatization in Eastern Europe - the case of Poland; in: Brookings papers on economic activity 1990, Nr. 2, S. 293-341.

48 DEUTSCHES INSTITUT FÜR WIRTSCHAFTSFORSCHUNG / INSTITUT FÜR WELTWIRTSCHAFT AN DER UNIVERSITÄT KIEL / INSTITUT FÜR WIRTSCHAFTSFORSCHUNG HALLE, a. a. O. (Fußnote 41).

Landwirtschaft. Während in Mittel- und Osteuropa noch zu Beginn der neunziger Jahre zusammengefasste Anteile der Industrie und der Bauwirtschaft an der Wirtschaftsleistung von 50 vH und mehr keine Seltenheit waren, zeigte im Jahre 1998 kein Land der Region bei diesem Indikator noch einen Wert von mehr als 40 vH.

Eine Barriere der wirtschaftlichen Aktivität in den mittel- und osteuropäischen Reformstaaten stellte die Ausstattung mit Verkehrsinfrastruktur[49] dar.[50] So unterschied sich deren Niveau dort - bei aller Unterschiedlichkeit von Land zu Land - deutlich von demjenigen, mit dem beispielsweise in Westeuropa gerechnet werden konnte. Auffällig waren insbesondere die niedrigen Straßendichten der Reformstaaten. Beispielsweise lagen die Quotienten aus der Länge aller Straßen und der Oberfläche eines Landes durchweg weit unterhalb der Vergleichswerte in Westeuropa.[51] Dies behinderte eine reibungslose Abwicklung des Transports, insbesondere des Gütertransports. Moderne Logistik- und Managementkonzepte wie *Just-in-time Production* waren in Mittel- und Osteuropa kaum umzusetzen.[52] Die Netzdichten der Eisenbahnen wogen diesen Nachteil nicht auf, auch wenn sie partiell beispielsweise derjenigen Deutschlands entsprachen oder diese sogar übertrafen. Ein struktureller Nachteil lag darin, dass die vorhandenen Verkehrssysteme kaum Netzwerkeffekte erzeugten. Über ein in Ansätzen flächendeckendes Autobahnnetz verfügte allein Slowenien. Daneben wiesen nur noch die Nachfolgestaaten der früheren Tschechoslowakei und - mit Abstrichen - Ungarn einen gewissen Grund-

---

49 Der Begriff "Verkehrsinfrastruktur" steht synonym für "materielle Verkehrsinfrastruktur". Zur "immateriellen Verkehrsinfrastruktur" gehören demgegenüber beispielsweise die den Verkehrsbereich betreffenden gesetzlichen Regelungen, insbesondere die Wettbewerbsgesetzgebungen auf dem Felde der Transportdienstleistungen, vgl. grundlegend hierzu JOCHIMSEN, Reimut: Theorie der Infrastruktur. Tübingen 1966.

50 MEISSNER, Thomas: Standortnachteile Mittel- und Osteuropas durch unzureichende Straßen- und Bahnnetze; in: IWH - Wirtschaft im Wandel, Jg. 2 (1996), Nr. 12, S. 15-19.

51 Die Verkehrsinfrastruktur ist als Netzinfrastruktur zur Abdeckung einer Fläche ausgelegt. Daher bietet es sich zur Kennzeichnung der Ausstattung eines Landes mit Verkehrsinfrastruktur an, als Dichtekennzahl einen Quotienten zu bilden, der die Länge der verfügbaren Verkehrswege auf die Oberfläche des Landes bezieht, nicht aber beispielsweise auf die Anzahl der dortigen Einwohner, vgl. BIEHL, Dieter / UNGAR, Peter: Kapazitätsausstattung und Kapazitätsengpässe an großräumig bedeutsamer Infrastruktur; in: BUNDESFORSCHUNGSANSTALT FÜR LANDESKUNDE UND RAUMORDNUNG (Hrsg.): Raumordnung in Deutschland, Teil 2: Aufgaben und Lösungsansätze. Bonn (= Materialien zur Raumentwicklung, Heft 40) 1991, S. 237-284.

52 Hieran hat sich bis in die jüngste Zeit hinein offensichtlich nicht viel geändert, vgl. o. V.: Central Europe's roads - Crash, bang, wait. En route to Bucharest, maybe, in: The economist, Band 359, Nr. 8 223 (26. Mai - 1. Juni 2001), S. 34-37.

stock an Autobahnteilstücken auf. Die Bahnnetze der Reformstaaten litten darunter, dass sie nicht auf einen unterbrechungsarmen Verkehr, wie ihn beispielsweise Intercitynetze verlangen, ausgerichtet waren. So stimmten zwar die Anteile elektrifizierter Strecken in Mittel- und Osteuropa beispielsweise mit denen in der Europäischen Union in etwa überein, doch lagen in den Reformstaaten die Anteile doppel- oder mehrgleisiger Strecken erheblich niedriger. Da in den Reformstaaten die Übergänge zwischen den Verkehrsträgern nicht reibungslos funktionierten, bildeten sich zwischen diesen kaum Netzwerkeffekte heraus. Eine Kombination verschiedener Verkehrsträger, bei der jeder einzelne von ihnen seine jeweiligen Vorteile einbringt, war auf diese Weise nur selten möglich.

1.6. Rechtlicher Rahmen vor Ort

In den meisten Reformstaaten Mittel- und Osteuropas näherte sich der rechtliche Rahmen wirtschaftlicher Betätigung zuletzt westlichen Standards stark an. Im Grundsatz wurden Rechtsordnungen kontinentaleuropäischen Typs etabliert. Dabei griffen die Reformstaaten nicht selten auf eigene Traditionen aus vorkommunistischer Zeit zurück. Allerdings fand die transformationsbedingte Erneuerung der Rechtssysteme bislang noch kein Ende. Zum einen führten die ersten Normsetzungsakte nach Beginn der Systemtransformation nicht immer sofort zum Aufbau optimaler Rechtsinstitute, so dass Überarbeitungen notwendig wurden. Zum anderen kamen viele Regelungen - insbesondere in Ländern, die der Europäischen Union beitreten wollen - unter einen erneuten Anpassungsdruck, wenn sie im Widerspruch zu andernorts üblichen Regelungen standen. In der Rechtswirklichkeit bestanden gleichfalls vielfältige Probleme fort. So kam es in Weißrussland von amtlicher Seite zu teilweise willkürlichen Rechtsnormauslegungen.[53] Speziell in Rumänien und in Russland herrschte nicht selten Unsicherheit über jeweils gültige Rechtsbestimmungen und deren adäquate Auslegung.[54]

---

53 DEUTSCHES INSTITUT FÜR WIRTSCHAFTSFORSCHUNG / INSTITUT FÜR WELTWIRTSCHAFT AN DER UNIVERSITÄT KIEL / INSTITUT FÜR WIRTSCHAFTSFORSCHUNG HALLE: Die wirtschaftliche Lage der Republik Belarus. Halle (Saale), verschiedene Ausgaben.

54 BUNDESMINISTERIUM FÜR WIRTSCHAFT: Übersicht über Investitionsbedingungen in Polen, Ungarn, Tschechien, Slowakei, Rumänien, Bulgarien, Estland, Lettland, Litauen, Slowenien, Kroatien, Rußland, Ukraine, Weißrußland und Kasachstan. Berlin 1996; DRESDNER BANK (Hrsg.): Mittel- und Osteuropa - Investieren mit Erfolg. Frankfurt am Main 1999.

Für die langfristige Beteiligung multinationaler Unternehmen im Inland wurden in den Reformstaaten spezielle Rechtsinstitute geschaffen (vgl. Tabelle 5). Dabei wurde in der Regel eine Beteiligung von Ausländern an Unternehmen der Reformstaaten zu 100 vH ermöglicht. Ausnahmen betrafen lediglich ausgewählte Bereiche; so schränkte Litauen den Beteiligungserwerb an Unternehmen in bestimmten als sensibel angesehenen Wirtschaftsbereichen ein. Der Grunderwerb durch Ausländer wurde vielfach nur eingeschränkt erlaubt, was unter anderem die Finanzierungsmöglichkeiten ausländischer Investoren reduzierte (vgl. auch den nachfolgenden Abschnitt 1.7.). Eine Verringerung bestehender Investitionsunsicherheiten rührte von Investitionsschutz- und von Doppelbesteuerungsabkommen her, welche die einzelnen Reformstaaten mit einer Vielzahl von Ländern abschlossen. Steuervergünstigungen für ausländischer Investoren, sofern nach Beginn der Transformation in Kraft getreten, wurden weitgehend wieder abgeschafft. Ausländische Investoren wurden inländischen überwiegend gleichgestellt.[55] Gebiete mit Steuer- oder Zollbegünstigungen sowie Sonderwirtschaftszonen entwickelten sich nur partiell zu Trägern der wirtschaftlichen Entwicklung. Fraglich bleibt, ob sich die baltischen Häfen wie Muuga, Riga, Liepaia, Ventspils oder Klaipeda nicht auch ohne Sondervergünstigungen zu Transitpunkten entwickelt hätten. In Polen waren die dortigen Sonderwirtschaftszonen zuletzt in Auflösung begriffen.

Kapitalverkehrskontrollen blieben vielerorts intakt.[56] Demgegenüber wurden die Landeswährungen der meisten Länder für Leistungsbilanztransaktionen konvertibel. Speziell Weißrussland kehrte ab dem Jahre 1997 zu einer weitreichenden Devisenzwangsbewirtschaftung zurück. So fror die weißrussische Regierung Devisenkonten von Ausländern zeitweilig ein; auch führte sie ein System multipler Wechselkurse ein.[57]

55 Vgl. für die Hilfen, die Unternehmen für Direktinvestitionen in den Reformstaaten durch westliche Geber zur Verfügung gestellt wurden, MEISSNER, Thomas: Wachsende deutsche Direktinvestitionen in Mittel- und Osteuropa und deren Unterstützung durch den deutschen Staat; in: IWH - Wirtschaft im Wandel, Jg. 3 (1997), Nr. 14, S. 3-8, und die dort angegebene weiterführende Literatur.

56 Ungarn, einer der Vorreiter auf dem Wege der Wirtschaftsliberalisierung in den Reformstaaten Mittel- und Osteuropas, schaffte im Juni 2001 die letzten noch bestehenden Einschränkungen im ungarischen Devisenrecht ab, vgl. o. V.: Forint bald voll kompatibel; in: Frankfurter Allgemeine Zeitung, Nr. 129, Mittwoch, 6. Juni 2001, S. 33.

57 DEUTSCHES INSTITUT FÜR WIRTSCHAFTSFORSCHUNG / INSTITUT FÜR WELTWIRTSCHAFT AN DER UNIVERSITÄT KIEL / INSTITUT FÜR WIRTSCHAFTSFORSCHUNG HALLE: Die wirtschaftliche Lage der Republik Belarus - Dreizehnter Bericht. Weitere Restauration der Planwirtschaft. Halle (Saale), 1998, S. 26-29.

Tabelle 5: Ausgewählte Gesetzgebungsmaßnahmen mittel- und osteuropäischer Reformländer zur Regelung ausländischer Investitionen.

Land	Grundlegende gesetzliche Maßnahme	Jahr
Polen	Gesetz über Gesellschaften mit ausländischer Beteiligung	1991
Slowakische Republik	Handelsgesetz Investitionsförderungsgesetz	1991 1993
Tschechische Republik	Handelsgesetz	1991
Ungarn	Gesetz über ausländische Investitionen	1988
Slowenien	Auslandsinvestitionsgesetz	1967 (geändert im Jahre 1988)
Bulgarien	Auslandsinvestitionsgesetz	1992
Rumänien	Gesetz über ausländische Investitionen	1991
Estland	Gesetz über ausländische Investitionen	1991
Lettland	Gesetz über ausländische Investitionen	1991
Litauen	Gesetz über ausländische Investitionen	1990; 1992

Quelle: EUROPEAN BANK FOR RECONSTRUCTION AND DEVELOPMENT: Transition report - 1998. London 1998, S. 148-199.

1.7. Rechtslage - Das Beispiel Bulgariens

Nicht nur der Stand der Reformen, wie ihn die Systemtransformation in den einzelnen Ländern Mittel- und Osteuropas herausbildete, dürfte auf die Direktinvestitionsströme nach Mittel- und Osteuropa eingewirkt haben, sondern auch der Verlauf der Reformen. Auf welche Probleme im einzelnen Direktinvestitionsengagements vor Ort stießen, sei exemplarisch anhand des bulgarischen Vorgehens bei der Regulierung von ausländischen Unternehmen und von Direktinvestitionen aufgezeigt. Ähnliche, in vielen Fällen vergleichbare Situationen stellten sich ausländischen Direktinvestoren auch andernorts in Mittel- und Osteuropa.

Ausländische Direktinvestitionen waren in Bulgarien seit Beginn der dortigen Transformation einer Vielzahl verschiedener gesetzlicher Regulierungen ausgesetzt. Eine der frühesten Normen in dieser Hinsicht stellte der Erlass Nr. 56 "Über die wirtschaftliche Betätigung" aus dem Jahre 1989 dar.[58] Dieser wurde nachfolgend verändert, um dann unter anderem als eine Grundlage für die Besteuerung von Joint Ventures zu dienen. Eine Zäsur in der Regulierung brachte die Bulgarische Verfassung.[59] Deren Artikel 22 verbot den Landerwerb durch Ausländer. Artikel 5 des Direktinvestitionsgesetztes[60] bestätigte dies noch einmal. Lediglich das Recht zur Landnutzung wurde unter bestimmten Bedingungen gestattet. Die Beschränkung

58 Dăržaven Vestnik (Staatlicher Anzeiger) 1989, Nr. 4 und Nr. 16.

59 Dăržaven Vestnik 1991, Nr. 56.

60 Dăržaven Vestnik 1991, Nr. 47 und Nr. 48.

des Landerwerbs wurde stark kritisiert, da sie die Finanzierungsmöglichkeiten wirtschaftlicher Aktivitäten in Bulgarien einschränke und auf diese Weise unter anderem die Hürden für zufließende Direktinvestitionen erhöhe.[61] Das Recht zum Erwerb von Gebäuden bedeutete in diesem Zusammenhang nur eine geringe Linderung. Auch eine recht frühe Ergänzung in Artikel 29 der Verfassung, die die rigorosen Auflagen des Artikel 22 entkräften sollte, bewirkte wenig.

Eine gewisse Entlastung brachte im Jahre 1992 das "Gesetz über die wirtschaftliche Aktivität ausländischer Personen und den Schutz ausländischer Investitionen" (Auslandsinvestitionsgesetz).[62] Dieses schwächte die Definition einer ausländischen Person ab. Nachfolgend galt jede natürliche Person, die vorwiegend in Bulgarien lebte, nicht länger als Ausländer. Ferner wurde nunmehr jede juristische Person, die in Bulgarien registriert war, als inländisch angesehen. Diese Terminologie ermöglichte es Personen mit vorwiegendem Wohnort in Bulgarien, Land zu erwerben. Ebenso waren Bulgarische Unternehmen mit ausländischer Beteiligung, gleich welcher Größenordnung, zum Landerwerb berechtigt. Ausnahmen betrafen lediglich landwirtschaftlich genutzte Flächen, die von Unternehmen mit einer mehrheitlich ausländischen Beteiligung nicht erworben werden durften. Auch der übrige Text des Auslandsinvestitionsgesetzes war in einer liberalen Sprache abgefasst. So erlaubte Artikel 13 die uneingeschränkte Repatriierung von Nach-Steuer-Einkünften. Artikel 10 verbot in Verbindung mit Artikel 17 Absatz 5 der Verfassung die willkürliche Enteignung ohne hinreichende Entschädigung.

Neue Erschwernisse brachte das Jahr 1996.[63] Gemäß Artikel 5 Absatz 2 des novellierten Auslandsinvestitionsgesetzes durften auch Unternehmen, an denen Ausländer lediglich in Minderheit beteiligt waren, keine landwirtschaftlich genutzten Flächen mehr erwerben.[64] Auch gewährte das Auslandsinvestitionsgesetz nur noch einen eingeschränkten Schutz auf Auslandsinvestitionen: Im Unterschied zu früheren Versionen definierte Artikel 9 Absatz 1 nunmehr eine Auslandsinvestition als

---

61 SEIFERT, Frank: Rahmenbedingungen für Gemeinschaftsunternehmen in Bulgarien; in: Der Betrieb, Jg. 45, Nr. 9 (28. Februar 1992), S. 463-465.

62 JESSEL-HOLST, Christa: Bulgarien - Gesetz über ausländische Investitionen. Textdokumentation mit Einführung und Anmerkungen; in: Wirtschaft und Recht in Osteuropa, Jg. 1 (1992), Nr. 3, S. 86-90.

63 JESSEL-HOLST, Christa: Legal problems of privatization in Bulgaria; in: SCHÖNFELDER, Bruno (Hrsg.), a. a. O. (Fußnote 34), S. 60-70.

64 Dǎržaven Vestnik 1996, Nr. 109.

eingezahltes Kapital aus dem Ausland, das sich auf "nicht weniger als 50 000 US-Dollar oder das Äquivalent in Leva oder einer ausländischen Währung" belief. Drastisch war aber die Verschärfung des Artikels 29 der Verfassung: Auch dieser verbot nunmehr ausländischen juristischen und natürlichen Personen ausdrücklich Landeigentum in Bulgarien. Der Umweg über die Gründung eines Unternehmens in Bulgarien blieb zwar faktisch weiterhin offen; vollkommen verfassungsgemäß war er aber nicht. Unternehmen agierten bei einem solchen indirekten Vorgehen in einer rechtlichen Grauzone. Dies erschwerte die Finanzierung längerfristiger Vorhaben in Bulgarien und stellte ein maßgebliches Hindernis für den Zufluss ausländischer Direktinvestitionen dar.

Alles in allem operierten ausländische Unternehmen in Bulgarien seit dem Jahre 1989 in einem sich nahezu kontinuierlich wandelnden regulativen Umfeld. Dies erhöhte im Zusammenspiel mit einer labilen makroökonomischen Entwicklung und mehrerer Neuausrichtungen der politischen Prioritäten die Unsicherheiten wirtschaftlicher Betätigung. Im Ergebnis dürfte dies hemmend auf den Zufluss ausländischer Direktinvestitionen gewirkt haben.[65]

---

65 MEISSNER, Thomas, a. a. O. (Fußnote 34).

2 Theorien zur Erklärung von Direktinvestitionen im Ausland

Bevor sich im weiteren Verlauf dieser Arbeit den Motiven für Direktinvestitionen im Ausland empirisch genähert werden soll, mag es zweckmäßig sein, zunächst einen Überblick zu gewinnen über Aussagen, welche die theoretische Literatur in diesem Zusammenhang bislang getroffen hat. Zur Erklärung, warum Direktinvestitionen im Ausland vorgenommen werden, ist eine Vielzahl theoretischer Ansätze entwickelt worden. Diese lassen sich drei Hauptdenkrichtungen zuordnen. Die Ansätze zur Erklärung von Direktinvestitionen im Ausland fußen hauptsächlich auf[66]

(1) der Theorie der unternehmerischen Standortwahl,

(2) der Außenwirtschaftstheorie und

(3) der Theorie der Unternehmung.

Bestimmte Aspekte kommen in Vorstellungen mehrerer Gedankengebäude dieser drei Hauptdenkrichtungen vor. Insofern mag die gewählte Kategorisierung nicht frei von Überschneidungen sein. Dennoch erscheint sie für einen kursorischen Überblick geeignet.

---

66 Übersichten liefern unter anderem CAVES, Richard E.: Multinational enterprise and economic analysis. Cambridge, MA, 1982; RUGMAN, Alan M.: New theories of the multinational enterprise - an assessment of internalization theory; in: Bulletin of economic research, Jg. 38 (1986), Nr. 2, S. 101-118; ENSIGN, Prescott C.: An examination of foreign direct investment theories and the multinational firm - A business / economics perspective; in: GREEN, Milford B. / MacNaughton, Rod B. (Hrsg.): The location of foreign direct investment - geographic and business approaches. Aldershot u. a. 1995, S. 15-27; TESCH, Peter: Die Bestimmungsgründe des internationalen Handels und der Direktinvestition - Eine kritische Untersuchung der außenwirtschaftlichen Theorien und Ansatzpunkte einer standorttheoretischen Erklärung der leistungswirtschaftlichen Auslandsbeziehungen der Unternehmen. Berlin (= Volkswirtschaftliche Schriften Nr. 301) 1980; ADEBAHR, Hubertus: Direktinvestitionen - Eine Problemskizze. Berlin (= Volkswirtschaftliche Schriften Nr. 306) 1981; LIZONDO, José S.: Foreign direct investment. Washington, D. C. (= IMF working paper Nr. WP/90/63) 1990; SCHULTE-MATTLER, Hermann: Direktinvestitionen - Gründe für das Entstehen von multinationalen Unternehmen. Frankfurt am Main u. a. 1988; JAHRREISS, Wolfgang: Zur Theorie der Direktinvestitionen im Ausland - Versuch einer Bestandsaufname, Weiterführung und Integration partialanalytischer Forschungsansätze. Berlin (= Volkswirtschaftliche Schriften Nr. 337) 1984; PFAFFERMAYR, Michael: Die Determinanten der Direktinvestitionen im Ausland und ihre Wirkung auf die Exporttätigkeit - Ein kurzer Überblick über die theoretischen Erklärungsansätze; in: Wirtschaftspolitische Blätter, Jg. 42 (1995), S. 131-142; DERSELBE: Direktinvestitionen im Ausland - die Determinanten der Direktinvestitionen im Ausland und ihre Wirkung auf den Außenhandel. Heidelberg (= Wirtschaftswissenschaftliche Beiträge Nr. 121) 1996.

2.1. Direktinvestitionen in der Theorie der unternehmerischen Standortwahl

Eine Direktinvestition kann auf ein Differential von Standortgegebenheiten zwischen Herkunftsland und Gastland zurückgehen, insbesondere wenn sie eine Wanderung von Kapital über Landesgrenzen hinweg widerspiegelt und damit eine grenzüberschreitende Standortverlagerung. Dann rücken die Gegebenheiten an einzelnen Standorten ins Bild und mithin einzelne Standortfaktoren. Hierunter werden geographisch scharf abgegrenzte Vorteile und Nachteile verstanden, die einen entscheidenden Einfluss auf die Standortwahl von Unternehmen ausüben.[67] Die Ursache einer eine Standortverlagerung ausdrückenden Direktinvestition liegt gemäß der Theorie der unternehmerischen Standortwahl entweder in geänderten Standortfaktoren, in einer gewandelten Anforderung an einen Standort oder in einer gewandelten Wahrnehmung von Standortfaktoren.[68]

Entscheidend für die Standortwahl von Unternehmen können beschaffungsseitige, absatzseitige, fertigungsorientierte und staatlich bestimmte Standortfaktoren sein.[69] Bedeutsam für die ökonomische Entwicklung von Wirtschaftsräumen und damit für die Attraktivität speziell für absatzorientierte Direktinvestitionen ist aller Erfahrung nach das Vorhandensein von Potentialfaktoren; dies sind Standortfaktoren, die einen bestimmenden Einfluss auf das Entwicklungspotential von Wirtschaftsräumen ausüben.[70] Potentialfaktoren sind neben ihrer räumlichen Gebundenheit insbesondere durch eine Unteilbarkeit gekennzeichnet: Sie passen sich bei Umfeldänderungen, so bei Nachfrageverschiebungen, nicht verzugslos an. Ferner kommt Potentialfaktoren eine Polyvalenz zu. Mit diesem Begriff wird ihrer Eigenschaft Rechnung getragen, einem breiten Spektrum von Wirtschaftsbereichen als Wachstumsbasis dienen zu können. Schließlich können Potentialfaktoren bei einem Fehlen kaum durch andere Ressourcen substituiert werden. Als typische Beispiele gelten die Ausstattung von Wirtschaftsräumen mit Produktionsfaktoren, die

---

67 Ähnlich bereits, aber mit einseitiger Betonung der Kosten der Leistungserstellung, WEBER, Alfred: Über den Standort der Industrien - 1. Teil. Tübingen 1909.

68 Vgl. die grundlegende betriebswirtschaftliche Literatur, beispielsweise BEA, Franz Xaver / DICHTL, Erwin / SCHWEITZER, Marcell: Allgemeine Betriebswirtschaftslehre - Band 1: Grundfragen. 4. Auflage, Stuttgart 1988, S. 293-305.

69 Vgl. zu dieser Klassifikation BEHRENS, Karl Christian: Allgemeine Standortbestimmungslehre. Opladen 1971.

70 BIEHL, Dieter: The contribution of infrastructure to regional development - final report, document. Luxembourg 1986; BIEHL, Dieter / UNGAR, Peter, a. a. O. (Fußnote 51).

Technologieausstattung, die Bevölkerungsdichte, die geographische Lage oder auch die Ausstattung mit einer durch eine breite Öffentlichkeit nutzbaren Infrastruktur.

An Beachtung im wirtschaftspolitischen Diskurs hat die unternehmerische Standortwahl zuletzt im Rahmen der Diskussion zum Standortwettbewerb gewonnen.[71] Im Zusammenhang mit diesem Konzept wird unter anderem thematisiert, dass in jüngerer Zeit die Kosten der Wanderung bestimmter Produktionsfaktoren gesunken sind.[72] Zu diesen werden in der Regel Sachkapital und Humankapital gezählt. Durch die gesunkenen Wanderungs- und Arbitragekosten stellt sich für ortsgebundene Produktionsfaktoren, beispielsweise weniger qualifizierte Arbeit und Boden, die Notwendigkeit, durch eine adäquate Gestaltung der Standortbedingungen ortsungebundene Produktionsfaktoren an sich zu ziehen und an sich zu binden. Dies ergibt sich nicht zuletzt vor dem Hintergrund eines dynamischen Wettbewerbs: Die Attraktivität eines Wirtschaftsraumes für mobile Produktionsfaktoren determiniert wesentlich die Möglichkeiten dort gebundener, immobiler Produktionsfaktoren, zukünftig Einkommen zu erwirtschaften.[73] Aufgrund zurückgehender Arbitragekosten werden Fehler bei der Gestaltung von Standortbedingungen zunehmend hart sanktioniert: Für ortsungebunde Produktionsfaktoren unvorteilhafte Politikentwürfe werden durch Abwanderung bestraft, vorteilhafte Politikentwürfe werden durch Zuwanderung honoriert.[74] Insofern dürfte in empirischen Untersuchungen Standortfaktoren eine große Erklärungskraft bei der Bestimmung von Direktinvestitionsströmen zukommen: Länderspezifika wie die Ausstattung von Wirtschaftsräumen mit

---

71 Vgl. SIEBERT, Horst: On the concept of locational competition. Kiel (= Kieler Arbeitspapiere Nr. 731) 1996; SACHVERSTÄNDIGENRAT ZUR BEGUTACHTUNG DER GESAMTWIRTSCHAFTLICHEN ENTWICKLUNG: Im Standortwettbewerb - Jahresgutachten 1995 / 1996. Stuttgart 1995; KRUGMAN, Paul R.: Competitiveness - a dangerous obsession; in: Foreign affairs, Jg. 73 (1994), Nr. 2, S. 28-44.

72 STRAUBHAAR, Thomas: Standortbedingungen im globalen Wettbewerb; in: BISKUP, Reinhold (Hrsg.): Globalisierung und Wettbewerb. Bern u. a. (= Beiträge zur Wirtschaftspolitik Nr. 63) 1996, S. 217-239.

73 Hier lässt sich von einer "*ability to attract*" sprechen in Anlehnung an BALASSAs Begriff "*ability to sell*" (BALASSA, Bela: Trade liberalisation and "revealed" comparative advantage. Manchester (= The Manchester School of Economic and Social Studies, Nr. 33) 1965, S. 99-123), worunter die Fähigkeit von Unternehmen verstanden wird, ihr Güterangebot unter Konkurrenzbedingungen auf internationalen Märkten abzusetzen und dabei langfristig Einkommen zu erzielen.

74 PFÄHLER, Wilhelm / LORZ, Jens Oliver: Optionen der deutschen Standortpolitik; in: Deutschland im internationalen Standortwettbewerb. Baden-Baden 1995 (= Veröffentlichungen des HWWA-Institut für Wirtschaftsforschung Hamburg Nr. 18), S. 119-164; STRAUBHAAR, Thomas, a. a. O. (Fußnote 72).

Produktionsfaktoren, die Lohnstückkosten, die Technologieausstattung, die Innovationstätigkeit, die Bevölkerungsdichte, die geographische Lage oder die Ausstattung mit Infrastruktur sollten in einem nachweisbaren Zusammenhang mit Direktinvestitionsströmen stehen.

Sicherlich kann eine Direktinvestition auch rein unternehmenspolitischen Gründen geschuldet sein; sie muss nicht auf Standortüberlegungen zurückgehen: So mag ein Unternehmen durch eine Direktinvestition im Ausland in die Lage versetzt werden, Vorprodukte zu vergleichsweise günstigen Konditionen zu beziehen. Dann kann es zu einer Direktinvestition kommen - unabhängig von den Standortbedingungen, die ansonsten in einem Gastland herrschen. Des weiteren stehen Direktinvestitionen in einem Gastland in einer Substitutionsbeziehung zu Investitionen von Unternehmen vor Ort.[75] Daher können attraktive Standortbedingungen auch mit niedrigen Direktinvestitionszuflüssen einhergehen. Insgesamt mögen derartige Effekte einen Zusammenhang zwischen einzelnen Standortfaktoren und Direktinvestitionsströmen etwas weniger eng erscheinen lassen; vollständig überdecken sollten sie ihn aber nicht.

2.2. Direktinvestitionen in der Außenwirtschaftstheorie

Direktinvestitionen in ihren Bezügen zum außenwirtschaftlichen Geschehen werden traditionell bevorzugt als Reaktion auf Staatsversagen gesehen.[76] So werden Direktinvestitionen beispielsweise im Zusammenhang mit Importsubstitutionshypothesen thematisiert. In dieser Sichtweise tätigen Unternehmen Direktinvestitionen, um protektionistische Politikmaßnahmen eines Landes wie Zölle oder Importquoten zu umgehen, welche die Einfuhr von Waren und Diensten behindern. Des weiteren können Unternehmen grenzüberschreitend investieren, um dadurch in den Genuss von andernfalls nicht gezahlten Subventionen zu gelangen.[77]

---

75 KROMPHARDT, Jürgen / BATHE, Oliver: Direktinvestitionen - ein Indikator für die internationale Wettbewerbsfähigkeit? in: HELMSTÄDTER, Ernst / POSER, Günter / RAMSER, Hans Jürgen (Hrsg.): Beiträge zur angewandten Wirtschaftsforschung - Festschrift für Karl Heinrich Oppenländer. Berlin 1997, S. 363-379.

76 Nicht erst seit BRANDER, James A. / SPENCER, Barbara J.: Tariffs and the extraction of foreign monopoly rents; in: The Canadian journal of economics, Jg. 14 (1981), S. 371-389; DIESELBEN: Foreign direct investment with unemployment and endogenous taxes and tariffs; in: Journal of international economics, Jg. 22 (1987), S. 257-279; SMITH, Alasdair: Strategic investment, multinational corporations and trade policy; in: European economic review, Jg. 31 (1987), S. 89-96.

77 Hierzu auch Abschnitt 3.5.

Eine umfassendere Erklärung für die Entstehung ausländischer Direktinvestitionen aus dem Außenhandelsgeschehen heraus liefert die Neue Außenhandelstheorie.[78] Diese stellt explizit eine Verbindung zwischen dem - nicht durch staatliche Eingriffe behinderten - Außenhandel eines Wirtschaftsraumes und Direktinvestitionsströmen her. Charakteristisch für die Forschungsrichtung der Neuen Außenhandelstheorie ist die Annahme, dass als Grund für die Aufnahme internationalen Handels nicht nur wie in der traditionellen realen Außenwirtschaftstheorie HECKSCHER-OHLINscher Prägung komparative Kostenvorteile, sondern auch und gerade sinkende Durchschnittskosten in Frage kommen. Werden in diesen Denkrahmen international ungleich verteilte, immobile Standortfaktoren inkorporiert, sind nicht nur Aussagen zur Richtung des internationalen Handels möglich, sondern auch Aussagen zur Verteilung der Produktion und von Investitionen im Raum.[79] Im Weiteren sei auf ein Modell der Neuen Außenhandelstheorie exemplarisch näher eingegangen, das die Effekte unterschiedlicher Standortgegebenheiten berücksichtigt.

Das hier betrachtete Modell HELPMANs und KRUGMANs diskutiert den Fall zweier miteinander Handel treibender Regionen, genannt MOE und EU.[80] In beiden Regionen werden Güter produziert und konsumiert. Die Konsumenten beider Regionen unterscheiden sich nicht in ihren Präferenzstrukturen. EU weist aber eine größere Bevölkerung als MOE auf und verfügt, so die Annahme, über das höhere Pro-Kopf-Einkommen. Dies gibt Anlass zu unterschiedlichen marginalen Präferenzen. Die Nachfrage nach den einzelnen Gütern ist unelastisch. Die angebotenen und

---

78 So HELPMAN, Elhanan / KRUGMAN, Paul R.: Trade policy and market structure. Cambridge, MA, 1989.

79 Auch in der HECKSCHER-OHLIN-Welt sind sinkende Durchschnittskosten darstellbar. Diese stehen zunächst nur der Annahme vollständiger Konkurrenz auf den Gütermärkten entgegen, vgl. HEINSCH, Brigitte: Der Einfluß des öffentlichen Inputs Verkehrsinfrastruktur auf die Wettbewerbsfähigkeit einer Volkswirtschaft - unter besonderer Berücksichtigung des Faktorproportionentheorems von Heckscher und Ohlin. Frankfurt am Main u. a. 1986, S. 94. Die Stärke der Neuen Außenhandelstheorie liegt aber auch nicht so sehr in deren Annahmen begründet, sondern in den ableitbaren Hypothesen sowohl über die Richtung des Handels zwischen Wirtschaftsräumen als auch über die Richtung von Investitionsflüssen.

80 HELPMAN, Elhanan / KRUGMAN, Paul R.: Market structure and foreign trade - increasing returns, imperfect competition, and the international economy. Cambridge, MA, u. a. 1985; KRUGMAN, Paul R.: Geography and trade. Cambridge, MA, 1989, vgl. auch MARTIN, Philippe / ROGERS, Carol Ann: Industrial location and public infrastructure; in: Journal of international economics, Jg. 39, Nr. 3/4 (November 1995), S. 335-351; DIESELBEN: Trade effects of regional aid; in: BALDWIN, Richard Edward / HAAPARANTA, Pertti Juhani / KIANDER, Jaakko, (Hrsg.): Expanding membership of the European Union. Cambridge, MA, u. a. 1995, S. 166-188.

nachgefragten Güter stellen für die Konsumenten jeweils unvollkommene Substitute dar. Es handelt sich um international handelbare differenzierte Güter.[81] Die Güterproduktion zeichnet sich durch sinkende Durchschnittskosten aus, basierend entweder auf Fixkosten der Produktion oder auf abnehmenden Grenzkosten. Es herrscht monopolistische Konkurrenz. Die Mengen der insgesamt in der Produktion einsetzbaren und jeweils vollständig eingesetzten Produktionsfaktoren sind festgelegt. Der Produktionsfaktor Sachkapital ist vollkommen mobil, der Produktionsfaktor Arbeit hingegen zwischen den Regionen immobil.

EU und MOE sind mit einem bestimmten international immobilen Standortfaktor unterschiedlich ausgestattet. Dieser wird immer dann in Anspruch genommen, wenn sich ein Gut in einer der beiden Wirtschaftsregionen befindet. Die Inanspruchnahme verteuert ein betroffenes Gut. Dies führt unter anderem dazu, dass ein Gut, das in einer der beiden Regionen gefertigt wird, für die dortigen Nachfrager einen geringeren Preis aufweist als ein vergleichbares Gut aus der jeweils anderen Region. So sind Güter aus EU unter ansonsten unveränderten Bedingungen für die MOE-Konsumenten teurer als Güter aus MOE. Als Beispiele für einen solchen international immobilen Standortfaktor kommen nicht zuletzt die BIEHLschen Potentialfaktoren in Frage. Im weiteren Verlauf sei angenommen, es handele sich im vorliegenden Fall um eine durch eine breite Öffentlichkeit nutzbare Verkehrsinfrastruktur. Deren Inanspruchnahme verteuere in Form von Transportkosten den Preis eines Gutes, den Konsumenten zu zahlen haben.

Die Kosten der Nutzung des immobilen Standortfaktors Verkehrsinfrastruktur sind abhängig von deren Quantität und Qualität: Eine bessere Verkehrsinfrastruktur verteuert die Güterpreise weniger stark als eine schlechtere Verkehrsinfrastruktur. EU sei nach Quantität und Qualität vergleichsweise gut mit Verkehrsinfrastruktur ausgestattet, MOE vergleichsweise schlecht. Wenn Konsumenten in MOE Güter ihrer eigenen Region konsumieren, müssen sie für den relativ hohen Transportaufwand bezahlen, der aus der dortigen relativ schlechten Verkehrsinfrastruktur resultiert. Umgekehrt entstehen durch einen Transport auf den besseren Verkehrswegen in EU geringere Kosten, so dass Konsumenten aus EU vergleichsweise niedrige Preise für Produkte aus EU bezahlen müssen. Bei einem Transport von

---

81 Strenggenommen berücksichtigt die mathematischen Formulierung des Modells auch undifferenzierte Güter, welche die Konsumenten als perfekte Substitute zueinander ansehen. Die undifferenzierten Güter werden jedoch nur der technischen Lösbarkeit des Problems wegen gebraucht. Auf sie sei im folgenden nicht weiter eingegangen.

einer Region in die andere fallen sowohl höhere, als auch niedrigere Transportkosten an, da der Transport auf den Verkehrswegen sowohl der Region MOE, als auch der Region EU vonstatten geht.

Das Ziel der Analyse besteht darin, zu bestimmen, was für eine Arbeitsteilung sich zwischen den beiden Regionen herausbildet. Dies ist gleichbedeutend mit einer Aussage darüber, welcher Anteil der insgesamt getätigten Güterproduktion auf die Region MOE und welcher Anteil auf die Region EU entfällt. Die Unternehmensansiedlung in den zwei Regionen, mithin die Verteilung des Produktionsfaktors Kapital, wird von drei Faktoren beeinflusst. Die Unternehmensansiedlung geschieht tendenziell erstens in der Region mit der besseren Verkehrsinfrastruktur, zweitens in der Region mit dem höheren Pro-Kopf-Einkommen und drittens in der Region mit der größeren Bevölkerung.

Die Gründe für die Wirkungsweisen der drei Faktoren sind in den Annahmen des Modell angelegt. Durch eine Zusammenfassung der Produktion an einem Standort lassen sich niedrigere Durchschnittskosten realisieren. Dies wirkt auf eine Produktionskonzentration an einem Standort hin. Die übrigen Faktoren geben an, wo tendenziell die Standortkonzentration stattfindet. Erstens führt das Marktvolumensgefälle von EU zu MOE dazu, dass die Produzenten nach EU streben, in die Region mit dem größeren Marktvolumen, um nahe bei ihren hauptsächlichen Abnehmern zu sein. Die Bedienung der Abnehmer in MOE, der Region mit dem relativ geringen Marktvolumen, geschieht aus EU heraus. Bei einer Produktionskonzentration in EU fallen weniger Transporte an und somit geringere Transportkosten als bei einer umgekehrten Verteilung der Produktion. Zweitens führt die von Region zu Region unterschiedliche Ausstattung mit Verkehrsinfrastruktur dazu, dass die Produzenten dazu neigen, in der EU zu produzieren, in der Region mit der vergleichsweise guten Verkehrsinfrastruktur. Die Bedienung des heimischen Marktes kommt dann ohne hohe Transportkosten aus. Die relativ hohen Transportkosten fallen nur dann an, wenn die Konsumenten in der Region mit der schlechteren Verkehrsinfrastruktur beliefert werden. Zusammengenommen kommt es im skizzierten Modell zu einer Konzentration der Güterproduktion in EU, da sie sowohl eine bessere Verkehrsinfrastruktur und ein höheres Pro-Kopf-Einkommen als auch eine größere Bevölkerung aufweist.

Eine Verbesserung der Verkehrsinfrastruktur in MOE im Zeitablauf hat eine primäre und eine sekundäre Wirkung.[82] Die primäre Wirkung betrifft die Preise der produzierten Güter. Hierbei ist zu unterscheiden, welches Produkt und welcher Absatzmarkt betrachtet werden. Zum einen kommt es durch eine verbesserte Verkehrsinfrastruktur in MOE zu einer Verbilligung der MOE-Produkte, sowohl auf dem Absatzmarkt in MOE, als auch demjenigen in EU. Dies führt zu einer insgesamt höheren Nachfrage nach in MOE hergestellten Gütern. Zum anderen werden aber auch die EU-Produkte in MOE billiger, da nun in den Preis der EU-Produkte in MOE auch niedrigere Kosten des Transports über die Verkehrsinfrastruktur in MOE eingehen.

Als sekundärer, im Zusammenhang mit Direktinvestitionen besonders hervorzuhebender Effekt fällt durch eine Verbesserung der Verkehrsinfrastruktur in MOE der Preis der in MOE hergestellten Güter relativ zu den in EU hergestellten Gütern. Unternehmen in EU tendieren bei einer Verbesserung der Verkehrsinfrastruktur in MOE dazu, dort mehr zu produzieren. In MOE dürften nach einer Verbesserung der Verkehrsinfrastruktur mehr Güter als zuvor hergestellt werden. Dies schlägt sich unter anderem auch in einer Kapitalverlagerung nieder. Es kommt zu einer Standortverlagerung der Produktion aus EU nach MOE. Als Indikator hierfür können Kapitalzuflüsse nach MOE herangezogen werden, insbesondere Direktinvestitionszuflüsse.

Der Zwei-Regionen-Fall lässt sich verallgemeinern und auf den Fall mehrerer Länder ausdehnen. Wenn beispielsweise die Region MOE aus mehreren Ländern besteht, die sich nach dem Pro-Kopf-Einkommen, nach der Bevölkerungszahl und nach der Verkehrsinfrastrukturausstattung unterscheiden, wird innerhalb von MOE tendenziell in denjenigen Ländern eine hohe Güterproduktion stattfinden und tendenziell in denjenigen Ländern direktinvestiert, die ein hohes Pro-Kopf-Einkommen, eine große Bevölkerungszahl und eine relativ gute Verkehrsinfrastrukturausstattung aufweisen. Alles in allem dürften die Direktinvestitionsströme in die einzelnen Reformstaaten Mittel- und Osteuropas mit Ausprägungen von Potentialfaktoren wie der Verkehrsinfrastrukturausstattung, mit der Bevölkerungszahl und mit dem Pro-Kopf-Einkommen der Länder positiv korreliert sein.

---

82 MARTIN, Philippe / ROGERS, Carol Ann: Trade effects of regional aid; in: BALDWIN, Richard Edward / HAAPARANTA, Pertti Juhani / KIANDER, Jaakko, (Hrsg.): Expanding membership of the European Union. Cambridge, MA, u. a. 1995, S. 166-188, hier S. 178-180.

2.3. Direktinvestitionen und Theorie der Unternehmung

Das HELPMAN / KRUGMAN-Modell baut wesentlich auf Marktunvollkommenheiten auf, die auf sinkenden Durchschnittskosten der Produktion basieren. Aufgrund eines Zusammentreffens von differenzierten Gütern einerseits, die mit einzelnen Unternehmen identifiziert werden, und von Standortunterschieden andererseits internalisieren betroffene Unternehmen Austauschprozesse, die grundsätzlich auch über Märkte ablaufen können: Es kommt zu einer internationalen unternehmerischen Expansion und zu erhöhten Direktinvestitionen.

Der postulierte Wirkungskanal von Marktunvollkommenheiten zur unternehmerischen Internalisierung zeigt Übereinstimmungen mit Argumenten, die im Diskurs über die Theorie des Unternehmens geführt werden. Auch dort stellen Marktunvollkommenheiten wesentliche Stützen der Erklärung dar, warum Unternehmen als hierarchische Allokationsorganisationen im Gegensatz zu einer Allokation über Märkte existieren.[83] Entsprechend dürfte es sich als sinnvoll erweisen, bei einer Darstellung derjenigen Ansätze, die Direktinvestitionen im Ausland und multinationale Unternehmen mit Hilfe des Konzeptes der Unternehmensintegration und der Internalisierung erklären, auf die Theorie des Unternehmens Bezug zu nehmen. Allerdings kann die Existenz von Unternehmen und von Direktinvestitionen im Ausland auch für den Fall vollkommener Märkte erklärt werden (vgl. Abbildung 3).

2.3.1. Direktinvestitionen bei vollkommenen Märkten und vollständiger Konkurrenz

Mit vollkommenen Märkten und mit vollständiger Konkurrenz operiert beispielsweise die Erklärung ausländischer Direktinvestitionen über ein Differential von Grenzrenditen zwischen zwei Ländern. Dieser Ansatz geht davon aus, dass Direktinvestitionen von Orten mit einer vergleichsweise geringen Verzinsung für zusätzliche Realinvestitionen an Orte mit einer höheren Verzinsung fließen.[84] Ein Grenzrenditedifferential kann vielfältig zu Stande kommen. So mag ein Unternehmen

---

83 Vgl. für den Fall der vertikalen Integration, eines wirtschaftlichen oder rechtlichen Zusammenschlusses mehrerer Unternehmen über unterschiedliche Produktionsstufen hinweg, PERRY, Martin K.: Vertical integration - Determinants and effects; in: SCHMALENSEE, Richard / WILLIG, Robert D. (Hrsg.): Handbook of industrial organization - 1. Amsterdam u. a. 1989, S. 183-255.

84 Vgl. ENSIGN, Prescott C., a. a. O. (Fußnote 66).

Abbildung 3: Übersicht über Ansätze zur Erklärung von Direktinvestitionen im Ausland mit Bezug zur Theorie der Unternehmung

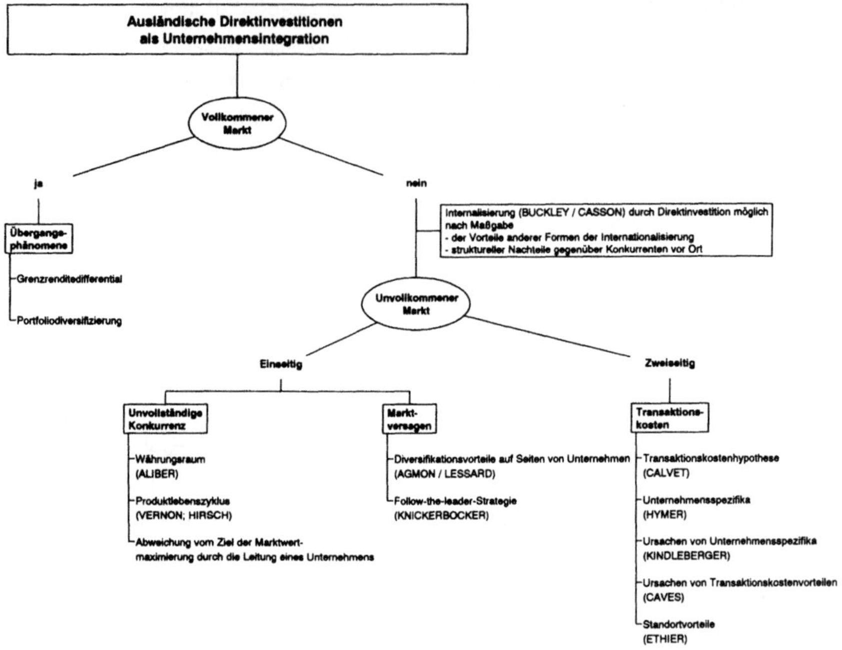

Quelle: eigene Erstellung.

im Ausland einen höheren Umsatz erwirtschaften als im Inland. Des weiteren kann zwischen zwei Ländern ein Unterschied in der Kostenbelastung bestehen, beispielsweise wegen unterschiedlich hoher Lohnniveaus. Auch niedrigere Steuern und Abgaben an den Staat können ein Grenzrenditedifferential begründen ebenso wie ein höheres Wachstum, dem sich ein Unternehmen im Ausland im Verhältnis zum Inland gegenübersieht. Ein durch ein Grenzrenditedifferential induzierter Direktinvestitionsfluss hält so lange an, bis zwischen zwei oder mehr Ländern ein Ausgleich der Renditen für zusätzliches Kapital eingetreten ist.[85] Ein derartiger Kapitalstrom ist mithin eine Übergangserscheinung zur Beseitigung eines Ungleichgewichtes. Dem Grenzrenditenansatz liegt der Gedanke zu Grunde, dass Unternehmen bei Entscheidungen über anstehende Realinvestitionen allein die zu

85 HORBACH, Jens / ROTHFELS, Jacqueline / MEISSNER, Thomas, *et al.*, a. a. O. (Fußnote 12).

erzielenden marginalen Renditen einzelner jeweils möglicher Investitionsalternativen miteinander vergleichen und sich für solche Alternativen entscheiden, die bei vorgegebenen Finanzierungszinssätzen die höchsten positiven marginalen Renditen erwarten lassen. Dies stellt eine große Schwäche dar: Theorien, entwickelt für Investitionen in Wertpapieren, werden direkt auf Direktinvestitionen im Ausland übertragen. Vernachlässigt werden dabei Spezifika von Direktinvestitionen im Ausland, beispielsweise mit einem damit initiierten Engagement auch Einfluss auf das geschäftliche Vorgehen eines Unternehmens im Ausland zu nehmen.

Eine ähnliche Kritik richtet sich gegen Ansätze, welche die Entstehung, die Verläufe und die Ausmaße internationaler Direktinvestitionsströme mit Hilfe der auf MARKOWITZ zurückgehenden Portfoliotheorie[86] zu erklären versuchen.[87] Diese beschreibt das ökonomisch rationale Vorgehen bei der Möglichkeit, zwischen verschiedenen risikobehafteten Investitionsalternativen zu wählen. Wenn die in einzelnen Alternativen angelegten Risiken nicht in vollständigem Gleichlauf miteinander stehen, kann es sich lohnen, einen Investitionsbetrag auf verschiedene Investitionsmöglichkeiten aufzuteilen, statt ihn in einer einzigen riskanten Alternative zu konzentrieren. Eine Diversifikation kann bei vorgegebener Rendite das Risiko eines Portefeuilles verringern. Umgekehrt lässt sich durch eine Diversifikation bei einem vorgegebenen Risiko die zu erwirtschaftende Rendite einer Position in der Regel steigern. Gemäß der Portfoliotheorie kann eine bestimmte Direktinvestition im Ausland verschieden motiviert sein. Auf der einen Seite mag es sein, dass ein Unternehmen damit die durchschnittliche Rendite eines diversifizierten Portefeuilles von Realinvestitionen erhöhen möchte. Auf der anderen Seite kann mit einer Direktinvestition im Ausland angestrebt sein, das durchschnittliche Unternehmensrisiko zu senken.

Die Portfoliotheorie zur Erklärung von Direktinvestitionen und von multinationalen Unternehmen heranzuziehen ist nicht nur aufgrund der Vernachlässigung des Kontrollmotivs der Direktinvestoren problematisch. Vielmehr stellt sich grundsätzlich die Frage, wieso Unternehmen überhaupt diversifizieren sollen. Private Investoren können ihre Wertpapierportefeuilles nach eigenen Vorstellungen über Finanzmärkte breit streuen - auch international. Einen komparativen Vorteil, für den Private einen

---

86 MARKOWITZ, Harry M.: Portfolio selection - Efficient diversification of investment. New York, NY / London 1959.

87 GRUBEL, Herbert G.: Internationally diversified portfolios - Welfare gains and capital flows; in: The American economic review, Jg. 58 (1968), S. 1299-1314.

Zuschlag zu zahlen bereit wären, weisen Unternehmen bei der Diversifikation gegenüber Einzelinvestoren nicht auf. Unternehmen dürften sogar eher schlechter in der Lage sein zu diversifizieren, fehlen ihnen doch beispielsweise genaue Informationen über die Risikoneigung privater Investoren, in deren Auftrag sie handeln.

2.3.2. Marktunvollkommenheiten

RUGMAN gehört mit zu den ersten, die feststellen, dass verschiedene Ansätze zur Erklärung multinationaler Unternehmen und ausländischer Direktinvestitionen, die über die Deutungsmuster Renditedifferential und Portfoliodiversifikation hinausgehen, letztlich unter den Begriff der Marktunvollkommenheit subsumiert werden können.[88] Hierunter fallen Phänomene wie das Fehlen einer vollkommenen Markttransparenz, Abweichungen von der Marktform des Polypols oder eine nicht hinreichend rasche Anpassung der Marktteilnehmer an eine Änderung relevanter Umfeldbedingungen. Direktinvestitionen sind so gesehen Ausdruck eines unternehmerischen Bemühens, Marktunvollkommenheiten zum eigenen Vorteil auszunutzen. Dies geschieht durch die Zusammenfassung verschiedener grenzüberschreitender wirtschaftlicher Aktivitäten in einem multinationalen Unternehmen mittels Internalisierung.[89] Unternehmen sind dann bereit, Direktinvestitionen durchzuführen, wenn Wirtschaftsprozesse unternehmensintern ökonomisch vorteilhafter ablaufen als auf grenzüberschreitenden Märkten.

Die einzelnen Theorien zur Entstehung ausländischer Direktinvestitionen, die mit Marktunvollkommenheiten operieren, lassen sich danach unterteilen, welche Annahme vollkommener Märkte jeweils aufgegeben wird. Darüber hinaus ergeben sich einzelne Theoriegruppen danach, ob Annahmen des vollkommenen Marktes lediglich auf einer Marktseite oder sowohl auf der Angebotsseite als auch auf der Nachfrageseite eines Marktes verletzt sind. Welcher der jeweils relevante Markt ist, der für eine Direktinvestition den Ausschlag gibt, ist abhängig von der Situation, die ein bestimmter Theorieansatz zu beschreiben versucht. Es sind sowohl Ansätze entwickelt worden, die Absatzmärkte zum Gegenstand haben, als auch Ansätze mit

---

88 RUGMAN, Alan M.: The selected scientific papers of Alan M. Rugman - 1: The theory of multinational enterprises. Cheltenham, UK / Brookfield, US, 1996.

89 BUCKLEY, Peter J. / CASSON, Mark: The economic theory of the multinational enterprise. London 1985.

Blick auf die Beschaffungsseite. Ebenso kann der Markt eines Zwischenprodukts den relevanten Markt darstellen (vgl. erneut Abbildung 3, S. 44).

2.3.3. Unvollständige Konkurrenz

Zur Gruppe derjenigen Theorien zur Erklärung ausländischer Direktinvestitionen, welche die Annahme der vollständigen Konkurrenz auf einer Seite eines Marktes aufgeben, gehört ALIBERs Währungsraumansatz.[90] ALIBER postuliert, dass sich die Anteile an zwei Unternehmen im Wert unterscheiden, je nachdem, ob ein jeweils betrachtetes Unternehmen seinen Sitz in einem "Hartwährungsland" oder in einem "Weichwährungsland" hat. Diese Bezeichnungen ergeben sich dabei aus der relativen Stärke betreffender Währungen. Nach ALIBER stellen Unternehmensanteile aus verschiedenartigen Währungsräumen keine vollkommenen Substitute zueinander dar. Kapitalanbieter präferieren als Kapitalnachfrager, so die Annahme, stets ein Unternehmen aus einem Hartwährungsland, selbst wenn sich dessen Aktiva und dessen Geschäftsführung nicht von den jeweiligen Entsprechungen eines Pendants aus einem Weichwährungsland unterscheiden. Die Finanzmärkte, so die Argumentation, belegen Anteile von Unternehmen aus einem Weichwährungsland systematisch mit einem Preisabschlag. Dies geht nicht zuletzt auf die Vermutung der Finanzmarktakteure zurück, dass sich Unternehmen in Hartwährungsländern günstiger gegen Wechselkursrisiken absichern können, sowohl im Vergleich zu Unternehmen aus Weichwährungsländern, als auch im Verhältnis zu den Finanzmarktakteuren selbst. Ein Unternehmen mit Sitz in einem Hartwährungsland finanziert sich dadurch zu vergleichsweise niedrigen Kosten; mithin fällt es ihm vergleichsweise leicht, im globalen Rahmen Aktiva und Anrechte auf zukünftige Einkommensströme zu akquirieren. In der Folge ergibt sich netto ein Strom von Direktinvestitionen aus Ländern mit relativ starken Währungen in Länder mit relativ schwachen Währungen.

Substitutionshemmnisse sind auch Ausgangspunkt der Produktlebenszyklustheorie von VERNON und HIRSCH.[91] Diese beschreibt einen Zusammenhang zwischen

---

90 Vgl. ALIBER, Robert Z.: A theory of foreign direct investment; in: KINDLEBERGER, Charles P. (Hrsg.): The international corporation - A symposium. Cambridge, MA, u. a. 1970.

91 VERNON, Raymond: International investment and international trade in the product cycle; in: The quarterly journal of economics, Jg. 80 (1966), S. 190-207; DERSELBE: The product cycle hypothesis in a new international environment; in: Oxford bulletin of economics and statistics, Jg. 41 (1979), S. 255-267; HIRSCH, Seev: An international trade and investment theory of the

derjenigen Marktentwicklungsphase, in der sich ein Produkt befindet, und der Standortwahl eines Unternehmens, das ein solches Produkt herstellt. Dabei liegt die Vorstellung zu Grunde, dass ein Produkt in Abhängigkeit von der jeweiligen Nachfrage verschiedene, relativ fest vorgegebene Marktentwicklungsphasen in einer bestimmten Reihenfolge durchläuft. Der Produktlebenszyklus als deren Abfolge spiegelt sich, so der Gedankengang, in einem ganz bestimmten Muster der unternehmerischen Standortwahl wider.

Gemäß der Produktlebenszyklustheorie in einer frühen Version VERNONs beginnt die erste Phase eines Produktlebenszyklus, die Innovationsphase, mit der Entwicklung eines Produktes, das durch die Nachfrager als neu angesehen wird. Dabei findet diese Innovation, so die Annahme, in der Regel in einer entwickelten Marktwirtschaft statt, in der durch scharfen Wettbewerb die Unternehmen zu Neuerungen gezwungen werden, um neue Gewinnmöglichkeiten aufzudecken. Die Preiselastizität der Nachfrage nach einem neuen Produkt ist in einer Innovationsphase aufgrund einer noch nicht sehr ausgeprägten Konkurrenz typischerweise niedrig, so dass Preise durchgesetzt werden können, welche die betreffenden Kosten zum Teil erheblich übersteigen. Kostenüberlegungen beginnen in der zweiten Phase, in der Wachstums- und Reifephase, eine größere Rolle zu spielen. Hier treten durch die Monopolgewinne des Innovators angelockte Konkurrenten in den Markt ein, wodurch der hier erzielbare Preis sinkt. Auch auf den Auslandsmärkten, deren Nachfrage der Innovator anfänglich durch Exporte befriedigt, erscheinen Wettbewerber. Es stellt sich für den Innovator zunehmend die Frage nach einer Fortsetzung der Warenexporte oder einer Produktionsverlagerung ins Ausland: Gemäß der Produktlebenszyklustheorie versorgt ein Innovator einen ausländischen Markt mit Exporten, solange die Grenzkosten der Produktion im Heimatmarkt, zuzüglich der Kosten des Transports seiner Produkte ins Ausland, kleiner sind als die Durchschnittskosten der Produktion im Ausland.[92] In der dritten Phase schließlich, der Standardisierungsphase, sind die Produktkonfiguration und die Produktionsprozesse hinreichend standardisiert. Es herrscht intensiver Wettbewerb, und die Anbieter suchen verstärkt nach Möglichkeiten, Kosten zu sparen. Hierfür verlagern sie zunehmend die Produktion in Regionen mit niedrigeren Löhnen, beispielsweise in

---

firm; in: Oxford economic papers, Jg. 28, Nr. 2 (Juli 1976), S. 258-270; DERSELBE: Location of industry and international competitiveness. New York, NY, u. a. 1967.

92 VERNON, Raymond: International investment and international trade in the product cycle; in: The quarterly journal of economics, Jg. 80 (1966), S. 190-207, hier S. 197.

Staaten, die sich noch in einer relativ frühen Phase ihrer wirtschaftlichen Entwicklung befinden. Die Produktlebenszyklustheorie betrachtet Direktinvestitionen als Abbild der Standardisierungsphase. Direktinvestitionen werden im Ausland getätigt, um durch damit initiierte Produktionsverlagerungen Kosten zu senken.

Eine weitere Erklärung ausländischer Direktinvestitionen, die mit unvollständiger Konkurrenz auf einer Marktseite arbeitet, verweist auf die Wirkung einer in Unternehmen häufig zu beobachtenden Aufteilung von Eigentum und Geschäftsführung. Die Argumentation läuft über eine mangelhafte Ausrichtung einer Unternehmensleitung am Ziel der Unternehmenswertmaximierung. Den für die Führung eines Unternehmens verantwortlichen Managern werden mit einem solchen Ziel im Konflikt stehende Nutzenkalküle unterstellt. Statt dessen kann es sein, dass Manager bei ihrer Geschäftsausübung das Ziel der Umsatzmaximierung verfolgen.[93] Direktinvestitionen dienen dann der Umsatzausweitung im Ausland - auch unter Inkaufnahme eines rückläufigen *Cash flows* oder eines zurückgehenden Unternehmenswertes. Möglicherweise wählt ein Management aber auch - wie dies die neo-institutionalistische Sichtweise und speziell die *Agency*-Theorie postuliert - eine andere Rendite-Risiko-Kombination für ein ihm anvertrautes Unternehmen, als es die Eigenkapitalgeber wünschten, hätten sie den Sachstand und die Handlungsmacht des Managements.[94] Wenn beispielsweise bei einer inadäquaten Ausgestaltung von Geschäftsführungsverträgen negative Geschäftsergebnisse letztlich kaum zu Lasten der geschäftsführenden Manager, sondern annähernd zur Gänze zu Lasten der Eigenkapitalgeber gehen, während positive Ergebnisse sehr wohl dem Management zugute kommen, kann es zu Überinvestitionen kommen, auch in Form von Direktinvestitionen in hochriskanten Ländern.

---

93 BAUMOL, William J.: Business behavior, value and growth. New York, NY, 1967.

94 Vgl. KIENER, Stefan, a. a. O. (Fußnote 6); PRATT, John W. / ZECKHAUSER, Richard J. (Hrsg.): Principals and agents - the structure of business. Boston, Mass., 1985; JENSEN, Michael C. / MECKLING, William H., a. a. O. (Fußnote 7); SCHMIDT, Reinhard H.: Grundzüge der Investitions- und Finanzierungstheorie. 2. Auflage, Wiesbaden 1990, S. 189-193. Vgl. auch - mit einer Anwendung auf den Grenzbereich zwischen öffentlich-rechtlicher und unternehmerischer Sphäre - MEISSNER, Thomas: Die Wirkung der institutionellen Ausgestaltung der Treuhandanstalt, Berlin, auf die Privatisierung in den neuen Bundesländern. Trier (= Schriftenreihe des Schwerpunktes Finanzwissenschaft / Betriebswirtschaftliche Steuerlehre an der Universität Trier, Fachbereich 4, herausgegeben von DICKERTMANN, Dietrich / LEHMANN, Matthias, Nr. 2) 1994.

2.3.4. Marktversagen

Als ein Schlüsselkonzept zur Erklärung von Direktinvestitionen im Ausland sieht DUNNING Marktversagen an.[95] Ein solches liegt beispielsweise vor, wenn der Zugang zu einem Markt beschränkt ist oder wenn keine hinreichend genauen Informationen über relevante Marktgegebenheiten - zumal im Ausland - zu bekommen sind; auch die Existenz eines externen Effektes, bei dem der Einfluss einer Wirtschaftseinheit auf eine oder mehrere andere nicht über Märkte entgolten wird,[96] begründet ein Marktversagen. Hierbei ist der Preismechanismus in seiner Wirkung behindert; die optimale Allokation von Gütern, Diensten oder Produktionsfaktoren muss nahezu zwangsläufig unterbleiben.

Von Marktzugangsbeschränkungen kann unter anderem dann gesprochen werden, wenn Unternehmen ihre Investitionsportefeuilles international auf eine Art diversifizieren können, die privaten Investoren bei deren eigenen Investitionen nicht offen steht. Einzelinvestoren können dann allerdings an den Vorteilen international diversifizierter Unternehmen teilhaben, indem sie deren Wertpapiere erwerben. Dies ermöglicht eine indirekte Partizipation an Investitionen im Ausland.[97] Ein komparativer Vorteil erwächst für international diversifizierte Unternehmen dann, wenn es ihnen gelingt, sich auf die Bereitstellung von Diversifikationsdiensten zu spezialisieren, die von Einzelinvestoren nachgefragt werden.[98] Im Ergebnis kann es - insbesondere auch in Form von Direktinvestitionen im Ausland - zu einer internationalen Diversifikation durch Unternehmen statt durch Einzelinvestoren kommen. Das Ausmaß der Diversifikationsvorteile auf Seiten direktinvestierender Unternehmen hängt vom Ausmaß der Segmentierung betreffender Märkte ab. Eine Segmentierung kann beispielsweise durch Kapitalverkehrskontrollen zu Lasten internationaler Portfolioinvestitionen zu Stande kommen. Dabei ist allerdings zu beachten, dass institutionelle Unterschiede zwischen Ländern wie von Land zu Land unterschiedliche Regelungen des grenzüberschreitenden Kapitalverkehrs auch auf ein

---

95 DUNNING, John H. (Hrsg.): Multinational enterprises, economic structure and international competitiveness. Chichester u. a. 1985.

96 EL-SHAGI, El-Shagi: Die externen Effekte und ihre Wirkung auf das Marktergebnis; in: Das Wirtschaftsstudium, Jg. 11 (1982), S. 551-559.

97 AGMON, Tamir / LESSARD, Donald R.: Investor recognition of corporate international diversification; in: The journal of finance, Jg. 32 (1977), S. 1049-1055.

98 ERRUNZA, Vihang R. / SENBET, Lemma W.: The effects of international operations on the market value of the firm - Theory and evidence; in: Journal of finance, May 1981, S. 401-417.

Staatsversagen zurückgehen können, nicht notwendigerweise auf ein Marktversagen.

KNICKERBOCKERs Ausgangspunkt bei der Entwicklung seiner Theorie ausländischer Direktinvestitionen ist die empirische Beobachtung, dass sich die Direktinvestitionszuflüsse einzelner Länder durch multinationale Unternehmen einer Branche häufig auf jeweils Drei-Jahres-Blöcke konzentrieren.[99] Hieraus schließt KNICKERBOCKER auf einen intensiven Wettbewerb innerhalb einzelner Branchen, dessen Intensität unter anderem mit dem Konzentrationsgrad positiv korreliert. Der Konzentrationsgrad einer Branche bedingt die Stärke von Reaktionen durch die Konkurrenz: Unternehmen in Branchen mit einem hohen Konzentrationsgrad und damit in Branchen, die vermachtet oder durch nur wenige rechtlich und wirtschaftlich selbständige Anbieter gekennzeichnet sind, reagieren weitaus stärker und unmittelbarer auf Aktionen eines Konkurrenten als Unternehmen in Branchen mit einem niedrigen Konzentrationsgrad. Dies dürfte damit zu tun haben, dass bei einem hohen Konzentrationsgrad Unternehmen eher Gefahr laufen, durch gezielte Aktivitäten der Konkurrenz - auch durch Direktinvestitionen - an Bedeutung im globalen Markt zu verlieren. KNICKERBOCKER formuliert eine "*Follow the leader*-Hypothese": Diese besagt, dass in einer oligopolistischen Branche ein Unternehmen seinem Konkurrenten ins Ausland folgt, um die eigene Position im globalen Markt zu sichern. Direktinvestitionen sind damit unmittelbar abhängig von zuvor durch Wettbewerber vorgenommene Direktinvestitionen. Ein Marktversagen erscheint in KNICKERBOCKERs Ansatz unter anderem in Form eines unentgoltenen externen Informationseffektes, der von einem direktinvestierenden Vorreiter auf Branchenkonkurrenten ausgeht, die nachfolgend Direktinvestitionen vornehmen. Ein Vorreiter signalisiert den übrigen Branchenwettbewerbern durch eine Direktinvestition und durch den damit initiierten Eintritt in einen ausländischen Markt, wo noch unausgeschöpfte Marktchancen existieren.[100]

---

99 KNICKERBOCKER, Frederick T.: Oligopolistic reaction and multinational enterprise. Cambridge, MA, 1973. Vgl. auch z. B. BUCKLEY, Peter J.: Contemporary theories of international direct investment; in: Revue économique, Jg. 44 (1993), Nr. 4, S. 725-736, hier S. 732-733.

100 Vgl. auch das formale Modell bei THIMANN, Christian / THUM, Marcel: Investing in terra incognita - waiting and learning; in: Economic systems, Jg. 22 (1998), Nr. 1, S. 1-22.

2.3.5. Kritische Würdigung

Die vorgebrachten Erklärungen zur Entstehung von Direktinvestitionen im Ausland, die entweder auf unvollständige Konkurrenz auf einer Seite eines betrachteten Marktes oder auf das Versagen eines Marktes abheben, weisen systematische Schwächen auf. So geht die Produktlebenszyklustheorie von einem stabilen Direktinvestitionsstrom aus entwickelten Volkswirtschaften in Volkswirtschaften mit einer aufholenden Entwicklung aus. Dabei werden aber die in jüngerer Zeit zunehmenden Direktinvestitionsströme innerhalb der Gruppe von Volkswirtschaften aufholender Entwicklung[101] ignoriert. Nutzenkalküle von Unternehmensmanagern, inkompatibel mit denjenigen von Unternehmenseignern, mag Wettbewerb auf dem Markt für Manager über die Zeit hinlänglich eindämmen,[102] so dass hierdurch nicht unbedingt ein dauerhafter Strom von Direktinvestitionen entstehen dürfte, wie er in der Realität zu beobachten ist. Eine Spezialisierung von Unternehmen auf Diversifikationsdienstleistungen, wie beispielsweise von ERRUNZA / SENBET postuliert, ergibt sich zunächst lediglich über *ad hoc* gesetzte Markteintrittsbarrieren. Solange deren Entstehungsgeschichte nicht allgemeingültig geklärt ist, bleibt eine auf Markteintrittsbarrieren basierende Erklärung für Direktinvestitionen angreifbar. KNICKERBOCKERs Ansatz versucht die Konzentration von Direktinvestitionszuflüssen einzelner Ländern in wenigen zusammenhängenden Jahren zu erklären. Eine allgemeine Theorie, die über dieses Phänomen hinaus Gültigkeit aufweist, ist damit aber noch nicht gefunden.

ALIBERs Währungsraumansatz hängt zentral von der Annahme der Finanzmarktakteure ab, Unternehmen in Hartwährungsländern könnten sich vergleichsweise gut gegen Währungsrisiken absichern. Allerdings hat diese Fähigkeit zunächst nichts mit der Herkunft aus einem Hartwährungsland zu tun. Es ist nicht zu erkennen, wie Unternehmen aus Hartwährungsländern dauerhaft Konkurrenz aus Weichwährungsländern aus den Finanzmärkten heraushalten können. Allerdings war in der Vergangenheit verschiedentlich zu beobachten, dass Direktinvestitionen in Länder mit einer über einen gewissen Zeitraum unterbewerteten Währung flossen. So akquirierte die Bundesrepublik Deutschland unmittelbar nach dem zweiten Weltkrieg Direktinvestitionen in beträchtlichen Größenordnungen.[103] Auch für die Vereinigten

101 ZEBREGS, Harm, a. a. O. (Fußnote 1).

102 FAMA, Eugene F., a. a. O. (Fußnote 5).

103 HÖLSCHER, Jens: Entwicklungsmodell Westdeutschland - Aspekte der Akkumulation in der Geldwirtschaft. Berlin (= Volkswirtschaftliche Schriften Nr. 437) 1994; DERSELBE / SMITH, Eric

Staaten wird von entsprechenden Episoden berichtet.[104] Inwieweit dieses Schema auf die Reformstaaten Mittel- und Osteuropas zutrifft, bleibt zu prüfen, zumal verschiedentlich Theorieansätze zum Zusammenspiel von Wechselkurs, und hier dem realen Wechselkurs, auf der einen Seite und den Zuflüssen ausländischer Direktinvestitionen auf der anderen Seite entwickelt worden sind.[105] Allerdings blieben diese Überlegungen nicht unwidersprochen.[106]

Alles in allem können die Versuche nicht überzeugen, Direktinvestitionen mittels unvollständiger Konkurrenz auf einer Seite eines betrachteten Marktes oder mittels Marktversagen zu erklären. Es werden lediglich Einzelaspekte diskutiert, ohne zu in sich geschlossenen theoretischen Entwürfen zu gelangen. Es fehlen generellere Aussagen über diejenigen Umstände, unter denen einzelne Unternehmen aus Herkunftsländern mit fest umrissenen Charakteristiken in bestimmten Gastländern investieren, während andere Unternehmen Direktinvestitionen unterlassen. Indes werden mit den Konzepten Marktversagen und unvollständige Konkurrenz wertvolle Bausteine geliefert für eine Weiterentwicklung der Direktinvestitionstheorie.

2.3.6. Zweiseitige Marktunvollkommenheiten und Transaktionskosten

Selten liegen bei einer Direktinvestition einzelne Marktunvollkommenheitstatbestände allein und in Reinform vor. Vielmehr treten sie in der Regel gehäuft und in vielfältigen Beziehungen zueinander auf. Zudem betreffen Marktunvollkommenheiten, die zu Direktinvestitionen Anlass geben, vielfach mehrere Marktakteure gleichzeitig. An dieser Stelle besteht eine enge Verbindung zwischen der Theorie der Direktinvestitionen und der Theorie der Unternehmung in der Tradition von

Owen / PUGH, Geoffrey: The DM undervaluation and West Germany's economic performance. Birmingham (= The University of Birmingham, Institute for German Studies, discussion paper Nr. 99, 13) 1999.

104 CAVES, Richard E.: Exchange rate movements and foreign direct investment in the United States. Cambridge, MA (= Harvard Institute of Economic Research, Harvard University, Discussion paper Nr. 1383) 1988.

105 Vgl. ALEXANDER, Susan / MURPHY, J. Carter: Exchange rates and direct international investment. Dallas, TX (= Department of Economics, Southern Methodist University, Working paper Nr. 71), 1975; PAGE, Suzanne: Exchange rates, inflation, and international direct investment. Urbana, IL (= Univ. of Illinois at Urbana-Champaign, Dissertation, 1982), 1982; CAVES, Richard E., a. a. O. (Fußnote 104).

106 LIZONDO, José S., a. a. O. (Fußnote 66), S. 14.

COASE.[107] Dort spielen Transaktionskosten eine große Rolle. Hierunter werden Kosten verstanden, die nicht durch die Güterproduktion oder die Bereitstellung von Diensten entstehen, sondern durch den Transfer eines Aktivums von einem Wirtschaftssubjekt auf ein anderes. Zu den Transaktionskosten gehören insbesondere Kosten, um Verträge abzuschließen, und Kosten für die Prüfung von Aktiva. Transaktionskosten konstituieren allgemein die Kosten für die Nutzung des Marktmechanismus. Deutlich treten die Beziehungen zum Bereich der Direktinvestitionen und der multinationalen Unternehmen am Beispiel einer fehlenden Markttransparenz hervor: Wenn zum Zeitpunkt eines Vertragsabschlusses die Anzahl aller zukünftigen Eventualitäten eines Engagements im Ausland zu groß für eine Berücksichtigung in einem Vertrag ist oder nicht alle zukünftigen Eventualitäten vollständig bekannt sind, mag es sinnvoll sein, für eine längerfristige grenzüberschreitende Wirtschaftstätigkeit nicht einen Vertrag mit einem unabhängigen Partner, womöglich im Ausland, abzuschließen, sondern diese in Eigenregie durchzuführen und dazu ein Tochterunternehmen jenseits der Grenzen zu gründen. Dies ermöglicht es, auf eintretende Ereignisse flexibel zu reagieren. Ein Direktinvestitionsengagement im Ausland ist mithin eine Möglichkeit, ökonomische Aktivität zu entfalten, die andernfalls aufgrund unvollständig spezifizierbarer Verträge unterbliebe.[108]

HYMER vermutet, dass direktinvestierende Unternehmen über unternehmensspezifische Aktiva verfügen, die es ihnen erlauben, wirtschaftliche Aktivitäten unternehmensintern kostengünstiger abzuwickeln als mit Externen.[109] Bei diesen Aktiva handelt es sich beispielsweise um spezifische Kenntnisse, die nur Unternehmensmitarbeitern bekannt sind, um ein differenziertes Produkt, um geschützte Rechte

107 COASE, Ronald H.: The nature of the firm; in: Economica, N. S., Jg. 4, Nr. 4 (November 1937), S. 386-405, wiederabgedruckt in: STIGLER, George J. / BOULDING, Kenneth E.: Readings in Price Theory. Homewood, IL, 1952; WILLIAMSON, Oliver E.: Hierarchical control and optimum firm size; in: The Journal of political economy, Jg. 75, Nr. 2 (April 1967), S. 123-138; DERSELBE: Markets and hierarchies. New York, NY, 1975.

108 Vgl. HENNART, Jean-François: Transaction costs theory and the multinational enterprise; in: PITELIS, Christos N. / SUGDEN, Roger (Hrsg.): The nature of the transnational firm. 2. Ausgabe, London u. a. 2000, S. 72-118; DERSELBE: The transaction costs theory of joint ventures - an empirical study of Japanese subsidiaries in the United States; in: Management science, Jg. 37 (1991), Nr. 4, S. 483-497; ENSIGN, Prescott C., a. a. O. (Fußnote 66); KRÜSSELBERG, Utz: Theorie der Unternehmung und Institutionenökonomik - Die Theorie der Unternehmung im Spannungsfeld zwischen neuer Institutionenökonomik, ordnungstheoretischem Institutionalismus und Marktprozeßtheorie. Heidelberg 1993.

109 HYMER, Stephen H.: The international operations of national firms - A study of direct foreign investment. Cambridge, MA, 1976.

oder auch um Patente. Unternehmensspezifische Aktiva senken intern Transaktionskosten - auch über Ländergrenzen hinweg -, während die mit ihnen verbundenen Vorteile anderen Unternehmen nicht zu vergleichbaren Konditionen zur Verfügung gestellt werden können. Im Ausland mag sich eine Verwertung unternehmensspezifischer Aktiva nur dann erreichen lassen, wenn zuvor direktinvestiert worden ist. KINDLEBERGER[110] ergänzt HYMERs Ansatz, wobei er weitere wirtschaftswissenschaftliche Kategorien mit den unternehmensspezifischen Aktiva in Verbindung bringt. So können sich Marktunvollkommenheiten, die zu Direktinvestitionen Anlass geben, auch aus Defekten auf den Güter- und Faktormärkten ergeben, aus Skalenerträgen durch horizontale oder vertikale Integration sowie aus Staatsversagen. CAVES fragt nach den Bedingungen, die erfüllt sein müssen, damit die Verfügungsmacht über ein unternehmensspezifisches Aktivum letztlich auch zu einer Direktinvestition im Ausland führt.[111] Einem solchen Aktivum muss erstens der Charakter eines - innerhalb eines betreffenden Unternehmens - öffentlichen Gutes anhängen: Die Vorteile des Aktivums müssen unternehmensintern an mehreren Stellen genutzt werden können, ohne dass - innerhalb bestimmter Kapazitätsgrenzen - Rivalität bei dessen Nutzung entsteht. Zweitens muss die Rendite aus der Nutzung eines Unternehmensspezifikums zumindest teilweise auf einer Produktion im Gastland einer Direktinvestition beruhen. Dabei sind die dortigen Standortbedingungen mit ins Bild zu nehmen. Mit dem Verweis auf die Standortgegebenheiten wird ETHIERs Hinweis Rechnung getragen, dass die Nutzung unternehmensspezifischer Vorteile am ehesten dort geschieht, wo sie vor dem Hintergrund der lokalen Gegebenheiten am sinnvollsten erscheint.[112]

2.3.7. Das Verhältnis zur Neuen Investitionstheorie

Bestimmten Eigenschaften von Direktinvestitionen wird die traditionelle Direktinvestitionstheorie nur unzureichend gerecht. Insbesondere wird in der Regel der

---

110 Vgl. KINDLEBERGER, Charles P.: American business abroad - Six lectures on direct investment. New Haven, CT, 1969.

111 CAVES, Richard E.: International corporations - The industrial economics of foreign investment; in: Economica, Jg. 38 (1971), S. 1-27; DERSELBE: Multinational enterprise and economic analysis. Cambridge, MA, 1982.

112 ETHIER, Wilfred J.: The multinational firm; in: The quarterly journal of economics, Jg. 101 (1986), Nr. 4, S. 805-833; DERSELBE / HORN, Henrik: Managerial control of international firms and patterns of direct investment; in: Journal of international economics, Jg. 28, Nr. 1 / 2 (Februar 1990), S. 25-45.

Eigenschaft von Direktinvestitionen im Ausland nur eingeschränkt Rechnung getragen, in mehrerlei Hinsicht Investitionen in Sachkapital zu ähneln. Daher erscheint zur weiteren theoretischen Durchdringung des Phänomens Direktinvestitionen im Ausland ein Abgleich förderlich mit Ausführungen aus jüngerer Zeit über Investitionen in Sachkapital.

Speziell die Neue Investitionstheorie[113] stellt drei Charakteristika unternehmerischer Sachkapitalinvestitionen heraus. Demnach sind diese - ähnlich wie Direktinvestitionen - erstens durch einen hohen Grad an Irreversibilität gekennzeichnet; einmal eingegangene Sachkapitalinvestitions- oder Direktinvestitionsengagements binden häufig finanzielle Mittel in substantieller Größenordnung und können nicht selten nur unter Hinnahme beträchtlicher Kosten rückgängig gemacht werden. Zweitens werden Entscheidungen über Sachkapitalinvestitionen unter Unsicherheit über zukünftige Umfeldbedingungen gefällt. Drittens schließlich können Investitionen in Sachkapital wie auch Direktinvestitionen im Ausland zunächst aufgeschoben werden. Diese drei Charakteristika sind inhaltlich eng miteinander verzahnt. So erhält die Möglichkeit, eine Investitionsentscheidung aufzuschieben, ihre Bedeutung nicht zuletzt vor dem Hintergrund der Unsicherheit über die zukünftige Entwicklung relevanter Umfeldbedingungen: Ein Aufschub kann dazu genutzt werden, Entwicklungen weiterzuverfolgen und nur dann zu investieren, wenn diese positiv verlaufen; allerdings begibt sich ein Investor durch Zuwarten unter Umständen lukrativer Verdienstmöglichkeiten.

Bei Überlegungen zu Investitionen in fungible Wertpapiere spielen Irreversibilität und die Größenordnung gebundener finanzieller Ressourcen nur eine untergeordnete Rolle. Hier wird in der Regel von einem liquiden Sekundärmarkt ausgegangen, auf dem ein Wertpapier jederzeit verkauft werden kann. Auch ein Aufschub von Entscheidungen wird kaum thematisiert, da es meist ein suboptimales Vorgehen darstellt: Entweder rentiert sich eine Investition in ein Wertpapier; dann bedeutet ein Abwarten einen Einnahmeverlust bis zum Zeitpunkt der Investition. Oder eine Investition in ein Wertpapier rentiert sich nicht; dann ist es günstiger, nicht zu investieren, zumal ein Abwarten keinen Informationsgewinn erbringt.

---

113 Grundlegend hierzu DIXIT, Avinash K. / PINDYCK, Robert S., a. a. O. (Fußnote 8). Vgl. auch die dort angegebene weiterführende Literatur.

Die Neue Investitionstheorie kennt zwei unterschiedliche Ansätze zur Ableitung von Hypothesen. Der erste basiert auf der Kontrolltheorie.[114] Der zweite wird als Realoptionsansatz bezeichnet.[115] Die jeweils ermittelten Ergebnisse sind rechnerisch großenteils kompatibel miteinander.[116] Eine Verknüpfung mit Tatbeständen der Wirklichkeit erscheint allerdings für die theoretischen Konzepte des Realoptionsansatzes leichter möglich: In diesem wird die Möglichkeit, eine Realinvestition aufzuschieben und zu einem späteren Zeitpunkt durchzuführen, als eine Option aufgefasst.[117] Deren Wert bemisst sich durch den höchstmöglichen Erwartungswert aller auf die Gegenwart abdiskontierten, für die Zukunft erwarteten Nettoeinzahlungsüberschüsse bei der Durchführung eines fraglichen Projekts zu einem späteren Zeitpunkt. Der Wert dieser Option stellt für einen potentiellen Direktinvestor Opportunitätskosten dar. Entsprechend ist der Optionswert und damit der Wert der Investitionsmöglichkeit mit dem Kapitalwert des Projektes bei sofortiger Durchführung zu vergleichen. Übersteigt der Kapitalwert des Projektes den Wert der Option, ist der Wert des Wartens negativ, und eine unverzügliche Investition ist vorteilhaft. Übersteigt umgekehrt der Wert der Option den Kapitalwert, ist der Wert des Wartens positiv; ein rational operierender Unternehmer investiert dann nicht sofort, sondern wählt die Handlungsalternative des Zuwartens.

---

114 Vgl. hierzu CHIANG, Alpha C.: Elements of dynamic optimization. New York u. a. 1992; KAMIEN, Morton I. / SCHWARTZ, Nancy L.: Dynamic optimization - the calculus of variations and optimal control in economics and management. 2. Ausgabe, Amsterdam u. a. 1991.

115 Dieser geht auf die Theorie finanzwirtschaftlicher Optionen zurück (BLACK, Fischer / SCHOLES, Myron: The pricing of options and corporate liabilities; in: Journal of political economy, Jg. 81 (1973), S. 637-654; MERTON, Robert C.: The theory of rational option pricing; in: The Bell journal of economics and management science, Jg. 4 (1973), S. 141-183). Die Anfänge des Realoptionsansatzes selbst reichen zurück bis zu MYERS, Stewart C., a. a. O. (Fußnote 8); CUKIERMAN, Alex: The effects of uncertainty on investment under risk neutrality with endogenous information; in: Journal of political economy, Jg. 88 (1980), S. 462-475; BERNANKE, Ben S.: Irreversibility, uncertainty, and cyclical investment; The quarterly journal of economics, Jg. 98 (1983), S. 85-106; BRENNAN, Michael. J. / SCHWARTZ, Eduardo S.: Evaluating natural resource investments; in: The journal of business, Jg. 58 (1985), S. 135-157; McDONALD, Robert / SIEGEL, Daniel, a. a. O. (Fußnote 8).

116 Unterschiedlich sind hingegen die Annahmen, von denen einerseits in der Kontrolltheorie und andererseits beim Realoptionsansatz ausgegangen wird.

117 Vgl. zu diesen Vergleichen SEPPELFRICKE, Peter: Investitionen unter Unsicherheit - eine theoretische und empirische Untersuchung für die Bundesrepublik Deutschland. Frankfurt am Main 1996, S. 45.

Die Möglichkeit, in Sachkapital zu investieren oder direktzuinvestieren, weist große Ähnlichkeiten mit finanzwirtschaftlichen Optionen auf.[118] So gibt eine *Call*-Option ihrem Halter das Recht, in der Zukunft vom Stillhalter gegen die Bezahlung eines vereinbarten Preises die Herausgabe eines Wertpapiers zu verlangen. Dabei wird ein Optionshalter nur dann von seinem Recht Gebrauch machen, wenn ihm dies nach Maßgabe des vereinbarten Wertpapierpreises und des Optionswertes vorteilhaft erscheint. Die Ausübung einer Option ist irreversibel: Finanzmittel, benötigt für die Ausübung einer Option, werden unwiederbringlich verausgabt. Eine Option, in Sachkapital zu investieren oder direktzuinvestieren, ermöglicht es einem potentiellen Investor, zu einem beliebigen Zeitpunkt gegen die Hergabe von Finanzmitteln in ein Projekt zu investieren. Eine Sachkapitalinvestition ist irreversibel: Sie kann nur unter Hinnahme beträchtlicher Kosten rückgängig gemacht werden.

Es sind insbesondere fünf Determinanten, die den Wert des Wartens beeinflussen:[119] Für die unmittelbare Durchführung eines Projektes sprechen hohe laufende Zahlungsströme, die mit diesem nach einer Investition verbunden sind, und eine hohe erwartete Zuwachsrate dieser laufenden Zahlungsströme. Auf ein längeres Zuwarten wirkt unter ansonsten gleichen Bedingungen ein hoher Investitionsbetrag hin ebenso wie ein hoher Zinssatz zum Abzinsen zukünftiger Zahlungen. Unsicherheit über zukünftige politische, ökonomische, gesellschaftliche oder technologische Rahmenbedingungen übt keine eindeutige Wirkung aus. Zwar lässt sie in der Mehrzahl der Fälle den Wert das Wartens ansteigen. Allerdings ist auch der Fall denkbar, dass aufgrund von Unsicherheit die zukünftig aus einem realisierten Investitionsprojekt zu erwartenden Zahlungsströme stark ansteigen; dann mag Unsicherheit auf eine schnelle Realisation eines Sachkapital- oder Direktinvestitionsprojektes hinwirken.

Ein Problem eigener Art stellen in der Literatur zur Neuen Investitionstheorie diejenigen Bedingungen dar, unter denen ein Unternehmen in den Besitz einer Option gelangt, die erst eine Investition in Sachkapital oder eine Direktinvestition, aber auch den Aufschub eines derartigen Projektes ermöglicht.[120] Genannt werden Patente oder das Eigentum an Land oder natürlichen Ressourcen. Auch spezifische Fähigkeiten einer Unternehmensleitung, technische Kenntnisse und Fertigkeiten von

---

118 PINDYCK, Robert S.: Irreversibility, uncertainty, and investment; in: SERVÈN, Luis / SOLIMANO, Andrès (Hrsg.): Striving for growth after adjustment - the role of capital formation. Washington, DC, 1993, S. 31-80.

119 Vgl. beispielsweise DIXIT, Avinash K. / PINDYCK, Robert S., a. a. O. (Fußnote 8), S. 135-174.

120 PINDYCK, Robert S., a. a. O. (Fußnote 118), hier S. 32.

Unternehmensmitarbeitern sowie der *Goodwill* und die Reputation eines Unternehmens bei Zulieferern oder Kunden können das Fundament für eine Option legen. Allgemein ausgedrückt basiert eine Option, in Sachkapital zu investieren, direktzuinvestieren oder abzuwarten, in einem besonderen Wettbewerbsvorteil eines Unternehmens. Grundlage hierfür können auch Marktunvollkommenheiten sein. Zusammengenommen kann festgehalten werden: Tritt unvollständige Konkurrenz, Marktversagen oder ein bestimmtes Transaktionskostendifferenzial in einem grenzüberschreitenden Zusammenhang auf, dann ist eine wesentliche Bedingung für die Entstehung von Direktinvestitionen im Ausland gegeben.

2.4. Zwischenfazit

Bei der Erklärung von Direktinvestitionen im Ausland und von multinationalen Unternehmen geht es um ein verwickeltes Bündel von Fragen. Zu erläutern ist beispielsweise nicht nur, warum im Einzelfall eine Direktinvestition dem grenzüberschreitenden Inter-Unternehmens-Handel vorgezogen wird, sondern auch, in welcher Höhe direktinvestiert wird. Des Weiteren bedarf es einer Begründung für die Direktinvestitionsrichtung aus einem Herkunftsland in ein Gastland. Soll ein derartiges Fragenbündel, das leicht um weitere Wicklungen ergänzt werden kann, entwirrt werden, reicht es nicht aus, auf der Seite von Unternehmen Absatz- oder Kostenmotive zu vermuten. Vielmehr bedarf es zumindest eines Rückgriffs auf Marktunvollkommenheiten.

Die Theorie der Direktinvestitionen steht in einer gedanklichen Nähe zur Theorie des Unternehmens: Unternehmen tendieren dazu, unvollständigen Wettbewerb und Marktversagen - insbesondere bei einem gehäuften Auftreten, aber nach Maßgabe des "Werts des Wartens" - zu eigenem Vorteil auszunutzen. In diesem Falle werden wirtschaftliche Austauschprozesse, die grundsätzlich auch über Märkte ablaufen können, häufig internalisiert. Im internationalen Rahmen mag sich dies in einer grenzüberschreitenden unternehmerischen Expansion und in erhöhten Direktinvestitionen niederschlagen. Treten Marktunvollkommenheiten grenzüberschreitend auf, erhöht sich die Wahrscheinlichkeit für die Entstehung von Direktinvestitionen.

Marktunvollkommenheiten mögen als ein recht schwaches Argument erscheinen, um die Entstehung von Direktinvestitionen im Ausland zu untermauern, insbesondere wenn in Betracht gezogen wird, dass in der Realität kaum vollkommene Märkte existieren dürften. Ein Erklärungsansatz, der auf Marktunvollkommenheiten aufbaut, ist sicherlich nicht geeignet, vollständige Antworten zu geben, wohl aber, hilfreiche Fragen zu stellen.

DUNNING fasst im Rahmen seiner "Eklektischen Theorie" diejenigen Marktversagenstatbestände, die ein Entstehen von multinationalen Unternehmen und von Direktinvestitionen im Ausland begünstigen, zu Ursachenkomplexen zusammen.[121] Erstens kann es laut DUNNING sein, dass Unternehmen, die im Ausland direktinvestieren, über bestimmte unternehmensspezifische komparative Vorteile wie Patente oder besondere Marketingfertigkeiten verfügen. Diese Vorteile kompensieren Nachteile gegenüber im Zielland beheimateten Unternehmen wie eine geringere Kenntnis der Marktgegebenheiten vor Ort. Zweitens können sich Zielländer ausländischer Direktinvestitionen vor anderen möglichen Zielländern durch standortspezifische komparative Vorteile auszeichnen. Drittens schließlich muss die Internalisierung wirtschaftlicher Aktivitäten mittels einer ausländischen Direktinvestition Vorteile gegenüber allen übrigen Formen der grenzüberschreitenden Geschäftstätigkeit aufweisen.[122]

121 Aus der Vielzahl der DUNNINGschen Veröffentlichungen seien an dieser Stelle stellvertretend genannt DUNNING, John H.: American investment in British manufacturing industry. London 1958; DERSELBE: International investment. Harmondsworth, Middx., 1972; DERSELBE: Explaining changing patterns of international investment - in defence of the eclectic theory; in: Oxford bulletin of economics and statistics, Jg. 41 (1979), S. 269-296; DERSELBE: Toward an eclectic theory of international production - Some empirical tests; in: Journal of international business studies, Jg. 11 (1980), Nr. 1, S. 9-31; DERSELBE: The eclectic paradigm of international production - a restatement and some possible extensions; in: Journal of international business studies, Jg. 19 (1988), Nr. 1, S. 1-31.

122 Die Anfangsbuchstaben der drei genannten Kategorien von Direktinvestitions-Determinanten (*Organization-specific*, *Location-specific* und *Internalization advantages*) haben DUNNING dazu veranlasst, seine Eklektische Theorie auch "OLI-Paradigma" zu nennen. Jüngst fügte er seiner Liste einen weiteren Faktorkomplex mit Namen "Dynamic `Add-on´" hinzu. Dieser soll die strategischen Maßnahmen eines Unternehmens repräsentieren. So deckt das "Dynamic `Add-on´" die Art und Weise ab, mit der ein Unternehmen Produkt- und Prozessinnovationen betreibt, um seine Wettbewerbsfähigkeit zu sichern bzw. zu steigern, vgl. DUNNING, John H.: The globalization of business - the challenge of the 1990s. London u. a. 1993. Trotz dieses vierten Faktorkomplexes hat sich die Bezeichnung "OLI-Paradigma" jedoch nicht geändert.

3 *Event studies* - Einführung in die theoretischen Hintergründe

Die Reformstaaten Mittel- und Osteuropas erlebten in den zurückliegenden Jahren bei den Zuflüssen ausländischer Direktinvestitionen eine rapide Zunahme (vgl. Abschnitt 1). Zur Erklärung dieses Befundes lassen sich verschiedene Theorien heranziehen. Deren Schlussfolgerungen weisen im Kern in eine Richtung: Wird für spezifische Charakteristika direktinvestierender Unternehmen und für die Vorteile von Direktinvestitionen gegenüber anderen Formen der internationalen Wirtschaftstätigkeit kontrolliert, üben die Standortgegebenheiten in den Gastländern einen maßgeblichen Einfluss auf Direktinvestitionsströme aus. Dies folgt nicht nur aus der Theorie der unternehmerischen Standortwahl, sondern auch aus neueren außenhandelstheoretischen Überlegungen und aus Erwägungen, die auf der Theorie der Unternehmung aufbauen (vgl. Abschnitt 2). Eine Konfrontation dieser theoriegestützten Hypothesen mit aggregierten Daten zu Direktinvestitionen in Mittel- und Osteuropa hat verschiedentlich bereits stattgefunden.[123] Bei aller Unterschiedlichkeit in den methodischen Ansätzen und in der Auswahl der verwendeten Daten bekräftigen die hierbei gefundenen Ergebnisse die theoretischen Überlegungen. Bestätigt wird auch, was aus anderen Zusammenhängen[124] bereits bekannt ist: Beim Zufluss ausländischer Direktinvestitionen kommt den Bedingungen an den Standorten in den Gastländern eine überragende Bedeutung zu. Von den drei Ursachenkomplexen, die laut DUNNINGs "Eklektischer Theorie" eine Entstehung von multinationalen Unternehmen und von Direktinvestitionen im Ausland begünstigen,

---

123 Ohne Anspruch auf Vollständigkeit WANG, Zhen-quan / SWAIN, Nigel J.: The determinants of foreign direct investment in transforming economies - empirical evidence from Hungary and China; in: Weltwirtschaftliches Archiv, Jg. 131 (1995), Nr. 2, S. 359-382 (vgl. hierzu die Kritik bei MÁTYÁS, László / KÖRÖSI, Gábor: The determinants of foreign direct investment in transforming economies - a comment; in: Weltwirtschaftliches Archiv, Jg. 132 (1996), Nr. 2, S. 390-393); MEISSNER, Thomas: Verkehrsinfrastruktur und Wettbewerbsfähigkeit am Beispiel der Reformstaaten Mittel- und Osteuropas. Halle (Saale) (= Institut für Wirtschaftsforschung Halle, Forschungsreihe Nr. 6 / 1999) 1999, S. 3-31; LANSBURY, Melanie / PAIN, Nigel / ŠMÍDKOVÁ, Kateřina: The determinants of foreign direct investment in Central Europe by OECD countries - An econometric analysis; in: CSÁKI, György / FÓTI, Gábor / MAYES, David: Foreign direct investment and transition - The case of the Visegrád countries. Budapest (= Trends in world economy Nr. 78) 1996, S. 137-159; BRENTON, Paul / di MAURO, Francesca / LÜCKE Matthias: Economic integration and FDI - an empirical analysis of foreign investment in the EU and in Central and Eastern Europe. Kiel (= Kieler Arbeitspapiere Nr. 890) 1998; SCHUMACHER, Dieter / TRABOLD, Harald / WEISE, Christian: Transformation des Wirtschaftssystems in den mittel- und osteuropäischen Ländern - außenwirtschaftliche Bedingungen und Auswirkungen. Berlin (= Deutsches Institut für Wirtschaftsforschung, Sonderheft Nr. 161) 1997.

124 STEHN, Jürgen: Ausländische Direktinvestitionen in Industrieländern - theoretische Erklärungsansätze und empirische Evidenz. Tübingen (= Kieler Studien Nr. 245) 1992.

nehmen vom empirischen Standpunkt aus die standortspezifischen komparativen Vorteile eine Sonderstellung ein. Während die unternehmensspezifischen komparativen Vorteile und die Internalisierungsvorteile lediglich notwendige Bedingungen für Direktinvestitionen im Ausland darstellen, können die Standortvorteile auch als hinreichend determinierend angesehen werden. Diese können Mängel bei den beiden übrigen Bedingungskomplexen im Einzelfall mehr als aufwiegen. Die ökonomischen, politischen, rechtlichen und sozialen Rahmenbedingungen einzelner Standorte und der dort jeweils verfügbare Stand der Technik bedingen zu großen Teilen die internationale Verteilung der Produktion und der Direktinvestitionen.

Im folgenden werden schwerpunktmäßig nicht mehr die aggregierten Zuflüsse ausländischer Direktinvestitionen in die einzelnen Länder Mittel- und Osteuropas betrachtet. Im Vordergrund stehen vielmehr die Vorteile und die Nachteile, die sich für einzelne Unternehmen in der Vergangenheit aus dort getätigten Direktinvestitionen ergaben. Zu Grunde liegt die Hypothese, dass nur dann direktinvestitiert wird, wenn hiermit für die Anteilseigner betreffender Unternehmen Vorteile verbunden sind.[125] Den Effekten für diese Anteilseigner soll empirisch nachgegangen werden. Als zentrales Verfahren kommt dabei die so genannte "*Event-study*-Methodik" zur Anwendung.

3.1. *Event studies* - Ausgangsüberlegungen

Die *Event-study*-Methodik stellt Hilfsmittel bereit, um zu ermessen, wie Finanzmärkte auf das Eintreffen von Informationen[126] reagieren, beispielsweise auf das Eintreffen der Information einer geplanten Direktinvestition in Mittel- und Osteuropa. Dass Informationen über derartige Ereignisse in Wertpapierkursen frühzeitig verarbeitet oder "eskomtiert" werden, postuliert insbesondere die Theorie informationseffizienter

---

125 Eine Annahme, die sich auf die ersten Anfänge der neuzeitlichen wirtschaftstheoretischen Schriften stützen kann, vgl. SMITH, Adam: An inquiry into the nature and causes of the wealth of nations. 1. Auflage, London 1776.

126 Als Basis dient hier nicht der Begriffsapparat der mathematischen Informationstheorie (grundlegend SHANNON, Claude E. / WEAVER, Warren: The mathematical theory of communication. Urbana, IL, u. a. 1998). Dort ermisst sich der Informationsgehalt einer Nachricht allein statistisch, und Informationen weisen lediglich eine syntaktische, aber keine semantische oder pragmatische Dimension auf. Demgegenüber gilt hier: "Information ist zweckorientiertes Wissen" (WITTMANN, Waldemar: Unternehmung und unvollkommene Information. Köln 1959, S. 14). Dabei meint "Wissen", sich bestimmter Denkinhalte bewusst zu sein. Der Begriffsinhalt von "Wissen" schließt "Meinungen" mit ein.

Märkte.[127] Diese geht davon aus, dass bestimmte Märkte, allen voran Finanzmärkte, Aktiva preislich zu jedem Zeitpunkt fair bewerten. Insbesondere Finanzmärkte gelten dabei als informationseffizient: Alle verfügbaren Informationen über den Wert von Wertpapieren spiegeln sich in deren Preisen wider.[128] Vor dem Hintergrund eines gegebenen Informationsstandes repräsentieren Preise von Wertpapieren deren fairen Wert. Dieser entspricht der Summe aller auf die Gegenwart abdiskontierten Einkommensströme, die zukünftig - den Erwartungen nach - mit einem Wertpapier verbunden sind. Durch Kauf und Verkauf von Wertpapieren lassen sich keine Renditen erwirtschaften, die über dasjenige Maß hinausgehen, das die fairen Werte der Wertpapiere jeweils vorgeben. Übernormale Renditen, das heißt Renditen, die über dasjenige Maß hinausgehen, das die fairen Werte von Wertpapieren vor dem Hintergrund von deren Risiko vorgeben, können auf Dauer nicht vorkommen. Ebenso kann auch Arbitrage,[129] die Durchführung von Wertpapiertransaktionen zur Ausnutzung preislicher Anomalien auf Finanzmärkten, nach der Theorie informationseffizienter Märkte auf Dauer nicht erfolgreich sein.

Es lassen sich verschiedene Formen der Informationseffizienz unterscheiden:[130] Bei der schwachen Form kann kein Investor dadurch übernormale Renditen erwirtschaften, dass er Wertpapiere auf Basis frei verfügbarer historischer Informationen handelt. Bei der halbstrengen Form der Informationseffizienz kann kein Investor dadurch übernormale Renditen erwirtschaften, dass er Wertpapiere auf Basis irgendwelcher öffentlich zugänglicher Informationen handelt. Bei der strengen Form der Informationseffizienz schließlich kann überhaupt kein Investor übernormale

127 Gemeint ist hiermit das theoretische Gedankengebäude, welches - vereinfacht gesagt - postuliert, dass ein Markt ein effizientes Instrument darstellt, um erfolgversprechende Investorenmeinungen von weniger erfolgversprechenden zu unterscheiden, vgl. FAMA, Eugene F. / MILLER, Merton H.: The theory of finance. New York, NY, u. a., 1972, S. 335-341; FAMA, Eugene F.: Foundations of finance - Portfolio decisions and security prices. New York, NY, 1976, S. 133-168.

128 FAMA, Eugene F.: Efficient capital markets - A review of theory and empirical work; in: The journal of finance, Jg. 28 (1970), S. 383-418.

129 Vgl. zu diesem Begriff VARIAN, Hal R.: The arbitrage principle in financial economics; in: The journal of economic perspectives, Jg. 1 (1987), Nr. 2, S. 55-72.

130 Vgl. die einschlägige Einführungsliteratur zur Investitions- und Finanzierungstheorie, z. B. COPELAND, Thomas E. / WESTON, John F.: Financial theory and corporate policy. 3. Ausgabe, Reading, MA, u. a. 1988, S. 332. Grundlegend hierzu FAMA, Eugene F.: The behavior of stock market prices; in: The journal of business, Jg. 38 (1965), S. 34-105; DERSELBE, a. a. O. (Fußnote 127).

Renditen erwirtschaften. Auch privat verfügbare Informationen wie Insiderinformationen erlauben keine übernormalen Renditen.

Sind Finanzmärkte halbstreng informationseffizient, ist es grundsätzlich möglich, übernormale Renditen zu erzielen, beispielsweise mit Insiderinformationen. Es kommt dann allein darauf an, an den Märkten auf Basis privat verfügbarer Informationen zu handeln, bevor diese in Wertpapierpreisen verarbeitet worden sind. An dieser Stelle setzen *Event studies* an. Kommt eine Information, beispielsweise über eine geplante Direktinvestition in Mittel- und Osteuropa, neu in die Finanzmärkte hinein, sollte der Aktienkurs einer betreffenden Kapitalgesellschaft entsprechend den erwartbaren Folgen für die Anteilseigner Reaktionen zeigen. Insbesondere rund um den Zeitpunkt des öffentlichen Bekanntwerdens einer Unternehmensentscheidung wie derjenigen über eine Direktinvestition in Mittel- oder Osteuropa sollten Aktienkurszeitreihen erkennen lassen, wie die Finanzmärkte die zugehörigen wirtschaftlichen Folgewirkungen einschätzen.

Bei *Event studies* wird eine Gruppe gleichartiger oder ähnlicher Geschäftsvorfälle auf ihre Wirkungen auf Aktienkursverläufe hin untersucht. Analysiert werden Renditeentwicklungen vergleichbarer Aktien. Die Vergleichbarkeit ergibt sich daraus, dass für Unternehmen, deren Aktien an Börsen gehandelt werden, ähnlich gelagerte geschäftliche Aktionen öffentlich bekannt werden. Das zu untersuchende Ereignis (*Event*) stellt im hier vorliegenden Zusammenhang die öffentliche Verlautbarung dar, dass ein Unternehmen eine Direktinvestition in einem Reformland Mittel- und Osteuropas tätigt oder anstrebt. Nicht die geschäftliche Aktion einer Direktinvestition an sich, sondern deren öffentliche Verlautbarung stellt das Ereignis im Sinne der *Event study* dar. Gefragt ist nach den Reaktionen der Finanzmärkte auf das Eintreffen dieser Information.

Analysegegenstand sind Aktienrenditezeitreihen von Unternehmen, für die mindestens ein Ereignis im genannten Sinne vorliegt. Bezeichnen P_{jt} und $P_{j,\,t-1}$ die Preise eines Aktienpapiers j zu den Zeitpunkten t und t-1, dann stehen diese beiden Preise über die zum Zeitpunkt t realisierte Aktienrendite R_{jt} in folgender Beziehung zueinander:

$$P_{jt} = P_{j,\,t-1} + P_{j,\,t-1} R_{jt}$$

$$\Leftrightarrow P_{jt} = P_{j,\,t-1} \; (1 + R_{jt})$$

Bei kontinuierlicher Verzinsung wird hieraus:

$$P_{jt} = P_{j,\,t-1} \; e^{R_{jt}}.$$

Aufgelöst nach der Rendite lässt sich schreiben:

$$R_{jt} = \ln (P_{jt}) - \ln (P_{j,\,t-1}) \;\forall\; P_{jt}, P_{j,\,t-1} > 0. \qquad \text{(Gleichung 1)}$$

Nicht die einzelnen Renditezeitreihen mit ihren jeweiligen Eigenheiten stehen im Mittelpunkt des Interesses. Vielmehr werden Renditezeitreihen verschiedener Untersuchungsfälle gemeinsam daraufhin untersucht, ob sich aus der Gesamtheit aller Untersuchungsfälle Einsichten in die Informationsverarbeitung der Finanzmärkte gewinnen lassen, welche die Renditezeitreihen der einzelnen Aktien nicht oder nicht statistisch hinreichend genau gewähren. Im Ergebnis dürften sich aus der Gesamtheit untersuchter Renditeverläufe Rückschlüsse auf die Wohlfahrtseffekte für die Anteilseigner solcher Aktiengesellschaften ziehen lassen, für die ein Ereignis im Sinne einer *Event study* bekannt geworden ist.[131]

Die Renditezeitreihen aller Untersuchungsfälle werden zeitlich gleichnamig gemacht. Dabei bildet das Datum des öffentlichen Bekanntwerdens einer bestimmten Direktinvestition jeweils den Bezugszeitpunkt t_0. Alle übrigen untersuchten Zeitpunkte einer Aktienkurs- oder einer Aktienrenditezeitreihe definieren sich relativ dazu. So bezeichnet t_{-1} den Zeitpunkt unmittelbar vor dem öffentlichen Bekanntwerden, t_{+1} denjenigen unmittelbar nach dem öffentlichen Bekanntwerden. Die Länge einer Periode und damit der Abstand zweiter Zeitpunkte voneinander ergeben sich aus der Art zur Verfügung stehender Daten und aus einem gegebenen Untersuchungszweck. So mag bei Verwendung von Tagesdaten der Abstand zwischen zwei Zeitpunkten einen Börsenhandelstag betragen.

131 BROWN, Stephen J. / WARNER, Jerold B.: Measuring security price performance; in: Journal of financial economics, Jg. 8, Nr. 3 (September 1980), S.-205-258.

Erkenntnismedium bei *Event studies* sind empirisch messbare Unterschiede zwischen einerseits beobachtbaren und andererseits erwarteten Aktienrenditen.[132] Als erwartet werden solche Aktienrenditen angesehen, die anhand eines bestimmten gewählten Maßstabes als *ex ante* erwartet postuliert werden. Jeder Unterschied zwischen beobachteten und erwarteten Aktienrenditen impliziert eine "abnormale Rendite". Positive Differenzen werden als "positive abnormale Renditen", "übernormale Renditen" oder "positive Überrenditen" bezeichnet, negative als "negative abnormale Renditen" oder "negative Überrenditen".[133] Gefragt im hier vorliegenden Zusammenhang ist danach, ob im Umfeld der öffentlichen Verlautbarung einer Direktinvestition in Mittel- und Osteuropa positive oder negative Überrenditen festzustellen sind. Die Ausgangshypothese, die es zu testen gilt, lautet, die Renditeentwicklung verlaufe "normal"; es träten keine Überrenditen auf. Dies ist gleichbedeutend mit der Hypothese, eine Direktinvestition in Mittel- und Osteuropa habe weder positive noch negative Wohlfahrtseffekte auf Aktionäre solcher Unternehmen, die eine Direktinvestition in Mittel- oder Osteuropa realisieren.

3.2. Die Messung abnormaler Renditen

Mit BROWN / WARNER[134] und BOEHMER / MUSUMECI / POULSEN[135] lassen sich *Event studies* danach klassifizieren, welches Konzept erwarteter Renditen ihnen jeweils zu Grunde liegt.

---

132 MacKINLAY, Archie Craig: Event studies in economics and finance; in: The journal of economic literature, Jg. 35 (1997), Nr. 1, S. 13-39, auch veröffentlicht als CAMPBELL, John Y. / LO, Andrew Wen-chuan / MacKINLAY, Archie Craig: The econometrics of financial markets. Princeton, NJ, 1997, S. 149-180.

133 FAMA, Eugene F. / FISHER, Lawrence / JENSEN, Michael C. / ROLL, Richard: The adjustment of stock prices to new information; in: International economic review, Jg. 10, Nr. 1 (Februar 1969), S. 1-21.

134 BROWN, Stephen J. / WARNER, Jerold B.: Using daily stock returns - The case of event studies; in: Journal of financial economics, Jg. 14 (1985), S. 3-31; DIESELBEN, a. a. O. (Fußnote 131).

135 BOEHMER, Ekkehart / MUSUMECI, Jim / POULSEN, Annette B.: Event-study methodology under conditions of event-induced variance; in: Journal of financial economics, Jg. 30, Nr. 2 (December 1991), S. 253-272.

(1) Renditen an sich

Ein erstes, vergleichsweise einfaches Konzept leitet sich unmittelbar aus der Definition der Aktienrendite (Gleichung 1) ab: Wird als erwartet eine Rendite in Höhe von Null angenommen, stellt jede Realisation einer von Null verschiedenen Rendite eine abnormale Rendite dar.

(2) Durchschnittsadjustierte Renditen

Das Konzept der Durchschnittsadjustierten Renditen setzt diejenige Rendite als erwartet an, welche eine in eine *Event study* einbezogene Aktie durchschnittlich aufweist. Die abnormale Rendite einer Aktie in der näheren Umgebung eines Ereignisses wird als Differenz zwischen einer dort *ex post* beobachtbaren Rendite und der ansonsten durchschnittlich *ex post* beobachteten Rendite definiert. Das Konzept der durchschnittsadjustierten Renditen baut auf der Annahme auf, dass die *ex ante* erwartete Rendite eines Wertpapier im Zeitverlauf konstant ist. Darüber hinaus wird angenommen, dass sich die *ex ante* erwartete Rendite *ex post* durch einfache Durchschnittsbildung ermitteln lässt.

(3) Marktadjustierte Renditen

Beim Konzept der Marktadjustierten Renditen werden die Renditen einer Aktie zur Renditeentwicklung eines weiter gefassten Aktienmarktindex in Beziehung gesetzt. Dieser symbolisiert der Idee nach einen Aktiengesamtmarkt. Marktadjustierte Renditen berücksichtigen somit die Bewegungen des Gesamtmarktes aller Aktien. Als erwartet werden solche Aktienrenditen angesehen, die in Richtung und Stärke den Entwicklungen der Gesamtheit aller an einem Markt vorhandenen Aktien gleichen. Als abnormal im Sinne einer *Event study* gelten dann solche Renditen oder Renditebestandteile untersuchter Aktien, die über die Renditen des Gesamtmarktindex hinausgehen oder diese unterschreiten. Von Bewegungen untersuchter Wertpapiere, die lediglich Bewegungen des Gesamtmarktes mitvollziehen, wird somit abstrahiert. Betrachtet werden die Differenzen zwischen den Renditen eines *Event*-Wertpapiers und den jeweils zeitgleichen Renditen eines Gesamtmarktindex. Den Marktadjustierten Renditen liegt die Vorstellung zu Grunde, dass *ex ante* die erwartete Rendite eines Wertpapiers der *Ex-ante*-Rendite des Marktportfolios aller insgesamt vorhandenen Wertpapiere gleich sei. Zudem könne auf die *Ex-ante*-Rendite des Marktportfolios *ex post* durch Betrachtung der realisierten Marktrenditen geschlossen werden. Der Vorteil des Konzeptes der Marktadjustierten Renditen gegenüber dem Konzept der Durchschnittsadjustierten Renditen liegt darin, dass beispielsweise in Zeiten allgemein steigender Kurse generelle Aufwärtsentwicklungen einer in einer *Event study* untersuchten Gruppe von Aktien nicht ohne weiteres als abnormal eingestuft werden. Dies kann beispielsweise im Falle der Nutzung des Konzeptes der Durchschnittsadjustierte Renditen durchaus passieren.

(4) Marktmodellrenditen

Auch die abnormalen Renditen im Sinne des Konzeptes der Marktmodellrenditen abstrahieren von Kursbewegungen, die *Event*-Wertpapiere mit dem Aktiengesamtmarkt gemeinsam haben. Hier jedoch korrespondieren annahmegemäß Ausschläge des Gesamtaktienmarktes, sei es nach oben, sei es nach unten, bei einigen Aktien mit Ausschlägen in dieselbe Richtung, bei anderen hingegen in die entgegengesetzte Richtung. Darüber hinaus korrelieren Aktienrenditen mit den Renditen des Aktiengesamtmarktes in der Regel nicht vollkommen. Für jede Aktie ist, in Abhängigkeit insbesondere von der geschäftlichen Ausrichtung des betreffenden Unternehmens, eine eigene erwartete Rendite anzusetzen. Diese spiegelt insbesondere das Investitionsrisiko wider, das in dem Wertpapier gebunden ist.

Gemäß dem Konzept der Marktmodellrenditen ist die erwartete Rendite $E(R_j)$ einer Aktie j der erwarteten Renditeentwicklung $E(R_M)$ des gesamten Aktienmarktes M gleich, bereinigt um einen zum Risiko der jeweiligen Aktie proportionalen Korrekturfaktor β_j:

$$E(R_j) = \beta_j \, E(R_M). \qquad \text{(Gleichung 2)}$$

Dieser reflektiert diejenigen Schwankungen in der Renditeentwicklung, welche die Aktie mit der Gesamtheit aller Aktien gemeinsam hat. Er lässt sich beispielsweise mit Hilfe einer linearen Regression aus den Renditen der Aktie auf die Renditen eines weit gefassten Aktienmarktindex in einem Nicht-Ereigniszeitraum gewinnen. Eine Schätzkonstante ist inkorporierbar. Angenommen wird, dass die erwartete Rendite einer Aktie in einem linearen Zusammenhang mit der Rendite des Marktindex aller insgesamt vorhandenen Wertpapiere steht.

3.3. Erwartete Renditen in *Event studies* im Spiegel des *Capital Asset Pricing Model* und der Theorie informationseffizienter Märkte

Gemäß dem *Capital Asset Pricing Model* (CAPM)[136] stellt eine erwartete Rendite einer Aktie j eine additive Verbindung zweier Komponenten dar:

$$E(R_j) = r_f + \beta_j \, [E(R_M) - r_f]. \qquad \text{(Gleichung 3)}$$

Die erste Komponente bildet der Zinsertrag einer risikofreien Anlageform (r_f). Dieser mag beispielsweise der Rendite eines staatlich begebenen Rentenpapiers entsprechen. Entscheidend für eine Qualifizierung als risikofreie Anlageform ist eine mit Sicherheit feststehende erwartete Rendite. Diese muss zudem eine Korrelation mit der Rendite des Aktiengesamtmarktes von Null aufweisen. Die zweite Komponente der erwarteten Aktienrendite ist eine Risikoprämie in Form eines Aufschlages für das in der fraglichen Aktie angelegte Investitionsrisiko. Als Maßstab für die Menge des Risikos fungiert das Aktienbeta (β_j). Dieses misst diejenige Renditevariabilität, welche die Aktie mit dem gesamten Aktienmarkt M gemeinsam hat (systematisches Risiko). Formal ist es gleich der Kovarianz zwischen der Aktienrendite und der Rendite des Gesamtmarktes, dividiert durch die Varianz der Gesamtmarktrendite. Die Risikoprämie ergibt sich durch Multiplikation des Aktienbetas mit dem "Einheitspreis" des Risikos. Dieser wiederum bemisst sich als das Renditedifferential zwischen dem gesamten Aktienmarkt und einer risikolosen Anlageform $[E(R_M) - r_f]$.

Die vier zuvor genannten Konzepte erwarteter Renditen[137] sind jedes für sich mit dem CAPM vereinbar, sofern jeweils weiter einschränkende Annahmen getroffen werden.[138] Das Konzept der Renditen an sich entspricht dem CAPM, sofern die

---

136 SHARPE, William F.: A simplified model for portfolio analysis; in: Management science, Jg. 9, Nr. 2 (Januar 1963), S. 277-293; DERSELBE: Capital asset pricing - A theory of market equilibrium under conditions of risk; in: The journal of finance, Jg. 19, Nr. 3 (September 1964), S. 425-442; LINTNER, John: The valuation of risk assets and the selection of risky investments in stock portfolios and capital budgets; in: The review of economics and statistics, Jg. 47, Nr. 1 (Februar 1965), S. 13-37.

137 Es sind in der Literatur weitere Konzepte vorgeschlagen worden, beispielsweise Renditen, die auf der Arbitrage Pricing Theory aufbauen (ROSS, Stephen A.: The arbitrage theory of capital asset pricing; in: Journal of economic theory, Jg. 13, Nr. 3 (Dezember 1976), S. 341-360) oder auf Mehrfaktorenmodellen (beispielsweise SHARPE, William F.: Portfolio theory and capital markets. New York, NY, 1970; DERSELBE / ALEXANDER, Gordon J. / BAILEY, Jeffery V: Investments. 5. Auflage, Englewood Cliffs, NJ, 1995, S. 303).

138 BROWN, Stephen J. / WARNER, Jerold B., a. a. O. (Fußnote 131), hier S. 207-211.

rechte Seite der (Gleichung 3) gleich Null ist. Die erwartete Rendite einer Aktie im Zeitverlauf kann - notwendige Bedingung für die Kongruenz des Konzeptes der Durchschnittsadjustierte Renditen mit dem CAPM - dann konstant sein, wenn das im Sinne des CAPM systematische Risiko einer Aktie im Zeitverlauf ebenfalls konstant ist. Damit das Konzept der Marktadjustierten Renditen mit dem CAPM kongruiert, ist es erforderlich, dass alle Wertpapiere in einer Ökonomie einheitlich ein systematisches Risiko in Höhe von Eins aufweisen. Genau dann gehen die Renditen aller in einer Ökonomie vorhandenen Aktien in Richtung und Stärke mit den Renditen des gesamten Aktienmarktes konform. Das Konzept der Marktmodellrenditen schließlich kongruiert mit dem CAPM, wenn beispielsweise die Rendite einer risikolosen Anlageform dem Wert Null entspricht.

Die erwarteten Renditen gemäß dem CAPM fußen zwar auf einer validen theoretischen Basis und scheinen daher auf den ersten Blick die zu präferierende Alternative zu bilden, wenn es im Rahmen von *Event studies* um die Konstruktion von Instrumenten zur Messung abnormaler Renditen geht. Allerdings sind abnormale Renditen mit dem CAPM nicht vereinbar. Damit entfällt auch die Möglichkeit, bei einer empirischen Analyse erwartete Renditen, wie sie das *Capital Asset Pricing Model* vorgibt, zu verwenden. Das Dilemma geht nicht zuletzt auf die gedankliche Unmöglichkeit zurück, den theoretischen Gehalt des CAPM mit empirisch messbaren Größen in Kongruenz zu bringen. Ausgangspunkt dieser Überlegung ist der Hinweis ROLLs, dass es unmöglich sei, einen adäquaten Indikator für den Gesamtmarkt einer Ökonomie, ein Schlüsselkonzept des CAPM, anzugeben.[139] ROLLs Kritik hebt darauf ab, dass nicht ein Index als Indikator des Gesamtmarktes den Annahmen des CAPM entsprechen könne bei gleichzeitiger Messung abnormaler Renditen. Entspricht ein Index als Indikator des Gesamtmarktes den Annahmen des CAPM, dann ist er nach Rendite und Risiko effizient, und es treten für keine Aktie abnormale Renditen auf. Die Bestimmung des Gesamtmarktindex geschieht im CAPM als Ergebnis einer Rechnung, an deren Anfang die Annahme steht, dass für keine im Markt existierende Investitionsmöglichkeit abnormale Renditen vorkommen. Wenn umgekehrt, beispielsweise im Rahmen einer *Event study*, abnormale Renditen gemessen werden, kann der dabei benutzte Index des Gesamtmarktes nicht effizient im Sinne des CAPM sein. *Event studies* auf das CAPM zu stützen, führt im

---

139 ROLL, Richard: A critique of the asset pricing theory's tests; in: Journal of financial economics, Jg. 4, Nr. 2 (März 1977), S. 129-176.

Zusammenhang mit der Suche nach einem Index des Gesamtmarktes zu Widersprüchen:

> "... the efficiency of the market portfolio and the validity of the CAPM are joint hypotheses that are almost impossible to test because of the difficulty of measuring the true market portfolio."[140]

ROLLs Kritik hat für *Event studies* eine bedeutende Implikation. Die Theorie informationseffizienter Märkte postuliert, dass Finanzmärkte alle verfügbaren wertpapierkursrelevanten Informationen umfassend und ohne Zeitverzögerung preisbildend umsetzen. Werden neue Informationen bekannt, passen sich, so die Hypothese, betreffende Wertpapierkurse entsprechend dem Gehalt der neuen Informationen an neue gleichgewichtige Niveaus an - in Abhängigkeit von der Form der marktlichen Informationseffizienz. Infolgedessen lassen sich den Informationen zu Grunde liegende Sachverhalte in ihren Wohlfahrtswirkungen entsprechend den Reaktionen der Wertpapierkurse beurteilen. Dieses Denkschema mag Anlass geben, *Event studies* zur Gewinnung zweier Aussagen zu nutzen. Zum einen mag bezweckt sein, eine Aussage über den ökonomischen Gehalt bestimmter Informationen zu gewinnen: Unternehmerische Aktionen wie Direktinvestitionen in Mittel- und Osteuropa können anhand derjenigen Reaktionen beurteilt werden, die ihr Bekanntwerden in den Finanzmärkten hervorruft. Zum anderen kann bezweckt sein, Aussagen hinsichtlich der Informationseffizienz von Finanzmärkten zu gewinnen - schwach, halbstreng, streng. Hier lässt sich beispielsweise beim Verlauf beobachteter Renditezeitreihen ansetzen. So können allmähliche Preisanpassungen bei Wertpapierkursen bereits im Vorfeld des allgemeinen Bekanntwerdens bestimmter Informationen auf halbstreng effiziente Finanzmärkte hindeuten. Allerdings ist es - eine Konsequenz aus ROLLs Kritik - bedenklich, allein mit *Event studies* simultan zu Aussagen sowohl über die Informationseffizienz von Märkten als auch über den Gehalt bestimmter Informationen kommen zu wollen.

---

140 Vgl. COPELAND, Thomas E. / WESTON, John F., a. a. O. (Fußnote 130), S. 218.

3.4. Zwischenfazit

Die theoretische Literatur liefert keinen eindeutigen Hinweis darauf, welches Konzept abnormaler Renditen in *Event studies* Verwendung finden sollte. Daher ist jede Entscheidung für ein bestimmtes derartiges Konzept arbiträr. Vor diesem Hintergrund ist versucht worden, statistisch zu bestimmen, welches Renditekonzept für *Event studies* das geeignetste sei. Die Ergebnisse einer Simulationsstudie legen dabei den Schluss nahe, dass es nahezu gleichgültig ist, welches Renditekonzept einer *Event study* zu Grunde liegt.[141] Entscheidungen über das Vorliegen abnormaler Renditen, Kern jeder *Event study*, sind in der Regel unabhängig davon, welches Messkonzept erwarteter und abnormaler Renditen verwendet wird. Die einzelnen Messkonzepte führen in der Regel zu qualitativ sehr ähnlichen Ergebnissen. Trotzdem ist es bei praktischer Arbeit zu den Wohlfahrtseffekten, die von den Ankündigungen von Direktinvestitionen auf betroffene Aktionäre ausgehen, zweckmäßig, die Aussagen des CAPM so weit wie möglich zu berücksichtigen.

Erstens erscheint es sinnvoll, Renditen einzelner Aktien in Beziehung zur Renditeentwicklung eines weiter gefassten Aktienmarktes zu setzen, wie marktbasierende Konzepte dies tun. Benötigt wird dabei ein adäquater Gesamtmarktindex, auch wenn er nicht ideal im Sinne des CAPM sein kann.

Zweitens sollte, entsprechend dem Konzept der Marktmodellrenditen, die Annahme getroffen werden, dass eine einzelne Aktie eine eigene erwartete Rendite in Abhängigkeit von ihrem systematischen Risiko aufweist.

Drittens schließlich ist zu prüfen, inwieweit neben einem Faktor "Gesamtmarkt risikobehafteter Aktiva" weitere Faktoren berücksichtigt werden können, die auf eine erwartete Aktienrendite einwirken. BLACK legt beispielsweise einer *Event study* ein Zwei-Faktoren-Konzept zu Grunde, das in Anlehnung an das CAPM als weiteren Faktor die Rendite einer risikofreien Anlageform einbezieht.[142]

3.5. Die Formulierung konkreter Hypothesen

Die Folgewirkungen des Bekanntwerdens einer Information, beispielsweise der Ankündigung einer Direktinvestition in Mittel- oder Osteuropa, können unter bestimmten

---

141 BROWN, Stephen J. / WARNER, Jerold B., a. a. O. (Fußnote 131).

142 BLACK, Fischer: Capital market equilibrium with restricted borrowing; in: The journal of business, Jg. 45 (Juli 1972), S. 444-454.

Annahmen an der Entwicklung eines zugehörigen Aktienkurses abgelesen werden. Für das zeitliche Umfeld eines Bekanntwerdens sind zwei gegenläufige Richtungen der Aktienkursentwicklung denkbar (vgl. hier auch den Einleitungsabschnitt).

Positive Reaktionen durch die Finanzmärkte können zum Beispiel erwartet werden, wenn sich abzeichnet, dass eine Direktinvestition einem durchführenden Unternehmen eine Marktwertsteigerung einbringt. Dies kann beispielsweise dadurch zustande kommen, dass einer Produktion in einem Gastland dort herrschende, im internationalen Vergleich günstige Standortbedingungen zu Gute kommen. So mag vor Ort ein günstiges Verhältnis von Produktivität und Lohnniveau herrschen. Auch kann es sein, dass eine Direktinvestition und eine damit im Zusammenhang stehende Ausweitung eines unternehmensinternen Netzwerkes die Voraussetzungen für eine vorteilhaftere innerbetriebliche Arbeitsteilung schaffen. Beispielsweise können Skalenerträge dafür sorgen, dass ein direktinvestierendes Unternehmen durch eine Ausweitung der Produktion in ein Gastland die Durchschnittskosten seiner Produktion senkt. Effizienzgewinne können ferner aus einer Direktinvestition erwachsen, wenn ein damit verbundener Eintritt in einen Markt es einem Unternehmen ermöglicht, ein vorhandenes Absatzmarktpotential zu entwickeln. Auch kann ein solcher Einstieg einen sichereren Zugang zu im Produktionsprozess nicht substituierbaren Vorprodukten gewähren. Zu diesen zählt nicht zuletzt der Zugang zu technologischem Wissen, um Produkt- und Prozessinnovation zu betreiben.

In einzelwirtschaftlicher Sicht lassen solche Direktinvestitionen positive wirtschaftliche Effekte und positive Überrenditen erwarten, die auf Märkten in einem Gastland oder in einer Region zu marktbeherrschenden Stellungen führen. Diese können sowohl absatz-, als auch beschaffungsseitig angelegt sein. So scheinen speziell die vom Marktvolumen her jeweils kleinen Märkte in den Reformstaaten Mittel- und Osteuropas geeignet zu sein, Ziel solcher Direktinvestitionen zu sein, die auf Marktmacht abzielen.

Zum Zwecke der Attrahierung und Bindung mobilen Kapitals, insbesondere ausländischer Direktinvestitionen, gewähren Staaten häufig partielle Vergünstigungen. Das Spektrum der dabei ergriffenen Maßnahmen reicht von Finanzhilfen wie Investitionszuschüssen und Investitionszulagen bis hin zu Steuervergünstigungen für direktinvestierende Unternehmen. Speziell in Mittel- und Osteuropa ist der temporäre

Zollschutz weit verbreitet.[143] Hierbei erheben Regierungen auf die Importe ausgewählter Branchen einen außerordentlichen Zoll. Dieser verteuert für die inländischen Käufer den Kauf ausländischer Waren. Der Zollschutz gibt im Inland angesiedelten Produzenten einen Schutz vor ausländischer Konkurrenz. Hierauf reagieren Unternehmen betroffener Branchen häufig mit höheren Investitionen und Direktinvestitionen vor Ort. Ein temporärer Zollschutz wird in Mittel- und Osteuropa namentlich der Automobilindustrie eingeräumt. Diese machte in der Vergangenheit Direktinvestitionen vor Ort häufig sogar von der Einführung eines derartigen Zollschutzes abhängig.[144]

Nimmt ein Unternehmen eine begünstigte Direktinvestition in einem Land vor, so ist damit für die Anteilseigner des Unternehmens vielfach eine Wohlfahrtssteigerung verbunden. Entsprechend kann die Kursreaktion bei Aktien eines derartigen Unternehmens positiv ausfallen. Unter Umständen trägt aber ein Direktinvestitionsengagement, das lediglich aufgrund der Gewährung einer partiellen Vergünstigung zustande kommt, kaum oder gar nicht zur Erwirtschaftung von Effizienzgewinnen auf Unternehmensebene bei. Daher kann die Wohlfahrtswirkung, die von einer durch ein Gastland geförderten Direktinvestition auf die Anteilseigner eines Unternehmens ausgeht, auch unbestimmt sein. Dementsprechend muss das Bekanntwerden einer derartigen Direktinvestition nicht immer positive Aktienmarktreaktionen hervorrufen.[145]

---

143 KÄMPFE, Martina: Ausländische Direktinvestitionen in der Automobilindustrie Ostmitteleuropas - Untersuchung der Direktinvestitionen in Polen, Ungarn, der Tschechischen und der Slowakischen Republik. Halle (Saale) (= Institut für Wirtschaftsforschung Halle, Forschungsreihe Nr. 1996, 1) 1996.

144 Ebenda.

145 Die gesamtwirtschaftliche Vorteilhaftigkeit von Subventionen sei hier nicht diskutiert, vgl. aber hierzu beispielsweise ANDEL, Norbert: Finanzwissenschaft, 4. Auflage, Tübingen 1998, S. 273-285; DERSELBE: Subventionen als Instrument des finanzwirtschaftlichen Interventionismus. Tübingen 1970; ALBRECHT, Dietrich / THORMÄHLEN, Thies: Subventionen - Politik und Problematik. Frankfurt am Main u. a. 1985; DICKERTMANN, Dietrich / DILLER, Klaus Dieter: Subventionen als Mittel der Wirtschaftspolitik; in Wirtschaftswissenschaftliches Studium, Jg. 16, Nr. 11 (November 1987) S. 537-543. Vgl. zur Fragwürdigkeit des Versuches, über partielle Vergünstigungen Direktinvestitionen zu attrahieren, BORENSZTEIN, Eduardo R. / de GREGORIO, José / LEE, Jong-wha: How does foreign direct investment affect economic growth? Cambridge, MA (= National Bureau of Economic Research, Working paper series Nr. 5057), 1995; BHAGWATI, Jagdish N. / DINOPOULOS, Elias / WONG, Kar-yiu: Quid pro quo foreign investment; in: The American economic review, Jg. 82 (1992), Nr. 2, S. 186-190; BALASUBRAMANYAM, Venkataraman N. / SALISU, Mohammed A. / SAPSFORD, David: Foreign direct investment and growth in EP and IS countries; in: The economic journal / Royal Economic Society, Jg. 106 (1996), Januar = Nr. 434, S. 92-105.

Aus Effizienzgesichtspunkten sind speziell bei Privatisierungen staatlicher Unternehmen, an denen sich häufig ausländische Unternehmen beteiligen und in deren Zuge Direktinvestitionen in ein Land fließen können, offen ausgeschriebene Auktions- oder Bieterverfahren in der Regel zu bevorzugen.[146] Die dabei geltenden Wettbewerbsbedingungen wirken darauf hin, dass ein Unternehmen an denjenigen Bieter veräußert wird, der hierfür den höchsten Preis zahlt. Dieser liegt gewöhnlich sehr nahe bei dem tatsächlichen Wert des fraglichen Unternehmens. Ein Nettovermögenstransfer vom Unternehmensveräußerer zum -erwerber ist bei einem Auktions- oder Bieterverfahren sehr weitgehend ausgeschlossen. Wird hingegen bei einer Unternehmensprivatisierung vom Auktions- oder Bieterverfahren abgewichen, läuft die Transaktion sehr leicht unter Wert ab. Speziell unter den Transformationsbedingungen Mittel- und Osteuropas lassen sich häufig Unternehmensverkäufe unter mangelnden Wettbewerbsbedingungen beobachten. So ist es durchaus üblich, dass Regierungen oder staatliche Agenturen in deren Auftrag Verhandlungen mit lediglich einem einzigen potentiellen Käufer, nicht selten aus dem Ausland, über die Konditionen eines fraglichen Handels führen.[147] In diesem Falle kommt es nach allem Ermessen zu einem Nettovermögenstransfer vom Unternehmensveräußerer zum -erwerber. Auf der Seite einer zum Zuge kommenden börsennotierten, direktinvestierenden Kapitalgesellschaft kann sich dies in einem steigenden Aktienkurs niederschlagen.[148]

---

146 SAPPINGTON, David E. M. / STIGLITZ, Joseph E.: Privatization, information and incentives; in: Journal of policy analysis and management, Jg. 6 (1987), Nr. 4, S. 567-582.

147 Zu den Kalkülen direktinvestierender Unternehmen vor einem Markteintritt vgl. BRÜGGEMANN, Axel / KLEIN, Martin: Privatization and foreign direct investment in transition economies. Revised version, Halle (Saale) (= Martin-Luther-Universität Halle-Wittenberg, Wirtschaftswissenschaftliche Fakultät, Wirtschaftswissenschaftliche Diskussionsbeiträge Nr. 14) 1995.

148 In diesem Zusammenhang ist darauf hinzuweisen, dass sich die im Zuge der Systemtransformation der ehedem zentralverwalteten Wirtschaftssysteme Mittel- und Osteuropas durchgeführten Privatisierungen bei der Wahl der Privatisierungsmethode nur unwesentlich von denen in Ostdeutschland unterschieden. Die dort mit den Privatisierungen hauptsächlich betraute Treuhandanstalt zog gleichfalls häufig Einzelfallverhandlungen einem kontrollierten Bieterverfahren vor. Dadurch kam es zu empirisch messbaren Nettovermögenstransfers von den öffentlichen Haushalten zu den privaten Erwerbern von Treuhandunternehmen (MEISSNER, Thomas, a. a. O. (Fußnote 94)). Trotz der in Ostdeutschland gemachten, eher zweifelhaften Erfahrungen mit den dort gewählten Privatisierungsverfahren diente diese Ökonomie zum Teil als Vorbild für die Staaten Mittel- und Osteuropas. So betätigten sich namentlich in Estland vormalige Mitarbeiter der Treuhandanstalt, Berlin, als Berater in Privatisierungsfragen, vgl. ODEWALD, Jens: Marktwirtschaft - Hoffnungsträger der osteuropäischen Zukunft; in: TREUHANDANSTALT / OSTAUSSCHUSS DER DEUTSCHEN WIRTSCHAFT / BUNDESVERBAND DER DEUTSCHEN INDUSTRIE (Hrsg.): Privatisieren - Miteinander in die Soziale Marktwirtschaft. Köln, 1992, S. 12-13.

Ein weiterer Grund, der dafür spricht, dass Direktinvestitionen positive Effekte für die Eigentümer direktinvestierender Unternehmen haben, betrifft ebenfalls speziell solche Direktinvestitionen, die im Zuge von Privatisierungen in ein Land fließen. Hierbei verfolgen nämlich Regierungen häufig sich widersprechende Ziele. So mag bei einer derartigen Entstaatlichung nicht nur das Allokations- und Wachstumsziel oder das fiskalische Ziel der Einnahmen-Ausgaben-Optimierung im Vordergrund stehen. Vielmehr können daneben auch arbeitsmarkt-, regional- oder industriepolitische Motive zum Tragen kommen. Um derartige, letztlich verteilungspolitische Ziele zu erreichen, kann eine Regierung bereit sein, Abstriche bei den Verkaufspreisen zu privatisierender Aktiva zu machen. Dann kann es zu Unternehmensverkäufen unter Wert kommen.[149] Dies dürfte sich im Fall börsennotierter Kapitalgesellschaften gemäß der Theorie informationseffizienter Märkte in steigenden Börsenkursen der direktinvestierenden Unternehmenskäufer widerspiegeln.

Den Begründungen für potentiell positive Überrenditeverläufe im zeitlichen Umfeld des Bekanntwerdens einer Direktinvestition im Ausland stehen Begründungen für potentiell negative Überrenditeverläufe gegenüber. Diese können insbesondere immer dann erwartet werden, wenn sich abzeichnet, dass eine Direktinvestition den Anteilseignern eines Unternehmens Nachteile erbringt. In der Regel müssen spezielle Gegebenheiten vorliegen, damit die Leitung eines direktinvestierenden Unternehmens eine derartige Direktinvestition vornimmt. So kann es aber sein, dass sich eine Unternehmensleitung bei einer Direktinvestitionsentscheidung nicht streng an den Vorteilen der Anteilseigner des Unternehmens orientiert. Beispielsweise mag die Entscheidung für eine Direktinvestition auf persönliche Vorteilskalküle leitender Unternehmensmanager zurückgehen.[150]

Insgesamt kann die Aktienkurs- und Überrenditeentwicklung einer börsennotierten Kapitalgesellschaft im zeitlichen Umfeld des Bekanntwerdens einer Direktinvestition positiv, neutral oder negativ ausfallen; der Nettoeffekt verschiedener gleichzeitig wirkender Einflüsse ist unbestimmt. Wie genau eine bestimmte Entwicklung verläuft, ist insbesondere davon abhängig, welches Motiv eine Unternehmung mit einer Direktinvestition verfolgt und welche Erwartungshaltung die Kapitalmärkte gegenüber dem zugehörigen Direktinvestitionsprojekt einnehmen. Positiv können die Reaktionen der Kapitalmärkte auf die Ankündigung einer Direktinvestition insbesondere

---

149 Vgl. BÖS, Dieter: Privatization - a theoretical treatment. Oxford 1991.

150 Vgl. den Einleitungsabschnitt ab S. 1.

dann ausfallen, wenn erwartet werden kann, dass mit dem Direktinvestitionsengagement Vorteile für das direktinvestierende Unternehmen einhergehen, negativ hingegen, wenn mit der Direktinvestition andere Ziele als allein die Vorteile der unternehmerischen Anteilseigner verfolgt werden, beispielsweise Ziele eines unternehmerischen Managements.

3.5.1. Mögliche Anpassungspfade

Kursanpassungen bei Aktien nach oben oder unten können auf verschiedenen Wegen ablaufen; für den Fall des Bekanntwerdens neuer Informationen sind verschiedene Wertpapieranpassungspfade denkbar. Wird erstens eine kursrelevante Information abrupt bekannt, dürfte der Kursverlauf einer betreffenden Aktie zu dem entsprechenden Zeitpunkt einen Sprung aufweisen. Ändern sich die fundamentalen Gegebenheiten des zu der Aktie gehörenden Unternehmens durch die bekanntgewordene Information ansonsten nicht wesentlich, sollte der Aktienkurs vor und nach dem Ereignis einen sehr ähnlichen Verlauf nehmen. Abbildung 4 bietet einen dazu passenden Anpassungspfad. Gezeigt werden über einen Zeitraum von $t_{-1\,000}$ bis $t_{+1\,000}$ die hypothetischen Preisentwicklungspfade eines Aktienmarktindex und eines Aktienkurses. Dabei entwickelt sich der Aktienkurs zunächst annähernd parallel zur Entwicklung des Marktindex. Zum Zeitpunkt t_0 werde dann die Information bekannt, dass das zu der Aktie gehörende Unternehmen eine Direktinvestition in Mittel- oder Osteuropa plane. Entsprechend denjenigen Folgen, die sich für die Anteilseigner mit dem Direktinvestitionsprojekt erwartbar verbinden, springt daraufhin der Aktienkurs auf ein neues gleichgewichtiges Niveau; sind die erwarteten Folgen für die Anteilseigner negativ, fällt er (Abwärtssprung), sind sie positiv, steigt er (Aufwärtssprung). Ab dem Zeitpunkt t_{+1} vollzieht der Aktienkurs dann erneut die Bewegungen des Aktienmarktindex mit. Im Ergebnis hat sich im hypothetischen Beispiel die Reagibilität der betrachteten Aktie auf Veränderungen des Marktindex zwischen der Zeit vor und nach dem Bekanntwerden der Direktinvestition in Mittel- und Osteuropa nicht geändert. Abgesehen von dem Sprung zum Zeitpunkt t_0 entwickelt sich die Rendite der Aktie über den gesamten Zeitraum von $t_{-1\,000}$ bis $t_{+1\,000}$ in nahezu konstanter Korrelation zur Rendite des Marktindex. Das Risiko der Aktie bleibt, abgesehen vom Ereigniszeitpunkt selbst, konstant.

Abbildung 4: Mögliches Aktienkursverhalten im zeitlichen Umfeld eines Ereignisses - Aufwärtssprung / Abwärtssprung.

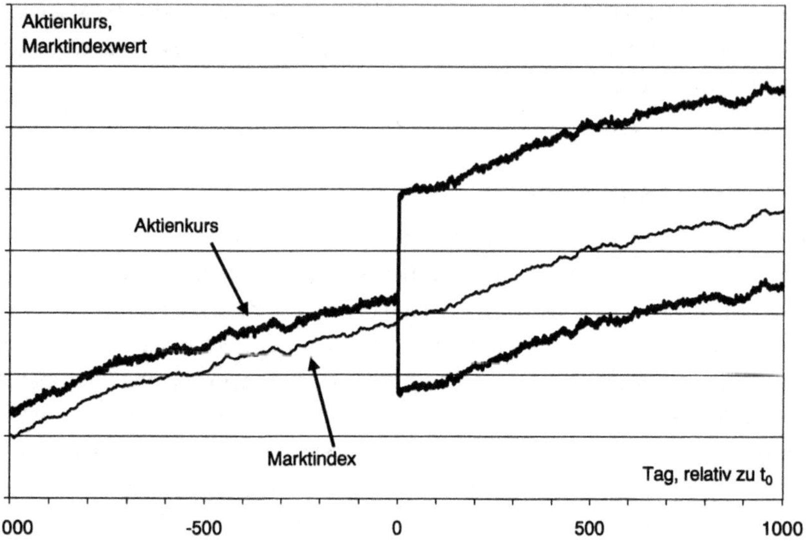

Quelle: eigene Darstellung.

Für *Event studies* ist kaum davon auszugehen, dass zeitpunktbezogene Anpassungen nach Art eines Abwärts- oder Aufwärtssprungs zu beobachten sind. Dem widerspricht zum einen die in solchen Untersuchungen üblicherweise vorgenommene Betrachtung einer Vielzahl von Untersuchungsfällen. Immerhin dürften die Tage mit beobachtbaren Auf- oder Abwärtssprüngen für die einzelnen Fälle nicht kongruieren. Trotz einer intensiven Recherche zu den historischen Ankündigungszeitpunkten lassen sich diese nicht in jedem Falle hinreichend genau feststellen; schon aus diesem Grunde dürften die ermittelten Anpassungsreaktionen einer Untersuchungsgruppe von *Event*-Fällen über eine gewisse Anzahl von Tagen (beispielsweise t_{-2}, t_{-1}, t_0, t_{+1}, ...) streuen. Zum anderen werden relevante Informationen häufig nicht zu einem bestimmten Stichtag, sondern über einen gewissen Zeitraum bekannt. Hier spielen unter anderem Insider und deren Handeln an Finanzmärkten eine Rolle.[151] Auch nimmt in der Regel die Wahrscheinlichkeit im

151 Die Wirkungen des Insiderhandelns auf Aktienkurse modellieren u. a. EASLEY, David / o'HARA, Maureen: Price, trade size, and information in securities markets; in: Journal of

Zeitverlauf zu, dass sich der Gegenstand einer kursrelevanten Information, beispielsweise eine Direktinvestition in Mittel- und Osteuropa, tatsächlich materialisiert. Vor diesem Hintergrund erscheint ein gradueller Anpassungspfad als geeignetere Modellierung.

Einen entsprechenden Anpassungspfad stellt Abbildung 5 dar. Wiederum werden über einen Zeitraum von $t_{-1\,000}$ bis $t_{+1\,000}$ die hypothetischen Preisentwicklungspfade eines Aktienmarktindex und eines Aktienkurses gezeigt. Erneut entwickelt sich

Abbildung 5: Mögliches Aktienkursverhalten im zeitlichen Umfeld eines Ereignisses – Aufwärtsschrittfolge / Abwärtsschrittfolge.

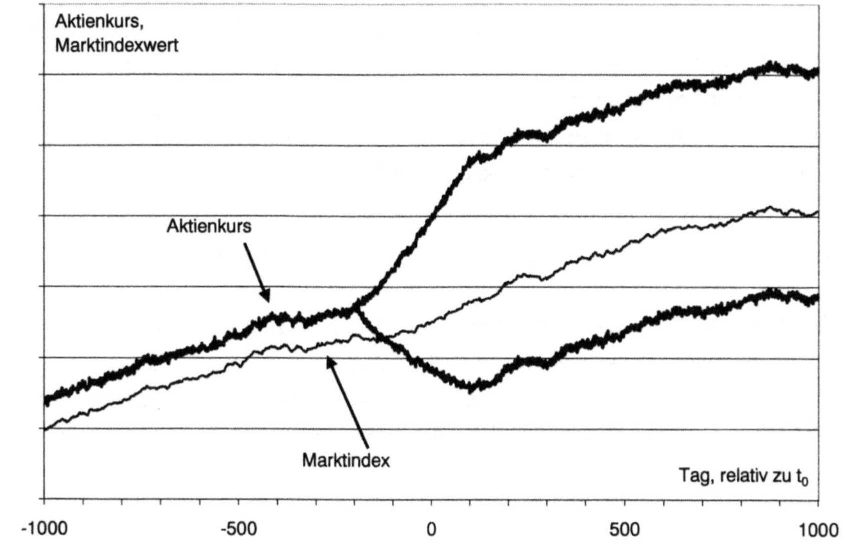

Quelle: eigene Darstellung.

der Aktienkurs zunächst annähernd parallel zur Entwicklung des Marktindex. Zum Zeitpunkt t_0 wird die Information allgemein bekannt, dass das zu der Aktie gehörende Unternehmen eine Direktinvestition in Mittel- oder Osteuropa vornimmt. Der Aktienkurs zeigt ein Verlaufsmuster, das Charakteristika einer über einen

financial economics, Jg. 19 (1987), S. 69-90; GLOSTEN, Lawrence R.: Insider trading, liquidity, and the role of the monopolist specialist; in: The journal of business, Jg. 62 (1989), S. 211-235.

längeren Zeitraum gestreckten Anpassung erkennen lässt; die Anpassung selbst beginnt bereits im Vorfeld des Zeitpunkts t_0. Während des Ereigniszeitraums nähert sich der Aktienkurs allmählich seinem zum Ende der Anpassung erreichten neuen gleichgewichtigen Niveau an. Die Annäherung selbst steht in keiner Abhängigkeit von der Entwicklung des Aktienmarktindex. Sind die erwarteten Folgen für die Anteilseigner aus der Direktinvestition negativ, vollzieht sich die Anpassung nach unten (Abwärtsschrittfolge), sind sie positiv, vollzieht sie sich nach oben (Aufwärtsschrittfolge). Die Anpassung selbst und damit der Ereigniszeitraum sind im Beispiel mit dem Tag t_0 nicht abgeschlossen. Dies ist mit einer halbstrengen Informationseffizienz der Finanzmärkte nicht vereinbar. Nach Ablauf des Ereigniszeitraums folgen die Aktienrenditen wiederum den Renditen des Aktienmarktindex. Im Ergebnis hat sich die Reagibilität der betrachteten Aktie auf Veränderungen des Marktindex zwischen der Zeit vor und nach dem Bekanntwerden der Direktinvestition in Mittel- und Osteuropa nicht geändert. Abgesehen von der Entwicklung im Ereigniszeitraum steht die Rendite der Aktie über den gesamten Zeitraum von $t_{-1\,000}$ bis $t_{+1\,000}$ in konstanter Abhängigkeit von der Rendite des Marktindex. Das Risiko der Aktie bleibt, abgesehen vom Ereigniszeitraum selbst, konstant.

Zeigt sich die Aktienkursentwicklung auch während des Ereigniszeitraums reagibel in bezug auf die Aktienmarktentwicklung, kann ein Aktienkursentwicklungspfad vorliegen, wie ihn Abbildung 6 dokumentiert. Der entscheidende Unterschied zur Abbildung 5 besteht darin, dass sich der Aktienkursentwicklungspfad während des Ereigniszeitraums schwankend und nicht stetig an sein neues gleichgewichtiges Niveau anpasst. Der Aktienkurs vollzieht auch während des Ereigniszeitraums Schwankungen des Aktienmarktindex mit; das Aktienbeta erhöht sich temporär.

Abbildung 6: Mögliches Aktienkursverhalten im zeitlichen Umfeld eines Ereignisses - Temporäre Betaerhöhung.

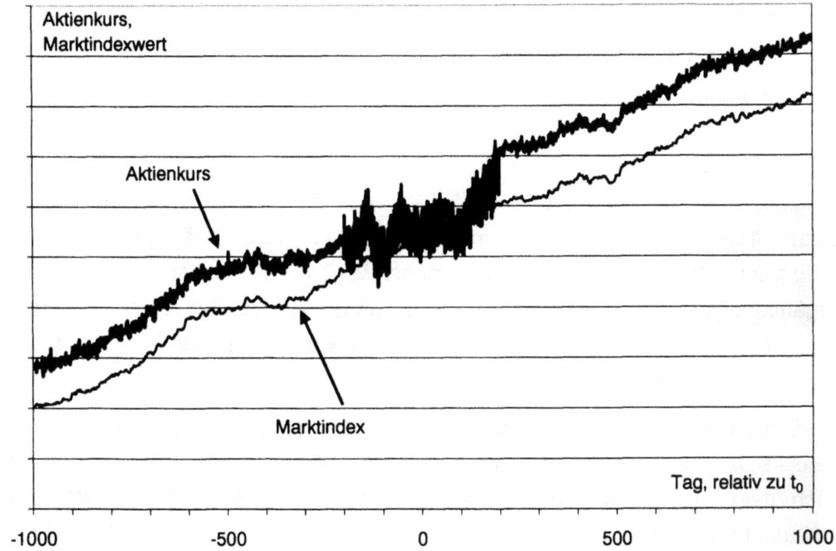

Quelle: eigene Darstellung.

3.5.2. Zur Schätzmethodik

3.5.2.1. Der Ansatz von FAMA / FISHER / JENSEN / ROLL und BROWN / WARNER

Zur Schätzung abnormaler Renditen sind verschiedene Verfahren entwickelt worden. Diese knüpfen im Allgemeinen an dem Konzept der Marktmodellrenditen (Abschnitt 3.2.) an. So legen FAMA, FISHER, JENSEN und ROLL, den Beginn der systematischen Verwendung der *Event-study*-Methodik markierend, ihrer Untersuchung zu Aktiensplit-Ereignissen die folgende Schätzgleichung zu Grunde:[152]

$$R_{jt} = \beta_j R_{Mt} + u_{jt} \qquad \text{(Gleichung 4)}$$

152 FAMA, Eugene F. / FISHER, Lawrence / JENSEN, Michael C. / ROLL, Richard, a. a. O. (Fußnote 133).

mit

R_{jt}: Rendite der Aktie j zum Zeitpunkt t,

β_j: Maß des systematischen Risikos der Aktie j,

R_{Mt}: Marktindexrendite zum Zeitpunkt t,

u_{jt}: Fehlerterm.

Hierin fungiert die Rendite einer Aktie j eines in die Untersuchung einbezogenen Geschäftsvorfalls zu einem bestimmten Zeitpunkt t (R_{jt}) als abhängige Variable, die zeitgleiche Rendite eines Aktienmarktindex M (R_{Mt}) als unabhängige Variable. Ergänzend wird ein additiver Fehlerterm u_{jt} berücksichtigt. Der Annahme nach ist dieser normalverteilt, weist einen Erwartungswert von Null auf und ist in der Abfolge unkorreliert ("weißes Rauschen").[153]

Zunächst schätzen FAMA, FISHER, JENSEN und ROLL die Gleichung - für alle berücksichtigten Renditezeitreihen einzeln - für einen Zeitraum von weit vor bis weit nach dem zu analysierenden Aktiensplitereignis. Bei der Schätzung stellt sich heraus, dass in einem bestimmten Zeitraum in der näheren Umgebung des in Frage stehenden Ereignisses die Renditezeitreihen durch systematische Verzerrungen gekennzeichnet sind; hier entsprechen beispielsweise die ermittelten Residuen nicht den Annahmen des "weißen Rauschens". Daraufhin werden auf statistischem Wege die Zeitreihen in jeweils einen Ereignis- und einen Stützzeitraum aufgeteilt. Zur Bestimmung des Ereigniszeitraums wird ein möglichst kurzer, zusammenhängender Zeitabschnitt in unmittelbarer zeitlicher Umgebung des Ereignisses gesucht, der, wenn die entsprechenden Datenpunkte aus einer Gesamtrenditezeitreihe herausgenommen werden, für den verbleibenden Stützzeitraum unverzerrte Schätzer hinterlässt; hierbei interessiert insbesondere der Schätzer des β_j. Im Anschluss daran ermitteln die Autoren die abnormalen Renditen des Ereigniszeitraums. Hierzu wird mit Hilfe des geschätzten β_j des Stützzeitraums und der tatsächlichen Marktindexrenditeentwicklung berechnet, welche Entwicklung die Aktienrendite den Erwartungen nach im Ereigniszeitraum erwartbar hätte nehmen müssen. Diese erwarteten Renditen werden von den zeitgleichen tatsächlichen Aktienrenditen

---

153 Der Parameter einer zunächst einbezogenen Schätzkonstanten erweist sich als nicht signifikant.

subtrahiert. Die ermittelte rechnerische Differenz sehen die Autoren als Maß für abnormale Renditen im Ereigniszeitraum an.

Dieses Vorgehen ist in mehr oder weniger abgewandelter Form in vielen *Event-study*-Untersuchungen anzutreffen. Es zeichnet sich nicht so sehr dadurch aus, dass die Länge des Ereignisraums auf statistischem Wege ermittelt wird; häufig geschieht dies lediglich auf der Basis von Plausibilitätsüberlegungen. Für die FAMA-FISHER-JENSEN-ROLL-Methodik und nachfolgend für das BROWN-WARNERsche Verfahren[154] ist ein Vorgehen in zwei Schritten kennzeichnend. Die Daten im Ereigniszeitraum werden einer grundsätzlich anderen Behandlung unterzogen als die übrigen analysierten Daten. Zunächst wird für einen Stützzeitraum eine Gleichung geschätzt, die in einer direkten Beziehung zu einer Hypothese erwarteter Renditen steht. Auf der Grundlage der dabei gefundenen Ergebnisse werden dann in einem zweiten Schritt die abnormalen Renditen des Ereigniszeitraums ermittelt, in dem sich das Datum des zu analysierenden Ereignisses befindet. Als problematisch hieran ist insbesondere anzusehen, dass die erwarteten Renditen des Ereigniszeitraumes, anhand derer die zeitgleichen tatsächlichen Renditen beurteilt werden, Prognosewerte für einen Bereich außerhalb des Stützzeitraums darstellen. Dabei nimmt mit zunehmender Entfernung vom Stützzeitraum die Verlässlichkeit von Prognosen in der Regel ab.[155] Die ermittelten abnormalen Renditen des Ereigniszeitraums können nicht direkt als Indikator tatsächlich vorliegender abnormaler Renditen herangezogen werden.

Zur Abhilfe wird vielfach versucht, gemessene abnormale Renditen eines Ereigniszeitraums mittels weitergehender Rechnungen in statistisch aussagekräftigere Indikatoren umzuformen.[156] Im Zuge dessen gehen aber implizit weitere Annahmen in die Analyse ein, die wiederum erst auf ihre Stichhaltigkeit getestet werden müssen. Dies reduziert in der Regel den Freiheitsgrad der zentralen Schätzungen. Darüber hinaus löst eine weitere Transformierung der Daten des Ereigniszeitraums

---

154 BROWN, Stephen J. / WARNER, Jerold B., a. a. O. (Fußnote 131).

155 Vgl. beispielsweise JUDGE, George G., u. a. : Introduction to the theory and practice of econometrics. 2. Ausgabe, New York, NY, u. a. 1988, S. 170; BLEYMÜLLER, Josef / GEHLERT, Günther / GÜLICHER, Herbert: Statistik für Wirtschaftswissenschaftler. 5. Auflage, München 1988, S. 156-158.

156 Als notwendig erscheint dies insbesondere dort, wo Renditevarianzen eines Ereigniszeitraums erheblich von denjenigen eines Stützzeitraums abweichen, so dass Teststatistiken, die diesem Phänomen keine Rechnung tragen, zu häufig zu der Schlussfolgerung abnormaler Renditen verleiten, vgl. BOEHMER, Ekkehart / MUSUMECI, Jim / POULSEN, Annette B., a. a. O. (Fußnote 135).

das grundsätzliche Problem nicht abschließend. Dieses besteht darin, dass die erwarteten Renditen des Ereigniszeitraums, anhand derer die zeitgleichen tatsächlichen Renditen beurteilt werden, Prognosewerte für einen Bereich außerhalb eines Stützzeitraums darstellen. Insofern empfiehlt es sich, ein Verfahren zu wählen, das zur Verfügung stehende Datenpunkte, betreffen diese nun die Zeit vor oder nach einem zu analysierenden Ereignis oder die Zeit eines Ereignisses selbst, nicht in einen Stütz- und einen Ereigniszeitraum aufteilt, sondern simultan auswertet.

3.5.2.2. Ein anderer Ansatz

Zur Einführung in einen anderen Ansatz sei ein Umweg über die Darstellung von JENSENs Verfahren zur Effizienzprüfung von Investmentfonds gewählt.[157] Dieses eignet sich zwar nicht direkt für eine Anwendung in *Event studies*, zeigt aber bei einer leichten Adaption die Beweggründe und den Gedankengang der im folgenden vorgenommenen Schätzungen.

JENSEN geht von der Grundgleichung des CAPM aus (vgl. (Gleichung 3)) und subtrahiert zunächst auf deren beiden Seiten denjenigen Term, der die Rendite einer risikolosen Anlageform symbolisiert. Im Anschluss daran vollzieht er die unbedingte Erwartungsbildung und ergänzt das Resultat um eine Schätzkonstante und einen Fehlerterm. JENSEN gelangt zu der Schätzgleichung:

$$[R_{jt} - r_{ft}] = \alpha_j + \beta_j\,[R_{Mt} - r_{ft}] + u_{jt}. \qquad \text{(Gleichung 5)}$$

Lässt sich die erwartete Rendite einer Aktie durch ihr systematisches Risiko, durch die Rendite einer risikolosen Anlageform und durch die Rendite eines Aktiengesamtmarktindex beschreiben, wie dies das CAPM postuliert, dann darf sich die Konstante α_j in der (Gleichung 5) bei einer Schätzung nicht signifikant von Null unterscheiden. An dieser Stelle kann ein Test auf abnormale Renditen ansetzen: Das α, auch unter der Bezeichnung "JENSENs Alpha" bekannt geworden, kann als Maß für abnormale Renditen herangezogen werden. Unterscheidet sich dessen Wert

---

157 JENSEN, Michael C.: Risk, the pricing of capital assets and the evaluation of investment portfolios; in: Journal of Business, Jg. 42 (1969), S. 167-247.

in einer empirischen Untersuchung statistisch signifikant von Null, ist die These abzulehnen, dass keine abnormalen Renditen vorliegen.

Besondere Ereigniszeitpunkte oder Ereigniszeiträume im Sinne der *Event-study*-Methodologie spielen für JENSEN keine Rolle. Daher modelliert er sein Alpha als Schätzkonstante. Zur Verdeutlichung dessen sei die (Gleichung 5) in Vektorschreibweise notiert:

$$[R_{jt} - r_{ft}] = \alpha_j \, I + \beta_j \, [R_{Mt} - r_{ft}] + u_{jt} \qquad \text{(Gleichung 6)}$$

mit dem Einheitsspaltenvektor I der Dimension T:

$$\underset{(T \times 1)}{I} = \begin{bmatrix} 1 \\ 1 \\ \cdot \\ \cdot \\ \cdot \\ 1 \end{bmatrix}.$$

Der Spaltenvektor $[R_{jt} - r_{ft}]$ der Dimension T steht als abhängige Variable zwei unabhängigen Variablen gegenüber, dem Spaltenvektor $[R_{Mt} - r_{ft}]$ und dem Einheitsspaltenvektor I, ebenfalls jeweils in der Dimension T.

Um diese Modellierung auf *Event studies* zu übertragen, sei JENSENs Alpha als eine Stufen-Dummy-Variable modelliert. Diese nehme lediglich für die Zeitpunkte eines Ereigniszeitraums

$$E = \left\{ t_{Minus}, t_{Minus+1}, \ldots, t_{-1}, t_0, t_{+1}, \ldots, t_{Plus-1}, t_{Plus} \right\}$$

den Wert Eins an, für alle übrigen Zeitpunkte hingegen den Wert Null:

$$[R_{jt} - r_{ft}] = \alpha_j \, D + \beta_j \, [R_{Mt} - r_{ft}] + u_j \qquad \text{(Gleichung 7)}$$

mit

$$\underset{(T \times 1)}{D} = \begin{bmatrix} \cdot \\ \cdot \\ d_t \\ \cdot \\ \cdot \end{bmatrix}$$

und

$$d_t = \begin{cases} = 1 \;\; \forall \;\; t \in E \\ = 0 \text{ sonst.} \end{cases}$$

Sofern der Ereigniszeitraum aus lediglich einem Tag, dem Ereigniszeitpunkt, besteht, stellt die (Gleichung 7) eine Modellierung der Aktienkursentwicklung nach Form eines Aufwärtssprungs / Abwärtssprungs (Abbildung 4, S. 78) dar. Umfasst der Ereigniszeitraum eine Abfolge mehrerer Tage, ist die (Gleichung 7) geeignet, die Aktienkursentwicklung nach Art einer Aufwärts- bzw. Abwärtsschrittfolge (Abbildung 5, S. 79) abzubilden. In dieser Spezifikation deuten geschätzte Alpha-Werte größer Null darauf hin, dass im Ereigniszeitraum positive Überrenditen vorliegen; negative Werte weisen entsprechend auf negative Überrenditen hin. Der geschätzte Alpha-Wert entspricht direkt dem tagesdurchschnittlichen Renditesprung im Ereigniszeitraum. Der Vorteil einer Modellierung nach (Gleichung 7) liegt neben der Möglichkeit, alle zur Verfügung stehenden Datenpunkte rechnerisch in einem Schritt auszuwerten, darin, dass keine Prognosewerte in die Prüfung auf abnormale Renditen eingehen. Sowohl die Höhe der abnormalen Renditen im Ereigniszeitraum als auch die zugehörige Signifikanz ist im einzelnen beobachtbar.

Eine Variante operiert mit einer Vielzahl von Dummy-Variablen, so genannten Impuls-Dummy-Variablen. Deren Anzahl stimmt exakt mit der Anzahl der Messzeitpunkte im Ereigniszeitraum überein.[158] Jedem Zeitpunkt des Ereigniszeitraumes entspricht eine Impuls-Dummy-Variable:

---

158 Diese Technik nutzen DNES, Antony W. / SEATON, Jonathan S.: The regulation of British Telecom - an event study; in: Journal of institutional and theoretical economics, Jg. 155 (1999), Nr. 4, S. 610-616.

$$[R_{jt} - r_{ft}] = \sum_{g = TMinus}^{TPlus} \alpha_{jg} \; D_g + \beta_j \, [R_{Mt} - r_{ft}]$$

(Gleichung 8)

mit:

$$D_g = \begin{bmatrix} . \\ . \\ d_h \\ . \\ . \end{bmatrix};$$

$$d_h = \begin{cases} = 1 \quad \forall \quad h = g \\ = 0 \text{ sonst.} \end{cases}$$

Während eines Ereigniszeitraums kann sich nicht nur die durchschnittliche Rendite einer Aktie verändern, sondern auch das darin gebundene Risiko.[159] Zur Erfassung von Aktienkursreaktionen auf Unternehmensereignisse bedarf es daher nicht nur einer Modellierung der Renditeänderung, sondern auch der Modellierung eines für den Ereigniszeitraum geänderten Aktienbetas. Ein passendes Verfahren liefert DIELMAN.[160] Übertragen auf die hier verwendete Notation schlägt er vor, die folgende Gleichung zu schätzen:

$$[R_{jt} - r_{ft}] = \alpha_j \, D + \beta_{0j} \, [R_{Mt} - r_{ft}] + \beta_{1j} \left\{ D \; [R_{Mt} - r_{ft}] \right\} + u_j.$$

(Gleichung 9)

---

159 Vgl. BOEHMER, Ekkehart / MUSUMECI, Jim / POULSEN, Annette B., a. a. O. (Fußnote 135).

160 DIELMAN, Terry E.: Pooled cross-sectional and time series data analysis. New York, NY, u. a. 1989, S. 105-113.

Dabei misst der erste Schätzparameter α_j die tagesdurchschnittliche Renditeänderung im Ereigniszeitraum. β_{0j} trägt diejenige Reagibilität ab, die außerhalb eines Ereigniszeitraums eine untersuchte Unternehmensaktie in bezug auf das Renditedifferenzial zwischen Aktienmarktindex und Rendite einer risikolosen Anlageform aufweist. Diese "Basis"-Reagibilität bleibt, so die Modellierung, auch im Ereigniszeitraum selbst erhalten. Insgesamt ändert sich dann aber das Aktienbeta. Diejenige Reagibilität in bezug auf das Renditedifferenzial zwischen Aktienmarktindex und Rendite einer risikolosen Anlageform, die eine Aktie während des Ereigniszeitraums zusätzlich erfährt, fängt der Schätzparameter β_{1j} ab. Hierzu ist die zugehörige Schätzvariable als eine multiplikative Verknüpfung von Marktindexrenditedifferenzial und Dummy-Variabler konstruiert. Das Risiko im Ereigniszeitraum insgesamt *vis à vis* Variationen des Gesamtmarktes ergibt sich durch Addition der Parameter β_{0j} und β_{1j}. Die Signifikanz des β_{1j} gibt Aufschluss über das Vorliegen oder das Nichtvorliegen veränderter Risiken in einem Ereigniszeitraum. Ein geschätzter Wert des β_{1j} größer Null weist auf gestiegene Risiken hin, ein negativer Wert auf gesunkene Risiken. Darauf hinzuweisen ist, dass Unsicherheiten, die während eines Ereigniszeitraums zurückgehen, und damit ein sinkendes β_{1j} aller Erfahrung widersprächen: Typischerweise lassen neu in einen Markt hineinkommende Informationen die Risiken eines Wertpapiers - beispielsweise über Gerüchte-induziertes Handeln - eher ansteigen als zurückgehen.[161]

Insgesamt lässt sich festhalten, dass die in dem hier präferierten Ansatz für *Event studies* vorgeschlagenen Analyseverfahren dem Konzept von FAMA / FISCHER / JENSEN / ROLL und von BROWN / WARNER überlegen sind. Erstens erlauben sie es, Daten kompletter Renditezeitreihen einschließlich der Daten eines Ereigniszeitraums simultan auszuwerten. Auf diese Weise entfällt die Notwendigkeit, in *Event studies* mit hypothetischen Prognosewerten für die Ereigniszeiträume zu operieren; lediglich realisierte Aktienrenditen werden verwendet. Zweitens gestatten die hier vorgeschlagenen Analyseverfahren eine verlässlichere Aussage über den Aktienkursanpassungsprozess. So lässt sich durch einen Vergleich der Passgenauigkeit

161 BOEHMER *et al.* zitieren rund ein Duzend *Event studies*, die das Problem sich im Ereigniszeitraum verändernder Aktienrenditevarianzen behandeln (BOEHMER, Ekkehart / MUSUMECI, Jim / POULSEN, Annette B., a. a. O. (Fußnote 135)). In allen diesen Untersuchungen wird von temporär ansteigenden Varianzen berichtet, nirgends von temporär abnehmenden. Qualitativ denselben Befund, jedoch mit impliziten Volatilitäten, errechnet aus Optionspreisen, ermitteln DONDERS, Monique W. M. / VORST, Ton C. F.: The impact of firm specific news on implied volatilities; in: Journal of banking and finance, Jg. 20, Nr. 9 (1. November 1996), S. 1447-1461.

verschiedener Modellierungen ((Gleichung 7) bis (Gleichung 9)) unterscheiden, welchen genauen Anpassungspfad Aktienrenditen und -kurse beim Eintreffen neuer Informationen nehmen.

3.5.3. *Das Schätzen mit gepoolten Zeitreihen-Querschnittsdaten mittels* Random-coefficients-*Verfahren*

Bei einer Schätzung der (Gleichung 7) bis (Gleichung 9) mit Paneldaten ist mit dem Auftreten einer besonderen Komplikation zu rechnen: Parameterunterschiede von Untersuchungsfall zu Untersuchungsfall dürften nicht nur in einer Schätzkonstanten zum Ausdruck kommen, wie dies in Panelschätzungen traditionellen Typs angenommen wird, so bei *Random-effects*- und *Fixed-effects*-Schätzungen.[162] Vielmehr postuliert beispielsweise das CAPM, dass die systematischen Risiken einzelner Wertpapiere je nach der geschäftlichen Ausrichtung betreffender Unternehmen differieren. Entsprechend dürften beispielsweise in der (Gleichung 9) die einzelnen β_{0j} voneinander abweichen. Und für die β_{1j} ist gleichfalls von über die Untersuchungsgruppe variierenden Koeffizienten auszugehen.

Um den theoretischen Erwägungen Rechnung zu tragen, dass sich die Parameter der (Gleichung 7) bis (Gleichung 9) innerhalb der Untersuchungsgruppe von Fall zu Fall systematisch unterscheiden dürften, bietet es sich an, bei einer Schätzung auf ein *Random-coefficients*-Modell zurückzugreifen. Dieses trägt einer möglichen Variation von Koeffizienten zwischen einzelnen Untersuchungseinheiten Rechnung. Dies geschieht dadurch, dass die Regressionsparameter als Zufallsvariablen mit einer Wahrscheinlichkeitsverteilung aufgefasst werden. Bei einer Zusammenfassung für jeden einzelnen der j Untersuchungsfälle - so der erklärenden Variablen zur Matrix X_j oder der zugehörigen Parameter zum Vektor β_j - lässt sich für das hier vorliegende Problem schreiben:[163]

$$y_j = X_j \beta_j + u_j \; \forall \, j = 1, 2, ..., N. \qquad \text{(Gleichung 10)}$$

---

162 Vgl. BALTAGI, Badi H.: Econometric analysis of panel data. Chichester u. a. 1995.

163 Vgl. SWAMY, Paravastu A. V. B.: Efficient inference in a random coefficient regression model; in: Econometrica, Jg. 38, Nr. 2 (März 1970) S. 311-323; DERSELBE: Statistical inference in random coefficient regression models. Berlin u. a. (= Lecture notes in operations research and mathematical systems Nr. 55) 1971. Hier wird weitgehend der Darstellung gefolgt bei JOHNSTON, Jack: Econometric methods. 3. Ausgabe, New York, NY, u. a. 1997, S. 412-413.

Für den Parameter eines jeden einzelnen der h exogenen Faktoren gilt dabei:

$\beta_{ij} = \beta_i + \nu_{ij}$.

Die β_i in (Gleichung 10) werden als Unbekannte angesehen, die jeweils einen eigenen, konstanten Wert über alle N Untersuchungseinheiten tragen. Die ν_{ij} stellen Zufallsvariablen dar, die die einzelnen Ausprägungen der Koeffizienten letztlich bedingen.[164] Es liegen zu jeder Untersuchungseinheit jeweils m_j Beobachtungen vor (*unballanced panel*). Es soll gelten:

$$E(u_j) = 0, \quad E(u_j u'_k) = \begin{cases} \sigma_{jj} I_{m_j}, \text{ sofern } j = k \\ 0 \text{ sonst.} \end{cases}$$

$$E(\nu_j) = 0;$$

$$E(\nu_j \nu'_k) = \begin{cases} \Delta, \text{ sofern } j = k \\ 0 \text{ sonst.} \end{cases}$$

Beide Fehlerterme u_j und ν_j sind unabhängig voneinander und jeweils für sich unabhängig verteilt mit einem Erwartungswert von Null. Die Varianz-Kovarianz-Matrix für u_j ist $\sigma_{jj} I_{m_j}$, diejenige für ν_j einheitlich Δ.

Das Modell lautet ausgeschrieben:

164 An dieser Stelle wird ersichtlich, dass das *Random-effects*- einen Sonderfall des *Random-coefficients*-Verfahren darstellt - mit einer dem Zufall nach variierenden Schätzkonstanten (HUNT, Jennifer: Firing costs, employment fluctuations and average employment - An examination of Germany; in: Economica, Jg. 67 (2000), S. 177-202, hier S. 184).

$$\begin{bmatrix} y_1 \\ y_2 \\ . \\ . \\ . \\ y_N \end{bmatrix} = \begin{bmatrix} X_1 \\ X_2 \\ . \\ . \\ . \\ X_N \end{bmatrix} \beta + \begin{bmatrix} X_1 & 0 & \dots & 0 \\ 0 & X_2 & \dots & 0 \\ \dots & \dots & \dots & \dots \\ 0 & 0 & \dots & X_N \end{bmatrix} \begin{bmatrix} v_1 \\ v_2 \\ . \\ . \\ . \\ v_N \end{bmatrix} + \begin{bmatrix} u_1 \\ u_2 \\ . \\ . \\ . \\ u_N \end{bmatrix} \qquad \text{(Gleichung 11)}$$

mit einer Varianz-Kovarianz-Matrix des zusammengesetzten Fehlerterms:

$$V = \begin{bmatrix} X_1 \Delta X'_1 + \sigma_{11} I_{m_1} & 0 & \dots & 0 \\ 0 & X_2 \Delta X'_2 + \sigma_{22} I_{m_2} & \dots & 0 \\ \dots & \dots & \dots & \dots \\ 0 & 0 & \dots & X_N \Delta X'_N + \sigma_{NN} I_{m_N} \end{bmatrix}.$$

Eine Schätzung muss insbesondere auf die folgenden Größen eingehen:

β: Vektor der Parameter für jeden einzelnen der h exogenen Faktoren;

Δ: zugehörige Varianz-Kovarianz-Matrix;

σ_{jj}: Störgröße für j = 1, 2, 3, ..., N.

Die Schätzung verläuft entlang dem folgenden Muster:

(1) Zunächst wird, für jeden einzelnen Untersuchungsfall extra, eine Schätzung vollführt mittels des einfachen Kleinste-Quadrate-Verfahrens:

$$b_j = (X'_j X_j)^{-1} X'_j y_j.$$

Es ergeben sich Residuen der Art $e_j = y_j - X_j b_j$.

(2) Ein unverzerrter Schätzer für σ_{jj} lässt sich angeben als:

$$s_{jj} = \frac{e'_j e_j}{m_j - k}.$$

(3) Für Δ kommen verschiedene Schätzer in Frage, abhängig von der Struktur der zur Verfügung stehenden Daten. Grundsätzlich kann ein adäquater Schätzer der Formel gehorchen:

$$\hat{\Delta} = \frac{S_b}{p-1} - \frac{1}{p} \sum_{j=1}^{p} s_{jj} (X'_j X_j)^{-1},$$

wobei

$$\frac{S_b}{N-1} = \sum_{j=1}^{p} b_j b'_j - \frac{1}{p} \sum_{j=1}^{p} b_j \sum_{j=1}^{p} b'_j$$

die Varianz-Kovarianz-Matrix der einzelnen Stichproben b_j bezeichnet. Allerdings gibt es keine Garantie dafür, dass die zweite Matrix in $\hat{\Delta}$ positiv-semidefinit ist. Mit diesem Problem kann verschieden umgegangen werden. Erstens erscheint es asymptotisch zulässig, die fragliche Matrix zu vernachlässigen.[165] Allerdings mag dies für gegebene, kleine Stichproben eine allzu grobe Vereinfachung darstellen. Zweitens kann dem Vorgehen in anderen, vergleichbaren Paneldaten-Zusammenhängen gefolgt werden, wo negative Matrixeinträge durch Null ersetzt werden.[166] Wie zuvor kann dies aber dazu führen, dass die Eigenschaft der Erwartungstreue

165 GREENE, William H.: Econometric analysis. 3. Ausgabe, Upper Saddle River, NJ, 1993, S. 670-671.

166 BALTAGI, Badi H., a. a. O. (Fußnote 162), S. 17.

verloren geht.[167] Hier wird dem Problem durch die Anwendung der folgenden Formel Rechnung getragen:[168]

$$\hat{\Delta} = \frac{S_b}{p-1} - \frac{1}{p} \sum_{j=1}^{p} s_{jj} \, (X'_j M_j X_j)^{-1},$$

mit

$$M_j = I_{m_j} - X_j(X'_j \, X_j)^{-1} X'_j.$$

(4) Ein Einsetzen dieses Terms in (Gleichung 11) ergibt einen Schätzer $\hat{V}$ für V. Dieser wiederum wird benutzt für einen verallgemeinerten Kleinste-Quadrate-Schätzer in der Tradition AITKENs:[169]

$$b^* = (X'\hat{V}^{-1}X)^{-1} X'\hat{V}^{-1} y.$$

Hierbei bezeichnet y den ersten Vektor in der (Gleichung 11), X die dortige Matrix. Als Varianz-Kovarianz-Matrix von b* ergibt sich:

$$\mathrm{var}(b^*) = (X'\hat{V}^{-1}X)^{-1}.$$

Insgesamt gesehen laufen *Random-coefficients*-Schätzungen in zwei Schritten ab.

---

167 SWAMY, Paravastu A. V. B.: Statistical inference in random coefficient regression models. Berlin u. a. (= Lecture notes in operations research and mathematical systems Nr. 55) 1971, S. 108, mit zugehörigen Literaturverweisen.

168 Ebenda, S. 145, Formel (4.10.6).

169 AITKEN, Alexander C.: On least squares and linear combinations of observations; in: Proceedings of the Royal Society of Edinburgh, Jg. 55 (1934-35), S. 42-48.

Zunächst wird für jede Untersuchungseinheit einzeln gerechnet, um konsistente Schätzer für die Varianzen der Parameterverteilungen zu gewinnen. Im Anschluss daran werden die Schätzer für einen Gesamtbestand zur Verfügung stehender Daten über alle Untersuchungsfälle und über alle Datenpunkte hergeleitet.

Weiterführende Statistiken können zum Testen ermittelter Ergebnisse dienen. Insbesondere bieten sich hierbei das Standardisierte Bestimmtheitsmaß, die Prüfgröße des DURBIN-WATSON-Tests und eine speziell für *Random-coefficients*-Schätzungen entwickelte Teststatistik an. Diese prüft auf Homogenität der Parameterschätzungen über die Untersuchungsfälle hinweg.[170]

3.6. Ein Literaturüberblick

3.6.1. Methodenverbreitung

Event studies stellen in der anwendungsorientierten Literatur zur Investitions- und Finanzierungstheorie eine häufig anzutreffende Forschungsgattung dar: Allein für den Zeitraum der Jahre 1960 bis 1988 listet BREALEYs und EDWARDs Bibliographie unter den Schlagworten "*Event studies*" und "*Event-study methodology*" 48 wissenschaftliche Beiträge auf, die sich der *Event-study*-Methodologie bedienen oder zu deren Weiterentwicklung beitragen.[171] Unter den damit inhaltlich in einem Zusammenhang stehenden Rubriken "*Strong-form efficiency*" und "*Insider trading*" finden sich für denselben Zeitraum weitere 42 Beiträge.[172] Der Anwendungsbereich der *Event-study*-Methodologie reicht von Mitteilungen zu Aktien-Splitts[173] über Dividendenbekanntmachungen bis hin zu Verlautbarungen über Analysteneinschätzungen.[174] Auch Veröffentlichungen über Prognosen der gesamtwirtschaftlichen

---

170 SWAMY, Paravastu A. V. B.: Efficient inference in a random coefficient regression model; in: Econometrica, Jg. 38, Nr. 2 (März 1970), S. 311-323, hier S. 319.

171 BREALEY, Richard A. / EDWARDS, Helen: A bibliography of finance. Cambridge, MA, u. a. 1991, S. 230-235.

172 Ein zusätzlicher Beitrag stammt aus dem Jahre 1941.

173 Mit diesem Thema beginnt die systematische Nutzung der *Event-study*-Methodologie, vgl. FAMA, Eugene F. / FISHER, Lawrence / JENSEN, Michael C. / ROLL, Richard, a. a. O. (Fußnote 133). Zuvor jedoch unter anderem bereits DOLLEY, James C.: Characteristics and procedure of common stock split-ups; in: Harvard business review, Jg. 11 (1933), April, S. 316-326, zit. nach MacKINLAY, Archie Craig, a. a. O. (Fußnote 132).

174 Auch zum deutschen Kapitalmarkt liegen eine Reihe von *Event studies* vor, so zum Beispiel SCHMIDT, Reinhart / MAY, Axel: Erklärung von Aktienindizes durch Pressemeldungen; in: Zeitschrift für Betriebswirtschaft, Jg. 63 (1993), Nr. 1, S. 61-88; BÖHMER, Ekkehart / LÖFFLER,

Entwicklung werden in ihren Wirkungen auf Wertpapiermärkte untersucht. Etwas aktueller sind Studien zu den Effekten von Regulierungsmaßnahmen oder von Aufwendungen für Forschung und Entwicklung in forschungsintensiven Wirtschaftsbereichen.[175]

Ausführlich widmet sich die *Event-study*-Literatur der grenzüberschreitenden unternehmerischen Investitionstätigkeit.[176] Dabei geht es zum einen um die Wohlfahrtseffekte, die sich für Aktionäre aus Unternehmensinvestitionen im Ausland ergeben, und zum anderen um diejenigen Faktoren, die Investitionen im Ausland begünstigen oder hemmen. Die Ergebnisse der einzelnen Studien zu den Wohlfahrtseffekten für Aktionäre aus Unternehmensinvestitionen im Ausland sind nicht einheitlich. Auf der einen Seite berichten beispielsweise MIKHAIL / SHAWKY[177] und JORION[178] von streng positiven abnormalen Renditen im Falle investiver Unternehmensengagements im Ausland. Auf der anderen Seite ermitteln DOUKAS / TRAVLOS[179] zwar positive, aber insignifikante Effekte. Statistisch abgesichert größer als Null sind in der Untersuchung dieser beiden zuletzt genannten Autoren die Überrenditen zweier Untersuchungsfalluntergruppen: Diese betreffen erstens Investitionen in einem Land aufholender Entwicklung im Gegensatz zu Investitionen in sonstigen Ländern und zweitens Unternehmen, die ein Investitionsengagement in einem Land ankündigen, in dem sie zuvor noch nicht wirtschaftlich tätig waren.

Bunt ist das Überrenditebild, das sich für verschiedene Arten von Auslandsengagements ergibt. CAKICI *et al.* beispielsweise ermitteln für börsennotierte

---

Yvonne: Kursrelevante Ereignisse bei Unternehmensübernahmen - Eine empirische Analyse des deutschen Kapitalmarktes; in: Zfbf - Schmalenbachs Zeitschrift für betriebswirtschaftliche Forschung, Jg. 51, Nr. 4 (April 1999), S. 299-324.

175 DNES, Antony W. / SEATON, Jonathan S., a. a. O. (Fußnote 158); PRAGER, Robin A.: Using stock price data to measure the effects of regulation - the Interstate Commerce Act and the railroad industry; in: The Rand journal of economics, Jg. 20 (1989), Nr. 2, S. 280-290; AUSTIN, David H.: An event-study approach to measuring innovative output - the case of biotechnology; in: The American economic review - Papers and proceedings, Jg. 83 (1993), Nr. 2, S. 253-258.

176 Vgl. die Übersicht über *Event studies* zu Fusionen und Übernahmen bei COPELAND, Thomas E. / WESTON, John F., a. a. O. (Fußnote 130), S. 716-757.

177 MIKHAIL, Azmi D. / SHAWKY, Hany A.: Investment performance of U.S.-based multinational corporations; in: Journal of international business studies, Jg. 10 (1979), Bd. 2, S. 53-66.

178 JORION, Philippe: Returns to Japanese investors from US investments; in: Japan and the world economy, Jg. 8, Nr. 3 (1. September 1996), S. 229-241.

179 DOUKAS, John / TRAVLOS, Nikolaos A.: The effects of corporate multinationalism on shareholders' wealth - Evidence from international acquisitions; in: The journal of finance, Jg. 43 (1988), Nr. 5, S. 1161-1175.

Kapitalgesellschaften mit Sitz außerhalb der Vereinigten Staaten, die in diesem Land andere Unternehmen übernehmen, signifikant positive Aktienkursreaktionen; im umgekehrten Falle jedoch, in dem US-Unternehmen andere Unternehmen im Ausland übernehmen, sind keine Unternehmenswertänderungen feststellbar.[180] Zu *Joint ventures* werden stark voneinander abweichende Befunde mitgeteilt. So finden LUMMER / McCONNELL insgesamt positive Überrenditen, deren Ausmaß mit der Größe eines Auslandsengagements zunimmt.[181] FINNERTY / OWERS / ROGERS[182] ermitteln keinerlei signifikante Effekte, während CHUNG / KOFORD / LEE[183] sogar von signifikant negativen Überrenditen berichten.

Beschäftigt wird sich auch mit Hypothesen, die auf die Theorie der Unternehmung zurückgehen (vgl. hierzu den Abschnitt 2.3.). Verworfen wird dabei weitgehend die Vermutung, dass positive Überrenditen auf Diversifikationsvorteile zurückgingen, die mit Auslandsengagements direktinvestierender Unternehmen verbunden sein könnten; auch wird verneint, dass es die Finanzintermediationsfunktion der Direktinvestoren sei, die Aktienmärkte honorierten.[184] Vielmehr stellen sich dann positive Überrenditen ein, wenn die Finanzmarktakteure erwarten, dass ein Unternehmen mit einer Investition im Ausland seine unternehmensspezifischen

---

180 CAKICI, Nusret / HESSEL, Chris / TANDON, Kishore: Foreign acquisitions in the United States - effect on shareholder wealth of foreign acquiring firms; in: Journal of banking and finance, Jg. 20 (1996), Nr. 2, S. 307-329. Allerdings ergeben sich für die Anteilseigner übernommener Gesellschaften positive Wohlfahrtseffekte, vgl. HARRIS, Robert S. / RAVENSCRAFT, David: The role of acquisitions in foreign direct investment - Evidence from the U. S. stock market; in: The journal of finance, Jg. 46, Nr. 3 (Juli 1991), S. 825-843; CAKICI, Nusret / HESSEL, Chris / TANDON, Kishore: Foreign acquisition in the United States and the effect on shareholder wealth; in: Journal of international financial management & accounting, Jg. 3 (1991), S. 39-60.

181 LUMMER, Scott L. / McCONNELL, John J.: Stock valuation effects of international joint ventures; in: Pacific basin capital markets research, Jg. 1 (1990), S. 531-546.

182 FINNERTY, Joseph E. / OWERS, James E. / ROGERS, Ronald C.: The valuation impact of joint ventures; in: Management international review, Jg. 26 (1986), S. 14-26.

183 CHUNG, Il Yung / KOFORD, Kenneth J. / LEE, Insup: Stock market views of corporate multinationalism - some evidence from announcements of international joint ventures; in: The quarterly review of economics and finance, Jg. 33 (1993), Nr. 3, S. 275-293. Ähnlich CRUTCHLEY, Claire E. / GUO, Enyang / HANSEN, Robert S.: Stockholder benefits from Japanese-US joint ventures; in: Financial management, Jg. 20 (1991), Nr. 4, S. 22-30.

184 Vgl. beispielsweise LUMMER, Scott L. / McCONNELL, John J., a. a. O. (Fußnote 181). Ähnlich in der Aussage, wenn auch gewonnen mit einer anderen Methode, MORCK, Randall / YEUNG, Bernard: Why investors value multinationality; in: The journal of business, Jg. 64 (1991), Nr. 2, S. 165-187.

Vorteile wirkungsvoll zur Geltung bringen werde. EUN / KOLODNY / SCHERAGA finden Unterstützung für die Internalisierungshypothese.[185]

3.6.2. Event studies *zu Direktinvestitionsengagements in Reformstaaten*

Speziell mit Direktinvestitionen in Staaten, die einstmals einer Zentralverwaltungswirtschaft anhingen, haben sich bislang fünf *Event studies* beschäftigt (Tabelle 6).[186] Von diesen befassen sich drei mit Engagements in Mittel- und Osteuropa, zwei betrachten Engagements in China. Mit LANG / OFEK (1995) behandelt lediglich eine Untersuchung neben *Joint ventures* auch andere Direktinvestitionsformen; aber auch hier entfallen knapp drei Viertel aller Fälle auf *Joint ventures*. Gemeinsam ist all diesen Studien, dass lediglich Fälle von US-Unternehmen untersucht werden, deren Anteile an Börsen der Vereinigten Staaten gehandelt werden. Andere Herkunftsländer von Direktinvestitionen werden ebenso wenig berücksichtigt wie an anderen Finanzmärkten gehandelte Wertpapiere. Das Schwergewicht der fünf Beiträge liegt auf Direktinvestitionsengagements, angekündigt in den achtziger Jahren oder zu Beginn der neunziger Jahre.

Übereinstimmend wird als Forschungsmethodik das BROWN / WARNERsche Vorgehen gewählt:[187] Überrenditen ergeben sich als Fehlerterme ökonometrischer

---

185 EUN, Cheol S. / KOLODNY, Richard / SCHERAGA, Carl: Cross-border acquisitions and shareholder wealth - Tests of the synergy and internalization hypotheses; in: Journal of banking and finance, Jg. 20, Nr. 9 (1. November 1996), S. 1559-1582.

186 CHEN, Haiyang / HU, Michael Y.: Stock valuation effects on international joint ventures - evidence from U.S. investment in Eastern European countries; in: Journal of multinational financial management, Jg. 1 (1991), Nr. 4, S. 67-85; CHEN, Haiyang / HU, Michael Y. / SHIEH, Joseph C.: The wealth effect of international joint ventures - the case of US investment in China; in: Financial management, Jg. 20 (1991), Nr. 4, S. 31-41; HU, Michael Y. / CHEN, Haiyang / SHIEH, Joseph C.: Impact of U.S.-China joint ventures on stockholders' wealth by degree of international involvement; in: Management international review, Jg. 32 (1992), Nr. 2, S. 135-148; ETEBARI, Ahmad: Market impact of announcements of joint ventures between U.S. firms and Eastern and Central European countries - early evidence; in: Global finance journal, Jg. 4 (1993), Nr. 2, S. 103-123; LANG, Larry H. P. / OFEK, Eli: Why do firms invest in Eastern Europe? in: European financial management, Jg. 1 (1995), Nr. 2, S. 147-171.

187 LANG, Larry H. P. / OFEK, Eli, a. a. O. (Fußnote 186), berufen sich auf JENSEN, Michael C. / RUBACK, Richard S.: The market for corporate control - the scientific evidence; in: Journal of financial economics, Jg. 11 (1983), S. 5-50.

Tabelle 6: Übersicht über *Event studies* zu Direktinvestitionsengagements in Reformstaaten.

Studie	Datensatz	Untersuchung Zeitraum	Untersuchung Methode	Hauptsächliche Befunde
CHEN / HU (1991)	46 Ankündigungen; *Joint ventures* in Mittel- und Osteuropa	1987 bis 1989	BROWN / WARNER; Tagesrenditen, teilweise in gleichgewichteteten Portfolios	0 positive Korrelation zwischen Überrendite und Größe einer Auslandsinvestition; negative Korrelation zwischen Überrendite und Grad der vor dem untersuchten Auslandsengagement bereits erreichten Internationalität
CHEN / HU / SHIEH (1991)	88 Ankündigungen; *Joint ventures* in China	1979 bis 1990	BROWN / WARNER; Tagesrenditen, teilweise in gleichgewichteteten Portfolios	+ In einer Regression der kumulativen Überrenditen zeigt sich ein negativer Einfluss einer Dummyvariablen, die für alle diejenigen Untersuchungsfällen eine 1 trägt, bei denen die anfängliche Investition eines Unternehmens größer ist als der Median in der Untersuchungsgruppe.
HU / CHEN / SHIEH (1992)	42 Ankündigungen; *Joint ventures* in China	1983 bis 1989	BROWN / WARNER; Tagesrenditen, teilweise in gleichgewichteteten Portfolios	0* positive Korrelation zwischen Überrendite und Größe einer Auslandsinvestition; negative Korrelation zwischen Überrendite und Grad der vor dem untersuchten Auslandsengagement bereits erreichten Internationalität
ETEBARI (1993)	25 Ankündigungen; *Joint ventures* in Mittel- und Osteuropa	Januar 1988 bis März 1991	BROWN / WARNER; Tagesrenditen	+
LANG / OFEK (1995)	61 Ankündigungen; Direktinvestitionen in Mittel- und Osteuropa	1988 bis 1991	JENSEN / RUBACK (ähnlich BROWN / WARNER); Tagesrenditen	+ positive Korrelation zwischen Überrendite und (1) Umfang intangibler Aktiva, (2) Umsatzwachstum. 10 vH-Signifikanz einer Dummy-Variablen für Sowjetunion, Jugoslawien, Rumänien, Bulgarien

Legende: +: signifikant positiver Effekt; 0: nicht signifikanter Effekt. *: indirekt ermitteltes Ergebnis.
Quelle: eigene Darstellung nach den im Haupttext genauer bezeichneten Quellen.

Schätzungen mit Tagesdaten. Partiell wird auf bereits vorliegende Überrenditezeitreihen zurückgegriffen.[188]

---

188 UNIVERSITY OF CHICAGO, CENTER FOR RESEARCH IN SECURITY PRICES: CRSP Daily excess return file, zit. nach CHEN, Haiyang / HU, Michael Y.: Stock valuation effects on international joint ventures - evidence from U.S. investment in Eastern European countries; in: Journal of multinational financial management, Jg. 1 (1991), Nr. 4, S. 67-85, und LANG, Larry H. P. / OFEK, Eli: Why do firms invest in Eastern Europe? in: European financial management, Jg. 1 (1995), Nr. 2, S. 147-171.

CHEN / HU (1991) untersuchen 46 Fälle von *Joint ventures* in Mittel- und Osteuropa. Für den betrachteten Zeitraum von 1987 bis 1989 finden die Autoren keine systematischen Reaktionen der Aktienmärkte auf die zugehörigen Ankündigungen. Jedoch zeigen sich für diejenigen Unternehmen, die vor einer analysierten *Joint-Venture*-Ankündigung noch nicht international wirtschaftlich tätig waren, statistisch abgesichert höhere kumulierte Überrenditen als für solche Unternehmen, die bereits zuvor international wirtschaftlich aktiv waren. Auch belegen die Autoren, dass die Größe eines Direktinvestitionsengagements einen positiven Einfluss auf die Überrenditeentwicklung ausübt. Zu ähnlichen Ergebnissen gelangen auch HU / CHEN / SHIEH (1992) mit einem Datensatz zu 42 Ankündigungen von *Joint ventures* in China aus dem Zeitraum der Jahre 1983 bis 1989. Auch wenn dort nicht auf die Überrenditeentwicklung der gesamten Untersuchungsgruppe geprüft wird, so lässt eine Zusammenschau aller referierten Tests auf ein insignifikantes Gesamtergebnis schließen.

CHEN / HU / SHIEH (1991) kommen zu nahezu diametral entgegengesetzten Ergebnissen. Für eine Untersuchungsgruppe mit 88 im Zeitraum der Jahre 1979 bis 1990 angekündigten *Joint ventures* US-amerikanischer Unternehmen in China finden sie insgesamt positive *Event*-Effekte. In einer zusätzlichen multiplen Regression erweist sich die Mehrzahl der getesteten exogenen Faktoren als unbedeutend zur Erklärung der Variation in den kumulierten Überrenditen der Untersuchungsfälle. Insbesondere lässt sich für eine Dummy-Variable keine Wirkung belegen, die standardmäßig eine Null trägt und nur für diejenigen Unternehmen eine Eins, bei denen derjenige Anteil an den gesamten Unternehmensumsätzen, der im Ausland erwirtschaftet wird, größer ist als beim Median der Untersuchungsgruppe insgesamt. Der Grad der bereits vor einem Auslandsengagement erreichten Internationalität hat so gesehen keinerlei Einfluss auf die Überrenditeentwicklung. Einen negativen Einfluss zeigt bei CHEN / HU / SHIEH (1991) eine Dummyvariable, die für alle diejenigen Untersuchungsfällen eine Eins trägt, bei denen die anfängliche Investition eines Unternehmens größer ist als der Median in der Untersuchungsgruppe. Demnach geht von der Größe einer anfänglich getätigten Unternehmensinvestition in China ein negativer Einfluss auf die ermittelten Überrenditen aus. Diesen Befund erklären die Autoren mit dem Realoptionsansatz (vgl. Abschnitt 2.3.7.). Unternehmen, die nur kleine Investitionen in China tätigen, halten sich die Option offen zu expandieren. Diese kann dann ausgeübt werden, wenn eine zukünftige Situation dies angeraten erscheinen lässt. Unternehmen, die zunächst nur geringe Beträge in einem Reformland wie China direktinvestieren, begrenzen ihre Verluste auf die Größe ebendieser geringen Direktinvestition. Offensichtlich honorieren die Märkte ein solches Verhalten. Umgekehrt reagieren die Märkte zurückhaltend auf große

Investitionen in China. Diese bergen eine große Risikokomponente in sich, verringern die Flexibilität zu expandieren und erhöhen das Verlustrisiko.

ETEBARI (1993) analysiert 25 in Mittel- und Osteuropa eingegangene *Joint ventures*. Die zugehörigen Ankündigungen entstammen dem Zeitraum von Januar 1988 bis März 1991. Die Studie belegt signifikant positive Reaktionen der Aktienmärkte auf die *Joint-venture*-Ankündigungen. Dies deckt sich mit dem Hauptresultat von LANG / OFEK (1995). Auch diese beiden Autoren finden beim Bekanntwerden in Mittel- und Osteuropa eingegangener Investitionsengagement signifikant positive *Event*-Effekte. Zusätzlich werden hier die ermittelten kumulierten Überrenditen mit dem Wert intangibler Unternehmensaktiva und mit dem Umsatzwachstum der betrachteten Unternehmen korreliert. Hierbei zeigen sich in beiden Fällen positive Zusammenhänge. Diese Befunde werten die Autoren als Bestätigung der Internalisierungshypothese zur Erklärung von Direktinvestitionen im Ausland. Darüber hinaus testen LANG / OFEK (1995) auf die Signifikanz dreier Dummy-Variabler, die etwas über die Investitionsbedingungen an den mittel- und osteuropäischen Standorten aussagen sollen. Dies sind erstens eine "Entwicklungs-Dummy" für die Länder Sowjetunion, Jugoslawien, Rumänien und Bulgarien, zweitens eine "Heimatmarkt-Dummy" für Direktinvestitionen, die hauptsächlich einen Markt vor Ort anvisieren und nicht den Export aus einem Gastland,[189] und drittens eine "Rohstoff-Dummy" für Direktinvestitionen im primären Sektor einer Volkswirtschaft. Allein die "Entwicklungs-Dummy" zeigt eine gewisse Signifikanz, aber nur auf einem sehr niedrigen Niveau.

Alles in allem weisen die bislang vorgelegten *Event studies* zu Direktinvestitionsengagements in den Reformstaaten keine einfach zu generalisierenden Resultate auf. Studien mit positiven Überrenditebefunden stehen neben Studien mit insignifikanten Ergebnissen. Als ein Manko der hier betrachteten Untersuchungen kann genannt werden, dass sie überwiegend mit nur einer sehr kleinen Anzahl von Fällen operieren. Zudem werden Direktinvestitionsankündigungen aktuelleren Datums nicht erfasst. Auch die Konzentration auf *Joint ventures* stellt einen Mangel dar; immerhin bilden diese in jüngerer Zeit nicht mehr die Hauptform für Direktinvestitionen in den Reformstaaten. Die Autoren prüfen bei weiterführenden Faktoren zur Erklärung der ermittelten Überrenditeentwicklungen vorwiegend die Erklärungskraft von Eigenheiten der einzelnen Unternehmen. Die Standortgegebenheiten an den Investitionsorten werden nahezu vollständig ausgeblendet. Insofern ergibt sich für

189 Unklar bleibt, wie die Absatzmarktorientierung der Direktinvestoren ermittelt wird.

Event studies zu Direktinvestitionen in Mittel- und Osteuropa die Aufgabe, den Kreis untersuchter Fälle möglichst weit zu ziehen und dabei Ereignisse eines längeren Zeitraums und mit verschiedenen Formen des investiven Einstiegs in Märkte zu berücksichtigen. Zudem sollte hinreichend auf die Situation an den Standorten eingegangen werden, an denen direktinvestiert wird.

CHEN / HU (1991) machen - kaum vereinbar mit der Theorie informationseffizienter Märkte - noch zwei Tage nach dem Tag t_0 signifikante Unterschiede in ihren Subsamples aus, HU / CHEN / SHIEH (1992) noch vier Tage nach dem Tag t_0. ETEBARI (1993) berichtet von erhöhten Umsätzen mit betroffenen Aktien noch sieben Tage nach dem von ihm analysierten Ereignis. Als frühester Zeitpunkt, zu dem sich signifikante Effekte nachweisen lassen, wird in den Untersuchungen der Tabelle 6, S. 98, der Tag t_{-5} genannt. Offensichtlich muss eine *Event study* zu Direktinvestitionen in Reformstaaten einen hinreichend großen potentiellen Ereigniszeitraum abdecken und dabei sowohl die Zeit vor dem Tag t_0 als auch die Zeit danach berücksichtigen.[190]

---

190 "... die Nutzung monatlicher Renditen ... kann ... problematisch sein. Erstens zeigt eine Vielzahl empirischer Studien, dass Bewertungen von Informationen über Ereignisse wie Unternehmenszusammenschlüsse sehr schnell erfolgen. Die Verwendung täglicher Renditen verspricht unter diesem Gesichtspunkt eine genauere Aufdeckung entsprechender Anpassungsreaktionen. Zweitens verlangt die Anwendung eines Marktmodells implizit, dass die geschätzten Parameter im Zeitablauf konstant bleiben. Diese Annahme ist bei monatlichen Renditen naturgemäß wesentlich restriktiver als bei täglichen Renditen." (BÖHMER, Ekkehart / LÖFFLER, Yvonne, a. a. O. (Fußnote 174), hier S. 301-302.)

4 Empirische Arbeit

Die Sichtung bislang vorgelegter *Event studies* zu Direktinvestitionen in ehemaligen Zentralverwaltungswirtschaften hat Klärungsbedarf bei maßgeblichen empirischen Problemstellungen offengelegt. Entscheidende Fragen erscheinen als noch nicht befriedigend beantwortet; bereits gegebenen Antworten fehlt eine hinreichende Generalisierbarkeit. Nicht zuletzt die Beantwortung der zentralen Fragestellung danach, ob Direktinvestitionen in Mittel- und Osteuropa für die Anteilseigner direktinvestierender Unternehmen Zugewinne an Vermögen oder Verluste mit sich brachten, steht noch aus. Die im Folgenden unternommene *Event study* hat die Funktion, bestehende Forschungslücken zu schließen und zu weitergehenden Untersuchungen anzuregen. Die *Event study* hat den folgenden Aufbau: Den Auftakt bildet - erstens - eine Beschreibung der Untersuchungsgruppe. Zweitens wird nach einer adäquaten Abgrenzung des Ereigniszeitraums gesucht, in dem sich das Bekanntwerden von Informationen über Direktinvestitionen in Mittel- oder Osteuropa in Aktienkursen preisbildend umsetzt. Drittens wird der Frage nachgegangen, auf welchem Wege sich im Zuge dieses Bekanntwerdens Aktienkurse betreffender Kapitalgesellschaften an neue gleichgewichtige Verhältnisse von Risiko und Ertrag anpassen. Zentral ist hierbei der Nachweis positiver oder negativer Überrenditen. Viertens geht es um eine detaillierte Bestimmung derjenigen Zeitpunkte, zu denen diese Überrenditen gegebenenfalls auftreten, bevor fünftens untersucht wird, für welche Untersuchungsfälle im einzelnen Überrenditen beobachtet werden können. Betrachtet wird schließlich, inwieweit die Überrenditen in Richtung und Stärke mit Ausprägungen bestimmter Indikatoren konform gehen. Im Vordergrund stehen dabei Indikatoren der Reformstaaten Mittel- und Osteuropas. Aus den auf diese Weise ermittelten Ergebnissen können unter bestimmten einschränkenden Annahmen Rückschlüsse auf die Motive direktinvestitierender Unternehmen gezogen werden.

4.1. Sachliche Abgrenzung der Datenbasis

Die Gruppe derjenigen Untersuchungsfälle, die in der im folgenden gezeigten *Event-study*-Untersuchung berücksichtigt werden, umfasst Fälle des öffentlichen Bekanntwerdens von Direktinvestitionen in den Reformstaaten Mittel- und Osteuropa. Die Auswahl der Fälle richtet sich nach mehreren Gesichtspunkten.

- Um als Untersuchungsfall berücksichtigt zu werden, muss der Zeitpunkt, zu dem eine Direktinvestition in einem Reformland Mittel- und Osteuropas bekanntgeworden ist, der Zeitperiode zwischen dem Beginn des Jahres 1990 und der Mitte des Jahres 1998 entstammen. Das exakte Tagesdatum muss bekannt sein.

- Die Informationen zu den Direktinvestitionstransaktionen müssen öffentlich zugänglichen Informationsquellen entstammen. Um eine über die Untersuchungsgruppe hinausgehende Repräsentativität zu gewährleisten, wird dabei insbesondere auf den Pressedienst "Vereinigte Wirtschaftsdienste"[191] zurückgegriffen. Dieser verzeichnet in seinen mittel- und osteuropabezogenen Publikationen unter anderem sehr weitgehend die Pflichtmitteilungen zu an deutschen Börsen notierten Kapitalgesellschaften über deren wirtschaftliche Aktivitäten in Mittel- und Osteuropa.[192] Hilfsweise werden weitere Informationsmedien herangezogen. Hierzu zählen insbesondere die *World Debt Tables*,[193] Pressemitteilungen von Unternehmen und deutsche, in Einzelfällen auch europäische, überregionale Zeitungen. Maßgeblich für das angenommene Veröffentlichungsdatum ist die erstmalige Erwähnung eines Direktinvestitionsengagements in einem der genannten Medien. Handelt es sich bei dieser um eine Pressemitteilung eines direktinvestierenden Unternehmen, wird als angenommenes Veröffentlichungsdatum das Datum dieser Pressemitteilung angesetzt, sofern dies ein Handelstag deutscher Börsen ist. Andernfalls, wie auch bei Meldungen von Massenmedien, wird auf den unmittelbar vorhergehenden Börsenhandelstag vordatiert.
- Um in der hier vorgenommenen Untersuchung berücksichtigt zu werden, müssen Anteile einer direktinvestierenden Unternehmung, deutsch oder ausländisch, an mindestens einer deutschen Börse notiert sein. Die Börsennotierung muss mindestens den Zeitraum vom 59. Börsenhandelstag vor einem angenommenen Veröffentlichungsdatum bis zum 20. Börsenhandelstag danach umfassen. Längstens werden Daten zum Zeitraum vom 201. Börsenhandelstag vor dem Tag t_0 bis zum

191 www.vwd.de.

192 VWD Mittel- und Osteuropa; VWD Osteuropa; VWD Rußland mit GUS-Staaten; VWD Spezial - Neue Bundesländer, Osteuropa.

193 INTERNATIONAL BANK FOR RECONSTRUCTION AND DEVELOPMENT: World debt tables 1993-94 - external debt of developing countries. Washington, DC, 1993.

20. Börsenhandelstag danach benutzt.[194] Die Daten zu den Börsennotierungen der Aktien stammen von dem Datenlieferanten WORLD MONEY.[195]

- Es müssen Angaben über die Größe eines ins Auge gefassten Direktinvestitionsengagements (in konvertibler Währung) und Informationen über den prozentualen Beteiligungsanteil vorliegen, der an einem Unternehmen in einem Reformland erworben wird. Die Angaben über die Größe eines ins Auge gefassten Direktinvestitionsengagements werden, sofern sie nicht in US-Dollar übermittelt sind, in diese Währung umgerechnet. Als Beteiligungsanteil wird jeweils derjenige Anteil angesetzt, den ein in die Untersuchung einbezogenes börsennotiertes Unternehmen letztlich auf sich vereinigt. Direktinvestiert beispielsweise ein Tochterunternehmen eines in Deutschland börsennotierten Unternehmens in Polen und erwirbt dabei 60 vH der Anteile eines dort ansässigen Unternehmens, dann bedarf es zur Bestimmung desjenigen Beteiligungsanteils, der auf das börsennotierte Unternehmen entfällt, einer Betrachtung, wie dieses zu dem Tochterunternehmen steht. Ist das börsennotierte Unternehmen hieran zu 100 vH beteiligt, werden 60 vH als Beteiligungsanteil angesetzt. Bei Werten unterhalb von 100 vH verringert sich der Beteiligungsanteil entsprechend; ist beispielsweise das börsennotierte Unternehmen an der Tochter lediglich zu 30 vH beteiligt, werden 18 vH als Beteiligungsanteil angesetzt. Alle zu einem Geschäftsvorfall verfügbaren Angaben werden nach Möglichkeit so interpretiert, wie sie sich zum Zeitpunkt der angenommenen Veröffentlichung der Direktinvestition dargestellt haben.
- Es muss sich zweifelsfrei ermitteln lassen, in welches Zielland in Mittel- und Osteuropa eine Direktinvestition geht und aus welchem Land die Direktinvestition stammt. Aufgeführt wird jeweils nur ein Land. Als Herkunftsland einer Direktinvestition wird das Stammland der börsennotierten Kapitalgesellschaft angesetzt, auch wenn ein Tochterunternehmen mit Sitz in einem vom Stammland der börsennotierten Kapitalgesellschaft abweichenden Land eine Direktinvestition tätigt.
- Es muss den ausgewerteten Quellen hinlänglich exakt zu entnehmen sein, um was für ein Direktinvestitionsengagement es sich handelt. Als Direktinvestition gilt hier lediglich eine Transaktion mit Beteiligungserwerb; andere Direktinvestitions-

194 Den maximal möglichen Untersuchungszeitraum von 201 Börsenhandelstagen vor bis 20 Handelstage nach einem Ereignis decken die Zeitreihen zu 153 Untersuchungsfällen ab; die Zeitreihen der zehn übrigen Untersuchungsfälle sind ohne Verlust der Allgemeinheit kürzer.

195 WORLD MONEY - W. MÜLLER (www.world-money.com).

arten bleiben unbeachtet, beispielsweise Kapitalzuführungen an ausländische Unternehmen in Form von Kreditgewährungen. Innerhalb der Gruppe der Direktinvestitionen werden vier Kategorien unterschieden. Wird erstens im Zuge einer Direktinvestition im Zielland ein rechtlich oder wirtschaftlich abhängiges Unternehmen gegründet, fällt der entsprechende Untersuchungsfall unter den Begriff "*Green field*". Nahezu alle Untersuchungsfälle in dieser Kategorie weisen einen Beteiligungsanteil von 100 vH an dem jeweiligen abhängigen Unternehmen im Zielland auf.[196] Wird zweitens mit Hilfe des Kapitals einer Direktinvestition im Zielland ein bestehendes Unternehmen oder ein Teil daran von privater Hand erworben, gehört der Untersuchungsfall zur Kategorie "Unternehmenskauf". Drittens wird eine Direktinvestition als "*Joint venture*" bezeichnet, wenn sie in einem Zusammenhang mit der Gründung eines Unternehmens oder mit der Beteiligung daran steht. Für die Einordnung in diese Kategorie ist unerheblich, ob ein an dem Gemeinschaftsunternehmen beteiligter Partner aus dem Zielland der Direktinvestition oder gleichfalls aus dem Ausland stammt. Bei der Entscheidung darüber, ob ein Auslandsengagement, an dem ein Direktinvestor weniger als 100 vH der Anteile hält, unter die Kategorie "*Joint venture*" oder unter die Kategorie "Unternehmenskauf" fällt, wird im Einzelfall auf diejenige Bezeichnung zurückgegriffen, die sich aus den Quellen ergibt. Wird viertens schließlich mit Hilfe des Kapitals einer Direktinvestition im Zielland ein bestehendes Unternehmen oder ein Teil daran von öffentlicher Hand erworben, wird der Untersuchungsfall unter die Kategorie "Privatisierungskauf" subsumiert.

Der Anhang nennt die in die Untersuchung eingegangenen Geschäftsvorfälle im einzelnen. Kompaktere Übersichten präsentieren Tabelle 7 bis Tabelle 10. Gezeigt werden darin Maßzahlen der deskriptiven Statistik für die Untersuchungsgruppe. Insgesamt umfasst diese 163 Geschäftsvorfälle (vgl. Tabelle 7). Die im Zuge der Verlautbarungen zu den entsprechenden Direktinvestitionen angekündigten Direktinvestitionssummen belaufen sich auf insgesamt knapp 12,9 Mrd US-Dollar. Im Durchschnitt gehen knapp 79 Mio US-Dollar pro Geschäftsvorfall als Direktinvestition in ein Zielland; die einzelnen Werte schwanken dabei zwischen 140 000 US-Dollar und1,76 Mrd US-Dollar. Im ungewichteten Durchschnitt über alle Fälle werden bei

---

196 Ausnahmen betreffen lediglich zwei Fälle des deutschen Gemeinschaftsunternehmens Bosch-Siemens-Hausgeräte GmbH, München, wo für die börsennotierte Siemens AG ein Beteiligungsanteil in Höhe von 50 vH angesetzt wird.

Tabelle 7: Charakteristika der Untersuchungsgruppe nach den Zielländern ausländischer Direktinvestitionen.

Untersuchungs-einheit	Anzahl der Unter-suchungsfälle	Direktinvestierte Mittel (in Mio US-Dollar)				Erworbener Anteil (Mittelwert, in vH)
		Summe	Mittelwert	Minimum	Maximum	
Polen	43	4 075,75	94,78	0,19	1 760,00	57,4
Russland	23	3 796,42	165,06	0,17	1 380,00	43,1
Ungarn	33	2 087,88	63,27	0,37	437,50	63,1
Tschecho-slowakei	18	1 319,04	73,28	5,67	415,00	65,6
Tschechische Republik	10	544,57	54,46	1,30	372,50	61,9
Ukraine	7	408,63	58,38	1,60	300,00	56,2
Bulgarien	10	310,43	31,04	1,50	160,00	51,0
Slowakische Republik	6	159,15	26,53	13,68	57,10	91,3
Rumänien	7	123,50	17,64	0,80	50,00	58,2
Weißrußland	3	15,20	5,07	1,40	8,16	51,0
Lettland	1	12,25	12,25	12,25	12,25	8,1
Estland	2	1,12	0,56	0,14	0,98	1,8
Insgesamt	**163**	**12 853,9**	**78,86**	**0,14**	**1 760,00**	**57,5**

Quelle: eigene Berechnungen auf Basis der im Haupttext genannten Quellen. Differenzen in den Summen durch Runden der Zahlen.

den Direktinvestitionen knapp 57,5 vH aller Anteile an Beteiligungsunternehmen erworben.

In den Zielländern Mittel- und Osteuropas mit EU-Assoziationsstatus werden gut 8,6 Mrd US-Dollar direktinvestiert, was einem Anteil von etwa zwei Dritteln aller hier verzeichneten Direktinvestitionen entspricht. Bei einer länderweisen Betrachtung entfällt das Gros mit knapp 4,1 Mrd US-Dollar oder gut 31,7 vH der Mittel auf Polen. Russland folgt an zweiter Stelle mit knapp 3,8 Mrd US-Dollar oder einem Anteil von knapp 30 vH. Bei diesem Land ist der pro Geschäftsvorfall durchschnittlich direktinvestierte Betrag mit ca. 165 Mio US-Dollar mehr als doppelt so groß als im Durchschnitt der gesamten Untersuchungsgruppe. Daneben wird lediglich noch in Polen überdurchschnittlich pro Geschäftsvorfall direktinvestiert; in diesem Land fällt aber der Unterschied zum Gesamtdurchschnitt der Untersuchungsgruppe deutlich geringer aus als im Falle Russlands. In Russland erwerben die Direktinvestoren der Untersuchungsgruppe im Mittel weniger als die Hälfte aller Anteile an Beteiligungsunternehmen. Zum Vergleich: In neun der betrachteten zwölf Zielländer beläuft sich der Durchschnitt auf mehr als 50 vH. Die Besonderheit Russlands erklärt sich im Wesentlichen durch einige wenige Transaktionen. Diese betreffen zum Teil industrielle Produktionsstätten, zum Teil aber auch Unternehmungen, die der Erkundung beziehungsweise Ausbeutung vorhandener Erdöl- oder Erdgasvorkommen dienen. Die für diese Vorhaben regelmäßig benötigte immense Kapitalintensität bringt es mit sich, dass häufig Konsortien mehrerer Unternehmungen Direktinvestitionen durchführen. Daran hält ein einzelnes Unternehmen in der Regel nur einen Minderheitsanteil. Da in der hier getätigten Untersuchung als Prozentanteil jeweils derjenige Anteile angesetzt wird, den ein börsennotiertes Unternehmen der Untersuchungsgruppe letztlich auf sich vereinigt, ergeben sich im Falle Russland erheblich niedrigere durchschnittlich erworbene Prozentanteile als für die übrigen Zielländer.

Betragsmäßig am meisten direktinvestieren Unternehmen aus den Vereinigten Staaten mit gut 4,4 Mrd US-Dollar (vgl. Tabelle 8). Dies entspricht einem Anteil von gut einem Drittel an allen insgesamt hier erfassten direktinvestierten Mitteln. 58 untersuchte Geschäftsvorfälle - gleichfalls mehr als ein Drittel - weisen auf Seiten der Direktinvestoren deutsche Unternehmen aus. Diese direktinvestieren pro Engagement mit - in vergleichbarer Währung - 32,5 Mio US-Dollar deutlich unterdurchschnittlich. Einen noch kleineren Wert zeigt hier unter anderem Österreich. An diesem Punkt macht sich eine gewisse Verzerrung bei der Auswahl der Direktinvestoren bemerkbar: Die Beschränkung auf in Deutschland gehandelte börsennotierte Kapitalgesellschaften bringt es mit sich, dass in der Untersuchungsgruppe überproportional viele vergleichsweise kleine und mittlere Unternehmen aus Deutschland und aus Österreich vertreten sind. Ersichtlich wird dies beispielsweise

Tabelle 8: Charakteristika der Untersuchungsgruppe nach den Herkunftsländern ausländischer Direktinvestitionen.

Untersuchungseinheit	Anzahl der untersuchten Fälle	Direktinvestierte Mittel (in Mio US-Dollar)				Erworbener Anteil (Mittelwert, in vH)
		Summe	Mittelwert	Minimum	Maximum	
Vereinigte Staaten	29	4 431,91	152,82	0,98	1 380,00	60,2
Italien	9	2 440,50	271,17	10,00	1 760,00	52,7
Deutschland	58	1 885,20	32,50	0,19	415,00	52,6
Frankreich	10	1 009,89	100,99	3,20	528,00	44,0
Japan	14	668,45	47,75	0,17	372,50	53,6
Großbritannien	2	631,00	315,50	60,00	571,00	45,0
Südkorea	6	530,30	88,38	10,00	300,00	65,9
Niederlande	13	518,55	39,89	0,14	189,00	70,1
Schweiz	7	281,25	40,18	8,00	76,40	58,8
Belgien	1	160,00	160,00	160,00	160,00	60,0
Österreich	7	154,72	22,10	1,35	60,00	78,4
Dänemark	1	58,18	58,18	58,18	58,18	20,8
Südafrika	1	38,00	38,00	38,00	38,00	98,0
Slowakische Republik	1	21,43	21,43	21,43	21,43	68,2
Russland	1	15,00	15,00	15,00	15,00	100,0
Finnland	2	8,17	4,09	2,67	5,50	75,5
Tschechische Republik	1	1,40	1,40	1,40	1,40	51,0
Insgesamt	**163**	**12 853,9**	**78,86**	**0,14**	**1 760,00**	**57,5**

Quelle: eigene Berechnungen auf Basis der im Haupttext genannten Quellen. Differenzen in den Summen durch Runden der Zahlen.

an deren Eigenkapital, wie es in den veröffentlichten Unternehmensbilanzen verzeichnet ist: Gerechnet in laufenden US-Dollars beläuft sich dieses auf im Durchschnitt knapp 3,7 Mrd US-Dollar, verglichen mit gut 6,6 Mrd US-Dollar für die Untersuchungsgruppe insgesamt.[197] Einher geht die geringere Größe der deutschen und österreichischen Unternehmen offensichtlich mit in der Regel deutlich geringeren Direktinvestitionsbeträgen pro Einzelengagement. In der Untersuchungsgruppe vertretene Unternehmen aus anderen Ländern sind im Durchschnitt deutlich größer: Hier liegt das bilanzielle Eigenkapital im Mittel bei etwa 8,6 Mrd US-Dollar. Entsprechend groß fallen für diese Unternehmen die durchschnittlichen Direktinvestitionsbeträge aus.

Bei einer Unterteilung nach der Transaktionsart, durch die eine Direktinvestition zustande kommt, ragt der Privatisierungskauf hervor. Mehr als ein Drittel aller Fälle und mehr als 30 vH aller angekündigten direktinvestierten Mittel betreffen diese Kategorie.Die berücksichtigten Geschäftsvorfälle sind nicht gleichmäßig über die Zeit hin verteilt. 25 und mehr Fälle pro Jahr werden für die Jahre 1992, 1996 und 1997 registriert (vgl. Tabelle 9). Diese Jahre weisen darüber hinaus sowohl die höchsten Durchschnitte als auch die höchsten Maximalbeträge der angekündigten Direktinvestitionsbeträge aus. Das Minimum bei der Anzahl der Fälle fällt in das Jahr 1994. Für jenes Jahr finden sich darüber hinaus in der Untersuchungsgruppe deutlich

Tabelle 9: Charakteristika der Untersuchungsgruppe nach dem Jahr einer Direktinvestition.

Jahr	Anzahl der Untersuchungsfälle	Direktinvestierte Mittel (in Mio US-Dollar)				Erworbener Anteil (Mittelwert, in vH)
		Summe	Mittelwert	Minimum	Maximum	
1990	6	460,95	76,83	4,80	415,00	44,4
1991	5	178,60	35,72	5,67	100,00	63,4
1992	26	3 137,24	120,66	1,80	1 760,00	69,0
1993	11	640,31	58,21	0,80	437,50	62,6
1994	4	73,40	18,35	3,20	42,00	44,3
1995	21	1 102,22	52,49	0,14	426,00	32,3
1996	38	3 664,07	96,42	0,68	1 380,00	60,9
1997	39	2 605,72	66,81	0,37	571,00	55,7
1998	13	991,45	76,27	0,17	528,00	73,8
Insgesamt	**163**	**12 853,9**	**78,86**	**0,14**	**1 760,00**	**57,5**

Quelle: eigene Berechnungen auf Basis der im Haupttext genannten Quellen. Differenzen in den Summen durch Runden der Zahlen.

---

197 Als Bezugszeitpunkt für die Bilanzen gilt jeweils das Datum des letzten Jahresabschluss eines Unternehmens vor dem Bekanntwerden eines hier untersuchten Direktinvestitionsengagements. Quellen für die Bilanzdaten: THOMSON FINANCIAL DATASTREAM; Geschäftsberichte der jeweiligen Unternehmen, verschiedene Ausgaben.

unterdurchschnittliche Werte beim maximal und beim pro Auslandsengagement durchschnittlich angekündigten Direktinvestitionsbetrag. Auffällig ist, dass jenseits eines Beteiligungsanteils von 50 vH pro Engagement unterdurchschnittlich investiert wird (Tabelle 10).

Tabelle 10: Charakteristika der Untersuchungsgruppe nach Klassen erworbener Anteile.

Klasse	Anzahl der Untersuchungsfälle	Direktinvestierte Mittel (in Mio US-Dollar) Summe	Mittelwert
100 vH	39	2 079,1	53,31
mehr als 50 vH bis unter 100 vH	48	3 621,4	75,45
1/3 bis 50 vH	39	3 995,1	102,44
1/4 bis unter 1/3	14	1 188,4	84,88
bis unter 1/4	23	1 970,0	85,65
Insgesamt	**163**	**12 853,9**	**78,86**

Quelle: eigene Berechnungen auf Basis der im Haupttext genannten Quellen. Differenzen in den Summen durch Runden der Zahlen.

4.2. *Event study* im engeren Sinne

Zum Einstieg in das Problem der adäquaten Abgrenzung des Ereigniszeitraums mag eine visuelle Inspektion von Börsenkurszeitreihen dienen. Betrachtet seien zwei durchschnittliche Wertentwicklungen, zum einen diejenige des Portfolios der hier näher untersuchten Aktien, zum anderen diejenige des gewählten Marktindex im Sinne des erweiterten Marktmodells.

Als Marktindex, der die Geschehnisse an den deutschen Wertpapierbörsen adäquat reflektiert und der über den gesamten untersuchten Zeitraum von Anfang 1990 bis Mitte 1998 verfügbar ist, kommen insbesondere der Deutsche Aktienindex (DAX) und der FAZ-Index in Frage. [198] Beim DAX handelt es sich um einen Performance-Index, bereinigt um Dividendenzahlungen und Kapitalerhöhungen. Der FAZ-Index ist demgegenüber ein Kurs-Index. Hier unterbleibt die Bereinigung um Dividendenzahlungen und Kapitalerhöhungen. Da zu vielen Aktien der hier untersuchten, in Mittel- und Osteuropa direktinvestierenden Kapitalgesellschaften, zumal der nichteuropäischen, keine Angaben über Dividendenzahlungen und Kapitalerhöhungen erhältlich sind, wird bei sämtlichen Aktien der Untersuchungsfälle auf eine

198 BOCHE, Jörg: Deutscher Aktienindex (DAX) - WestLB Aktienindex: Mit der neuen DAX-Gewichtung vom 18. 9. 1992; in: WestCapital Investment Research - Das Thema, 29. September 1992.

diesbezügliche Bereinigung verzichtet. Entsprechend wird als Vergleichsmaßstab im Sinne des Marktmodells nicht der DAX herangezogen, sondern der FAZ-Index.

Die Durchschnittsbildung für die Wertentwicklungen des Portfolios der hier näher untersuchten Aktien und des gewählten Marktindex geschieht für jeden einzelnen Tag des Untersuchungszeitraums (t_{-200}, t_{-199}, t_{-198}, ..., t_{-1}, t_0, t_{+1}, ..., t_{+20}) im Querschnitt über alle untersuchten Fälle. Dabei werden die Ausgangsdaten in Form von Aktienkursen gemäß (Gleichung 1), S. 65, zunächst in Renditen umgeformt. Hierbei findet eine Bereinigung um negative Ausreißer statt: Von den beobachteten Aktienrenditen werden alle diejenigen durch Null ersetzt, die geringer ausfallen als der Mittelwert aller Renditen über alle Aktien und alle Untersuchungszeitpunkte hinweg, abzüglich 15 Standardabweichungen. Dieses Vorgehen trägt insbesondere dem Umstand Rechnung, dass in den untersuchten Zeiträumen Fälle von Herabstufungen von Aktiennennwerten auftreten, beispielsweise von DM 50 auf DM 5. Ohne diese Bereinigung ergäbe sich ein deutlich verzerrtes Bild der Kurs- und Renditeentwicklungen in der Untersuchungsgruppe. Die jeweils zur Verfügung stehenden Aktien- und FAZ-Index-Renditen eines Tages[199] gehen mit gleichen Gewichten in durchschnittliche Aktien- und FAZ-Index-Renditen der einzelnen Tage ein. Hieraus wiederum werden durch Aufsummierung ein Aktienportfolio-Kursindex und ein FAZ-Index gebildet mit dem jeweiligen Wert des Tages t_{-201} gleich 100.

Wie ein Blick auf die Abbildung 7 zeigt, entwickelt sich der Index des Aktienportfolios der hier untersuchten Fälle im betrachteten Zeitfenster im Durchschnitt in etwa genauso kräftig wie das aus den jeweils entsprechenden zeitlichen Sequenzen des FAZ-Index gebildete Portfolio. Am Ende des Zeitfensters weist sowohl der FAZ-Index[200] als auch der Aktienportfolioindex im Mittel über alle 163 berücksichtigten Untersuchungsfälle ein um etwa 8,1 vH höheres Niveau auf als zu Beginn des Zeitfensters; dies entspricht jeweils einer Steigerung um gut 0,35 vH je Periode von zehn Börsenhandelstagen.

Auffällig ist die Wertentwicklung des Aktienportefeuilles, die im betrachteten Zeitraum in mehreren Abschnitten verläuft. Auf eine Phase bis etwa zum 140. Börsenhandelstag vor dem Bekanntwerden der Direktinvestitionen in Mittel- bzw. Osteuropa mit

---

199 Zehn der 163 Zeitreihen umfassen weniger als die ansonsten gegebenen 221 bzw. - nach Umrechnung in Renditen - 220 Beobachtungen.

200 Streng genommen handelt es sich hierbei um einen FAZ-Index-Index.

Abbildung 7: Entwicklungen des durchschnittlichen FAZ-Index und des Portfolios untersuchter in Mittel- und Osteuropa direktinvestierender Unternehmen vom Tag t_{-200} bis zum Tag t_{+20}

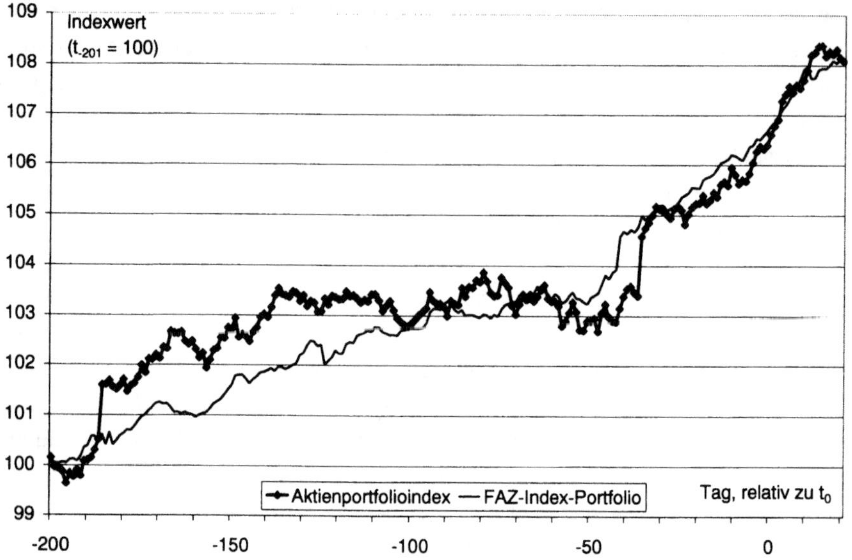

Quelle: WORLD MONEY; eigene Erstellung auf Basis eigener Berechnungen.

einer Wertzunahme, die im Mittel diejenige des Gesamtmarktes übersteigt, folgt eine Zeit mit tendenziell konstantem Portefeuillewert bis etwa zum 45. Tag vor t_0. Daran schließt sich wieder eine Phase schnelleren Wertzuwachses an, die über den Tag t_0 hinaus anhält. Im unmittelbaren zeitlichen Umfeld des Tages t_0 übertrifft die Wertsteigerung des Portfolios diejenige des FAZ-Index kurzzeitig erneut.

Insgesamt gesehen scheint auf der einen Seite die marktkonforme Wertentwicklung des Durchschnittsportfolios der hier untersuchten Aktien darauf hinzudeuten, dass in Mittel- oder Osteuropa direktinvestierende Unternehmen als mäßige Investitionsobjekte anzusehen sind und sich Direktinvestitionen in Mittel- oder Osteuropa für Aktionäre nicht lohnen. Auf der anderen Seite fällt die kräftige Wertsteigerung des Aktienportfolios etwa ab dem Tag t_{-45} auf, verglichen mit der Zeit davor; dies könnte auf eine Existenz positiver Überrenditen im Umfeld des Bekanntwerdens von Direktinvestitionen in Mittel- und Osteuropa hinweisen und Anlass sein für das Urteil, in Mittel- oder Osteuropa direktinvestierende Unternehmen seien als gute Investitionsobjekte anzusehen. Diese beiden widersprüchlichen Interpretationen stehen einer eindeutigen Bewertung von Direktinvestitionen in Mittel- oder Osteuropa zunächst entgegen.

4.2.1. Strukturbrüche

Die Aktienkurse in Mittel- und Osteuropa direktinvestierender Unternehmen sind bislang beginnend mit dem Tag t_{-200} beobachtet worden. Diese Periode ist letztlich willkürlich gewählt. Wünschenswert ist es, den Untersuchungszeitraum auf Basis objektiverer Kriterien festzulegen. Auch bedarf es einer möglichst genauen Abgrenzung des Ereigniszeitraums, in dem sich Informationen über Direktinvestitionen preisbildend umsetzen. Erstens kann dies bei der Klärung der Frage nützen, ob die Akteure an den Aktienmärkten in der Vergangenheit informationseffizient handelten; hierzu sollte beispielsweise der empirisch bestimmte Ereigniszeitraum nicht über den Tag t_0 hinausgehen. Zweitens kann eine möglichst genaue Abgrenzung des Ereigniszeitraums dabei behilflich sein, die Größenordnung derjenigen Ertragsgewinne zu ermessen, welche die Aktionäre der in Mittel- und Osteuropa direktinvestierenden Unternehmen in der Vergangenheit verbuchten. Grundsätzlich ist es problematisch, *Event-study*-Zeitreihen ohne weiteres sowohl auf die Ausdehnung eines Ereigniszeitraums hin als auch auf das Vorliegen abnormaler Renditen hin auszuwerten (vgl. Abschnitt 3.3.). Daher wird hier zweistufig vorgegangen. So basiert die Bestimmung des Anfangs und des Endes des Ereigniszeitraums auf einem gänzlich anderen Vorgehen als die Entscheidung über das Vorliegen oder Nichtvorliegen abnormaler Renditen in der Untersuchungsgruppe.

Zur Abgrenzung des Untersuchungszeitraums und des Ereigniszeitraums werden deren Anfang und Ende jeweils als Strukturbrüche in der Zeitreihe des Aktienportfolioindex aufgefasst. Zu deren Lagebestimmung wird dessen Wertentwicklung durch F-Tests nach CHOW[201] in einzelne Zeitabschnitte untergliedert. Mit Hilfe eines Strukturbruchtests lässt sich der Informationsgewinn beurteilen, der sich beim Regressieren ergibt, wenn statt einer Schätzung über einen insgesamt gegebenen Datenbestand zwei oder mehrere separate Schätzungen mit jeweils zusammenhängenden Teilbeständen der Daten vorgenommen werden. Einen signifikanten Informationsgewinn durch die Unterteilung einer Untersuchungsgruppe, der für ein

---

201 CHOW, Gregory C.: Tests of equality between sets of coefficients in two linear regressions; in: Econometrica, Jg. 28, Nr. 3 (Juli 1960), S. 591-605; MÜNNICH, Frank E.: Verallgemeinerung eines Tests von Chow; in: Statistische Hefte, Jg. 11 (1970), S. 153-159; SCHNEEWEISS, Hans: Ökonometrie. 4. Auflage, Heidelberg 1990, S. 118-122.

Schätzen mit Teilbeständen spricht, zeigt ein hoher Wert der Test-Prüfgröße an. Diese weist eine F-Verteilung auf, sofern es sich bei den Schätzresiduen um Realisationen einer unabhängig und identisch normalverteilten Zufallsvariablen handelt, wovon bei Finanzmarktdaten in der Regel ausgegangen werden kann. Ein CHOW-Test setzt an, wenn das Schätzergebnis einer Gleichung für einen Gesamtbestand gegebener Daten vorliegt. Dann wird geprüft, ob für einzelne Datenpunkte Strukturbrüche angenommen werden müssen.

Für die Bestimmung der Strukturbrüche, die den Ereigniszeitraum und den Untersuchungszeitraum begrenzen beziehungsweise voneinander abgrenzen, wird enumerierend vorgegangen. Als Schätzbasis fungiert (Gleichung 2) mit einer Erweiterung um die Rendite einer risikolosen Anlageform. Zwei separate Serien von CHOW-Tests werden durchgeführt. Die erste betrifft den Beginn des Untersuchungszeitraums, die zweite die Abgrenzung des Ereigniszeitraums. Bei den Testserien sind jeweils diejenigen Datenpunkte gesucht, für die die F-verteilte Prüfgröße ihren maximalen Wert annimmt, wenn für einen Zeitpunkt oder für mehrere Zeitpunkte jeweils ein Strukturbruch angenommen wird.

Die ungefähre Lage der unterstellten Strukturbrüche wird grob voreingegrenzt. Wird der Anfang des Untersuchungszeitraums mit dem Übergang von der ersten Phase einer beschleunigten Entwicklung des Aktienportfolioindex zur mittleren Phase schleppender Wertentwicklung gleichgesetzt, dürfte nach Maßgabe der Abbildung 7, S. 112, der Untersuchungszeitraum nicht früher als 200 Tage vor und nicht später als 100 Tage vor dem Ereignis einsetzen. Entsprechend dürfte der erste Strukturbruch in der Zeitreihe des Aktienportfolioindex zwischen dem Tag t_{-200} und dem Tag t_{-100} zu finden sein. Ein diesbezüglicher CHOW-Test ermittelt hier eine Strukturbruchstelle an der Stelle t_{-127}.[202] Entsprechend reichen die Daten des Untersuchungszeitraums im folgenden von t_{-127} bis t_{+20}.

Die Prüfung auf die zwei Strukturbrüche, die einerseits den Beginn und andererseits das Ende des Ereigniszeitraums symbolisieren, geht von der so festgelegten Abgrenzung des Untersuchungszeitraums aus. Nunmehr ist mit Hilfe von CHOW-Tests ein zusammenhängender Datenbestand im zeitlichen Umfeld des Tages t_0 gesucht, der sich vom ökonometrischen Standpunkt aus systematisch von den sonstigen Datenpunkten unterscheidet. Der Beginn des Ereigniszeitraums wird auf

202 Die zugrundeliegende Gleichung deckt den Datenbestand bis zum Tag t_{-50} ab. Die Testergebnisse werden hier nicht gesondert ausgewiesen.

Basis von Erfahrungen aus anderen publizierten *Event studies* grob auf die Zeitspanne zwischen dem Tag t_{-50} und dem Tag t_{-5} taxiert, das Ende des Ereigniszeitraums auf die Zeitspanne von t_{-5} bis t_{+18}.[203] Bei dieser zweiten Serie von CHOW-Tests, bei denen zeitgleich jeweils auf das Vorliegen zweier Strukturbrüche in der Zeitreihe getestet wird, variiert somit das potentielle Datum des ersten Strukturbruchs tageweise zwischen dem 50. Börsenhandelstag vor dem Tag t_0 und dem Tag t_{-5}, dasjenige des zweiten tageweise zwischen t_{-5} und t_{+18}.[204] Bleibt die Möglichkeit eines Ereigniszeitraums unbeachtet, der lediglich den Tag t_{-5} umfasst, ergeben sich 1101 verschiedene CHOW-Tests mit jeweils zwei postulierten Strukturbrüchen. Bei 148 Beobachtungen in der Schätzgleichung und einem zu schätzenden Gleichungsparameter signalisieren Werte der Prüfgröße ab einer Größenordnung von etwa 3,06 eine Wahrscheinlichkeit von 95 vH, mit der von zwei Strukturbrüchen im untersuchten Zeitraum ausgegangen werden kann.

Abbildung 8 dokumentiert die zugehörigen Ergebnisse. Eine Betrachtung der dortigen Breitendimension, welche die Daten eines potentiellen ersten Strukturbruchs und damit die möglichen Anfangszeitpunkte des Ereigniszeitraums abträgt, lässt erkennen, dass sehr hohe Prüfgrößenwerte in einem Bereich zwischen t_{-46} und t_{-43} massiert auftreten. Noch höhere Prüfgrößenwerte kommen jedoch insbesondere im zeitlichen Umfeld des Tages t_{-14} vor. In der Tiefendimension, welche die Daten eines potentiellen zweiten Strukturbruchs und damit die möglichen Endzeitpunkte des Ereigniszeitraums abträgt, ist für t_0, das Datum des Ereignisses, keinerlei Signifikanz feststellbar. Demgegenüber lassen sich sehr hohe Signifikanzen für die Tage t_{+6} bis t_{+11} beobachten. Der größte Wert der Prüfgröße gehört zur Kombination der Tage t_{-14} und t_{+8}. Daher bietet es sich an, einen Ereigniszeitraum zu wählen, der mit dem Tag t_{-14} einsetzt und mit dem Tag t_{+8} abschließt. Bei einer ausschließlichen Konzentration auf diese mögliche Abgrenzung des Ereigniszeitraums bliebe jedoch außer Acht, dass der Ereigniszeitraum auch zwischen den Tagen t_{-46} und t_{-43} beginnen kann. Den höchsten Wert der Prüfgröße für einen

---

203 Vgl. insbesondere auch den Abschnitt 3.6.2. dieser Arbeit.

204 Die Kombinationen (t_{-6}, t_{-5}) und (t_{-5}, t_{-4}) entfallen aufgrund mathematischer Überlegungen: Um eine Gleichung mit einer Teilmenge von Daten rechnerisch schätzen zu können, muss jede von ihnen eine Anzahl von Beobachtungen enthalten, welche die Anzahl geschätzter Koeffizienten in der Schätzgleichung übersteigt. Gleichfalls aufgrund mathematischer Überlegungen verbietet es sich, den Ereigniszeitraum am Tage t_{+20} enden zu lassen: Es ist technisch nicht möglich, mit dem CHOW-Test auf einen Strukturbruchtest gegen Ende eines zur Verfügung stehenden Datenzeitraums zu testen.

CHOW-Test mit einem derartig frühen Beginn des Ereigniszeitraums lässt die Kombination (t_{-44}, t_{+8}) erkennen. Daher wird im folgenden als zweite Möglichkeit ein längerer potentieller Ereigniszeitraum untersucht, der vom 44. Börsenhandelstag vor dem Ereignis bis zum achten Börsenhandelstag danach reicht.

Abbildung 8: Werte der F-verteilten Prüfgröße für Strukturbruchtests nach CHOW (zwei Strukturbrüche).

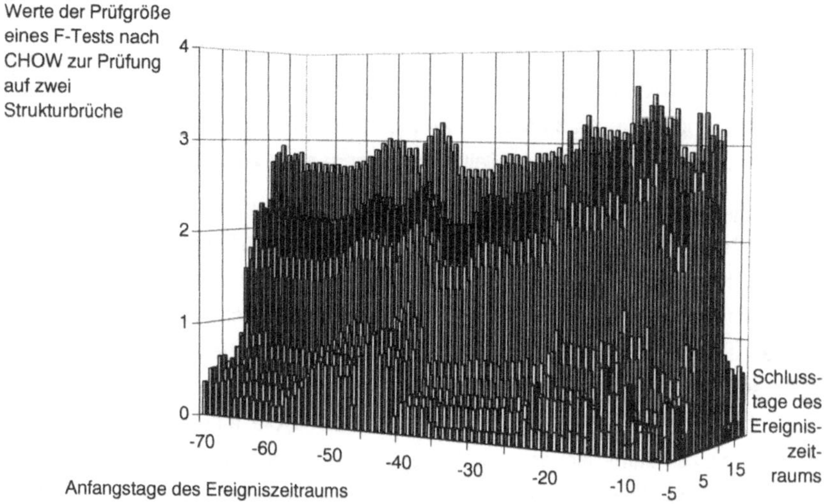

Erläuterungen: Zugrunde liegt die (Gleichung 2) im Text, erweitert um die Rendite einer risikolosen Anlageform. Die Basisschätzung umfasst den Zeitraum der Tage t_{-113} bis t_{+20}. Der potentielle Beginn des Ereigniszeitraums läuft von t_{-70} bis t_{-5}, das potentielle Ende von t_{-5} bis t_{+18}.
Quellen: s. Haupttext und die Quellenangaben zur Abbildung 7, S. 112.

Offensichtlich lassen sich am deutschen Aktienmarkt Wirkungen, die von dem öffentlichen Bekanntwerden der Information über eine Direktinvestition in Mittel- oder Osteuropa auf Aktienkurse ausgehen, dann aufspüren, wenn in entsprechenden Schätzungen mit Ereigniszeiträumen operiert wird, die weit vor dem Tag t_0 einsetzen. Die Ergebnisse einer Serie von CHOW-Tests legen den Schluss nahe, dass der 14. Tag vor dem zu analysierenden Ereignis als wahrscheinlichster Beginn des Ereigniszeitraum angesehen werden kann. Allerdings erscheint auch ein Beginn des Ereigniszeitraums mit dem Tag t_{-44} möglich. Eine Umsetzung von Informationen über Direktinvestitionen in Börsennotierungen bereits vor dem Tag t_0, wie hier dokumentiert, ist kompatibel mit einer halbstrengen Informationseffizienz der Aktienmärkte. Allerdings ist nach den Daten der hier untersuchten Ereignisse die Eskomtierung der Information über eine Direktinvestition in Mittel- oder Osteuropa in den Aktienkursen mit dem Tag t_0 nicht vorüber; im Gegenteil sind abnormale Renditen mehr als eine Börsenhandelswoche danach beobachtbar. Dies ist nicht vereinbar mit Informationseffizienz der Märkte, gleichgültig, welches Effizienzniveau - schwach, halbstreng oder streng - einer Betrachtung zu Grunde liegt.

4.2.2. Abnormale Renditen

Nachdem ein kürzeres und ein längeres Zeitfenster als mögliche Ereigniszeiträume im Sinne der *Event-study*-Methodologie identifiziert sind, ist der Weg für die Untersuchung der zentralen *Event-study*-Fragestellung frei. Diese betrifft den Nachweis positiver oder negativer abnormale Renditen im Ereigniszeitraum, mithin der Zeit des allmählichen Bekanntwerdens angestrebter oder bereits im Vollzug befindlicher Direktinvestitionen in Mittel- oder Osteuropa. Zugleich geht es darum, denjenigen Pfad abnormaler Renditen zu isolieren, auf dem sich die Aktienbewertungen beim Eintreffen der Information an neue gleichgewichtige Verhältnisse von Risiko und Ertrag anpassen.

Das zentrale Untersuchungsinstrument stellt hier die Regressionsanalyse dar. Als deren mathematische Grundlage dient:

$$[R_{jt} - r_{ft}] = \alpha_j D + \beta_{0j} [R_{Mt} - r_{ft}] + \beta_{1j} \left\{ D \; [R_{Mt} - r_{ft}] \right\} + u_j \qquad \text{(Gleichung 12)}$$

mit

$$\underset{(T \times 1)}{D} = \begin{bmatrix} \cdot \\ \cdot \\ d_t \\ \cdot \\ \cdot \end{bmatrix}, \; d_t = \begin{cases} = 1 \quad \forall \; t \in E \\ = 0 \text{ sonst,} \end{cases}$$

wobei speziell für den kürzeren Ereigniszeitraum gilt:

$$E = \left\{t_{-14}, t_{-13}, \ldots, t_{-1}, t_0, t_{+1}, \ldots, t_{+7}, t_{+8}\right\}$$

und für den längeren Ereigniszeitraum:

$$E = \left\{t_{-44}, t_{-43}, \ldots, t_{-1}, t_0, t_{+1}, \ldots, t_{+7}, t_{+8}\right\}.$$

Aufgrund der Betrachtung der Abbildung 7, S. 112, dürften positive Überrendlten eher wahrscheinlich sein. Der für α_j geschätzte Parameter ist somit den Erwartungen nach größer als Null. Zu testen ist, ob die Aktienmärkte die Information einer Direktinvestition in Mittel- und Osteuropa signifikant positiv interpretieren oder nicht.

Das Vorzeichen des zu schätzenden Parameters β_{0j} mag größer als Null sein, da angenommen werden kann, dass die Kursentwicklung der Aktien in der Untersuchungsgruppe im Durchschnitt positiv mit dem hier verwendeten Gesamtmarktindex FAZ-Index verknüpft ist.[205] Nimmt der Parameter β_{0j} einen Wert größer als Eins an, schwankt das hier betrachtete Aktienportfolio stärker als der Gesamtmarkt, bei einem Wert kleiner Eins schwankt es weniger stark.

Hinsichtlich des Vorzeichens von β_{1j} sei auf die Befunde aus einer Vielzahl von *Event studies* verwiesen.[206] Aller Erfahrung nach lassen neu in einen Markt hineinkommende Informationen die Risiken eines Wertpapiers - beispielsweise über Gerüchte-induziertes Handeln - vorübergehend eher ansteigen als zurückgehen. Für β_{1j} kommt ein positives Vorzeichen in Frage.

Vorgenommen wird eine Panel-Schätzung über 163 Untersuchungsfälle und über Zeitpunkte zwischen t-127 und t+20 hinweg. Zur Verfügung stehen insgesamt 23 700 Beobachtungen. Tabelle 11 gewährt einen Blick auf einige Kennzahlen der

---

205 "Negative Werte für β sind möglich, wenn auch selten. Eine Aktie, deren Kurs der allgemeinen Markttendenz entgegenläuft, hat ein negatives β. Goldminen-Aktien könnten ein Beispiel sein: Schlechte Zeiten sind gute Zeiten für Goldminen." SCHMIDT, Reinhard H., a. a. O, (Fußnote 94), S. 255.

206 Vgl. oben, Fußnote 161.

deskriptiven Statistik zu den in den nachfolgenden Panel-Schätzungen verwendeten Zeitreihen. RNLK bezeichnet die abhängige Variable der täglichen Aktienrenditen. a steht für die Stufen-Dummy-Variable mit Einsen für Tage im Ereigniszeitraum und mit Nullen für die übrigen Tage. b_0 meint die zu RNLK jeweils passenden Tagesrenditen des FAZ-Index. b_1 enthält für den Ereigniszeitraum dieselben Daten wie b_0, ansonsten Nullen.

Die Tabelle 11 a) weist für b_0 einen leicht höheren Mittelwert aus als für RNLK. Hierin spiegelt sich die etwas stärkere Entwicklung des FAZ-Index innerhalb des Untersuchungszeitraums von t_{-127} bis t_{+20}. Die Einträge in den Korrelationsmatrizen (Tabelle 11 b) bis d)) außerhalb der Hauptdiagonalen liegen ohne Ausnahme unterhalb von 0,5 und und deuten somit nicht auf Korrelationen der exogenen Faktoren untereinander hin, die eine Anwendung gängiger Schätzmethoden eines multiplen Regressionsmodells verbietet.

Tabelle 11: Zu den einzelnen in der *Event study* verwendeten Variablen.

a) Einige deskriptive statistische Kennzahlen

Variable	Mittelwert (in vH)	Standard-abweichung	Minimum	Maximum
endogene Variable:				
RNLK	0,033	0,0222	-0,6604	1,5668
exogene Variablen:				
b_0	0,039	0,0128	-0,8022	0,8269
a (kürzerer Ereigniszeitraum)	15,82	0,3649	0,0000	1,0000
a (längerer Ereigniszeitraum)	29,77	0,4573	0,0000	1,0000
b_1 (kürzerer Ereigniszeitraum)	0,011	0,0041	-0,0813	0,0436
b_1 (längerer Ereigniszeitraum)	0,018	0,0056	-0,1054	0,0436

Korrelationsmatrizen der exogenen Faktoren

b) für den kürzeren Ereigniszeitraum (t_{-14} bis t_{+8})

Variable	b_0	a	b_1
b_0	1,000	./.	./.
a	0,013	1,000	./.
b_1	0,322	0,068	1,000

c) für den längeren Ereigniszeitraum (t_{-44} bis t_{+8})

	b_0	a	b_1
b_0	1,000	./.	./.
a	0,011	1,000	./.
b_1	0,436	0,049	1,000

Erläuterungen: jeweils 23 700 Beobachtungen. Untersuchungszeitraum von t_{-127} bis t_{+20}.

Quelle: WORLD MONEY; eigene Berechnungen; eigene Erstellung.

Tabelle 12 fasst für die untersuchten Daten die Ergebnisse von Regressionsschätzungen zur (Gleichung 9) auf S. 87 zusammen. Dargestellt sind Ergebnisse für Rechnungen nach dem *Random-coefficients*-Verfahren. In Übereinstimmung mit den Kernaussagen des CAPM ist eine Schätzkonstante nicht berücksichtigt. Hierfür lässt sich in Kontrollrechnungen auch keinerlei Signifikanz nachweisen.

Die wiedergegebenen Werte der Prüfgrößen zur Diagnose auf Fehlspezifikationen der Modelle weisen in keinem Fall auf nennenswerte ökonometrische Unstimmigkeiten hin. Die Werte der speziell für *Random-coefficients*-Schätzungen entwickelten Chi-Quadrat-verteilten Größe zur Prüfung auf Gleichheit der Parameterschätzungen über die Untersuchungsfälle hinweg diagnostizieren für alle Schätzungen eine Ungleichheit. Dies untermauert die getroffene Wahl der Modellierung im Gegensatz zu beispielsweise einem *Random-effects*- oder einem gepoolten einfachen Kleinste-Quadrate-Modell. Autokorrelation stellt an keiner Stelle ein ernsthaftes Problem dar; die Prüfgrößen des DURBIN-WATSON-Tests liegen hinreichend nahe bei dem angestrebten Wert Zwei. Ein Manko liegt in den durchgängig äußerst niedrigen Werten für das standardisierte Bestimmtheitsmaß. Dies ist allerdings bei Schätzungen mit hochfrequentierten Finanzmarktdaten nicht ungewöhnlich.

Die geschätzten Parameter der Variablen b_{0i} sind nach allen gängigen Maßstäben als signifikant einzustufen. Als Parameter findet sich überwiegend ein Wert in einem Band zwischen 0,62 und 0,64. Dies belegt ein niedriges durchschnittliches Aktienbeta der Untersuchungsgruppe. Zum Vergleich: Laut CAPM beträgt das Aktienbeta des Gesamtmarktes definitionsgemäß Eins. Die Rendite eines mit den Aktien der Untersuchungsfälle gebildeten Portefeuilles, bei dem die Portefeuillegewichte so gewählt werden, wie es das *Random-coefficients*-Verfahren hier hervorbringt, variiert unterproportional mit der Rendite des FAZ-Index. Dies gilt, obwohl in der Untersuchungsgruppe Aktien des FAZ-Index stark vertreten sind und obwohl die Untersuchungsgruppe darüber hinaus viele weitere multinationale Unternehmen enthält, auch ausländische; deren Aktienrenditeverläufe gehen, nicht zuletzt aufgrund einer weitreichenden internationalen wirtschaftlichen Verflechtung, häufig mit den Renditeverläufen weitgefasster Aktienindizes entwickelter Volkswirtschaften konform, wie der FAZ-Index einen darstellt.[207]

---

207 Vgl. zu einer Untersuchung über den Gleichlauf der Aktienindizes verschiedener Märkte LINNE, Thomas: The integration of the Central and East European equity markets into the international capital markets - A Kalman filter approach. University of Leicester, ACE project, research memorandum Nr. 99/2. Leicester 1999.

Tabelle 12: Schätzergebnisse für *Random-Coefficients*-Modell im Panel.

	Kürzerer Ereigniszeitraum (von t_{-14} bis t_{+8})			Längerer Ereigniszeitraum (von t_{-44} bis t_{+8})		
	Spezifikation			Spezifikation		
Variable	(1)	(2)	(3)	(4)	(5)	(6)
b_{0i}	0,6294*** (0,0438)	0,6297*** (0,0659)	0,6296*** (0,0659)	0,6399*** (0,0424)	0,6320*** (0,0268)	0,2073*** (0,0262)
a_i (in 10^(-4))	5,0315* (3,2202)	./.	4,8359* (3,6233)	10,1962*** (2,2837)	./.	10,6272*** (2,4638)
b_{1i}	./.	0,0163 (0,0796)	0,0045 (0,0800)	./.	0,0073 (0,0400)	1,6172*** (0,0338)
Prüfstatistiken:						
Standardisiertes Bestimmtheitsmaß	0,03309	0,03306	0,03309	0,03344	0,03202	0,03225
Prüfgröße des DURBIN-WATSON-Tests	1,7598	1,7597	1,7598	1,7604	1,7592	1,7595
Hbeta: Chi-Quadrat-verteilte Größe zur Prüfung auf Homogenität der Parameterschätzungen über die Untersuchungsfälle hinweg (in Klammern: Anzahl der Freiheitsgrade)	2960,29*** (324)	3057,19*** (324)	3177,81*** (486)	2935,61*** (324)	3080,37*** (324)	3190,16*** (486)

Erläuterungen: *Random-coefficients*-Modell nach SWAMY; Panel-Daten. Abhängige Variable: börsentägliche Aktienrendite. Regressoren: b_0: börsentägliche Rendite des FAZ-Index; a: Dummy-Variable mit Einsen für den Ereigniszeitraum, ansonsten Nullen; b_1: Für den Ereigniszeitraum börsentägliche Rendite des FAZ-Index, ansonsten Nullen. Signifikanzniveaus: ***: 1 vH; **: 5 vH; *: 10 vH. Die eingeklammerten Größen unter den Schätzparametern bezeichnen deren jeweilige Standardfehler. Die Untersuchungsperiode erstreckt sich von t_{-127} bis t_{+20}. Die Anzahl der Untersuchungsfälle beträgt jeweils 163, die Anzahl der Beobachtungen insgesamt jeweils 23 700. Quelle: Grunddaten WORLD MONEY Datenbank; eigene Berechnungen; eigene Erstellung.

In bemerkenswertem Kontrast zu den übrigen hier ermittelten Ergebnissen nimmt der Parameterwert der Variablen b_{0i} beim langen Ereigniszeitraum bei der Modellspezifikation (6) einen Wert von lediglich knapp 0,21 an. Dies deutet auf ein kaum erklärlich niedriges durchschnittliches Aktienbeta der Untersuchungsgruppe hin. Auffällig ist dieses Ergebnis auch aufgrund des Befundes zur Variablen b_{1i}. Der hierfür ermittelte Wert von etwa 1,62 besagt im Zusammenspiel mit dem Parameterwert für b_{0i}, dass das Aktienbeta der Untersuchungsgruppe im Ereigniszeitraum in etwa neunmal so hoch ausfällt als außerhalb. Dies erscheint vor dem Hintergrund dessen, dass in der Literatur von Unsicherheiten innerhalb von Ereigniszeiträumen berichtet wird, die nicht mehr als 3 1/2-mal höher liegen als außerhalb,[208] gänzlich unplausibel. Insgesamt dürfte es sich bei dem in Spalte (6) widergegebenen Modell zum langen Ereigniszeitraum um eine Fehlspezifikation handeln. Als Grund hierfür kommt zuvorderst ein für die Modellvariablen nicht optimal gewählter Ereigniszeitraum in Frage.

Der Parameter des Regressors a_i weist in allen Schätzungen durchgängig ein positives Vorzeichen auf. Die Parameterschätzungen sind jeweils als signifikant anzusehen. Wenn dies auch nicht auf dem 99 vH-Niveau ist, so kann doch mit hinlänglicher Sicherheit davon ausgegangen werden, dass die Aktienkursentwicklung Direktinvestitionen in Mittel- oder Osteuropa ankündigender Unternehmen positiv verläuft. Der deutsche Aktienmarkt reagiert positiv auf das Bekanntwerden einer Direktinvestition in Mittel- oder Osteuropa. Die ausgewiesenen a_i-Werte sind direkt interpretierbar. Sie entsprechen der tagesdurchschnittlichen Renditezunahme im Ereigniszeitraum über alle Untersuchungsfälle. Ein Vergleich mit den Ergebnissen der Tabelle 11, S. 119, eröffnet die Möglichkeit für zusätzliche Plausibilitätsüberlegungen zur Entscheidung darüber, ob der kürzere oder der längere Ereigniszeitraum zu präferieren ist. Im Durchschnitt über den gesamten Untersuchungszeitraum erfährt der Durchschnittsindex aller hier untersuchten Aktienkurszeitreihen eine tagesdurchschnittliche Renditeentwicklung von 0,033 vH. Die Resultate der Schätzungen für den kürzeren Ereigniszeitraum ergeben eine tagesdurchschnittliche Überrendite über alle Untersuchungsfälle hinweg von bis zu 0,05 vH, die Resultate der Schätzungen für den längeren Ereigniszeitraum demgegenüber von etwa 0,1 vH. Dieser letzte Betrag erscheint als unrealistisch hoch, wohingegen eine Zunahme der tagesdurchschnittlichen Rendite im Ereigniszeitraum auf etwa das Doppelte

---

208 So bei DANN, Larry: Common stock repurchases - An analysis of returns to bondholders and stockholders; in: Journal of financial economics, Jg. 9 (1981), S. 113-138.

durchaus möglich sein dürfte. Der kürzere Ereigniszeitraum scheint die plausiblere Annahme zu sein.

Der geschätzte Parameter des Regressors b_{1i}, der für den Ereigniszeitraum eine Veränderung der Sensivität der untersuchten Aktien in Bezug auf die Variabilität des Aktiengesamtmarktindex modelliert, ist nur in einem einzigen Falle signifikant. Dies betrifft den längeren Ereigniszeitraum und dies auch nur dann, wenn im Modell gleichzeitig die Variable a_i berücksichtigt wird. Der längere Ereigniszeitraum ist bereits auf Basis von Plausibilitätsüberlegungen aus den weiteren Betrachtungen ausgeschlossen worden. Insofern erscheint es gerechtfertigt, den Regressor b_{1i} aus den weiteren Betrachtungen auszuschließen.

Das hier präferierte Modell stellt die Spezifikation (1) dar. Der Ereigniszeitraum, mit dem auch nachfolgend weitergearbeitet wird, erstreckt sich vom Tag t_{-14} bis zum Tag t_{+8}. Über die gesamte Untersuchungsperiode beträgt das durchschnittliche Aktienbeta der Untersuchungsgruppe gut 0,63. Beginnend knapp drei Börsenhandelswochen vor dem Tag t_0, steigt die Renditeentwicklung an. Zu untersuchen bleibt, ob das etwas unbefriedigend niedrige Signifikanzniveau des Parameters a_i bei einer weiteren Untergliederung der Untersuchungsgruppe für alle Untergruppen von Untersuchungsfällen erhalten bleibt. Andernfalls ist davon auszugehen, dass nur bestimmte Typen von Unternehmen bei Ankündigungen von Direktinvestitionen in Mittel- oder Osteuropa positive Wohlfahrtseffekte für ihre Aktionäre generieren, andere Typen aber nicht.

Insgesamt belegen die Resultate eine renditeerhöhende Wirkung, die von der Ankündigung einer Direktinvestition in Mittel- oder Osteuropa auf den Aktienkurs einer direktinvestierenden Kapitalgesellschaften ausgeht. Die betroffenen Aktionäre verbuchen im Zuge derartiger Ankündigungen Wohlfahrtsgewinne in Form einer Aktienrenditesteigerung.

4.2.3. Tagesüberrenditen

Weiterführend kann eine Analyse der Überrenditen einzelner Tage des Ereigniszeitraums vorgenommen werden. Eine einfache Art einer solchen Analyse setzt bei der (Gleichung 8) auf S. 87 an:

$$[R_{jt} - r_{ft}] = \sum_{-14}^{8} \alpha_{jg} D_g + b_{0j} [R_{Mt} - r_{ft}] + u_j \qquad \text{(Gleichung 13)}$$

mit

$$D_g = \begin{bmatrix} \cdot \\ \cdot \\ d_t \\ \cdot \\ \cdot \end{bmatrix}, \quad d_t = \begin{cases} = 1 \quad \forall \quad t \in E \\ = 0 \text{ sonst,} \end{cases}$$

$$E = \{t_{-14}, t_{-13}, ..., t_{-1}, t_0, t_{+1}, ..., t_{+7}, t_{+8}\}$$

An die Stelle der einen Dummy-Variablen a_i der (Gleichung 12) für den gesamten Ereigniszeitraum tritt hier eine Schar mehrerer Impuls-Dummy-Variabler α_{jg}, jeweils eine für einen bestimmten Tag g des Ereigniszeitraums. Die (Gleichung 13) liefert für die einzelnen Impuls-Dummy-Variablen α_{jg} Schätzparameter, die sich jeweils auf einen bestimmten Tag des Ereigniszeitraums beziehen und direkt als Überrenditen eines zugehörigen Tages interpretiert werden können. Zudem lassen sich für jede einzelne dieser Impuls-Dummy-Variablen Standardfehler ermitteln, mit denen auf die Signifikanz der einzelnen Tagesüberrenditen und der kumulierten Tagesüberrenditen getestet werden kann. Tabelle 13 liefert Ergebnisse für die Gruppe der 163 untersuchten Fälle Direktinvestitionen in Mittel- und Osteuropa ankündigender Unternehmen.

Die Schätzresultate zeigen in 15 von 23 Fällen ein positives Vorzeichen der α_{jg}. Aufsummiert ergibt sich ein deutlich positiver Wert, wodurch die Ergebnisse, dargestellt in Tabelle 12, S. 121, weiter gestützt werden. Allerdings ist vor dem Hintergrund der Standardfehler lediglich ein geschätzter Parameter als signifikant anzusehen. Dieser gehört zum Tag t_{-11}. Im engeren zeitlichen Umfeld des Ereignisses findet sich kein signifikanter Parameter.

Tabelle 13: Schätzergebnisse für ein Random-Coefficients-Modell im Panel mit Dummies für einzelne Tage des Ereigniszeitraums.

Variable	Geschätzter Wert (in 10^{-3})	Standardfehler (in 10^{-3})
b_0	0,5749***	(0,1051)
α_{j-14}	1,5746	(3,1160)
α_{j-13}	0,0334	(3,2679)
α_{j-12}	-0,2982	(2,8082)
α_{j-11}	5,1443**	(2,8025)
α_{j-10}	-1,0470	(3,3163)
α_{j-9}	-0,3128	(4,5926)
α_{j-8}	2,1460	(3,2059)
α_{j-7}	1,0419	(2,7693)
α_{j-6}	2,1575	(3,1696)
α_{j-5}	0,8995	(3,1291)
α_{j-4}	1,9726	(3,4409)
α_{j-3}	0,7347	(2,9626)
α_{j-2}	-0,4378	(2,7899)
α_{j-1}	-0,6293	(3,1451)
α_{j0}	2,2045	(2,6058)
α_{j1}	1,3572	(2,5945)
α_{j2}	0,2939	(2,6846)
α_{j3}	1,4041	(4,3551)
α_{j4}	-0,4361	(3,2225)
α_{j5}	1,6707	(2,5307)
α_{j6}	-0,0934	(2,5567)
α_{j7}	1,5730	(2,4792)
α_{j8}	-2,3263	(2,9507)
Prüfstatistiken		
Standardisiertes Bestimmtheitsmaß		-0,00417
Prüfgröße des DURBIN-WATSON-Tests		1,7142
Hbeta: Chi-Quadrat-verteilte Größe zur Prüfung auf Homogenität der Parameterschätzungen über die Untersuchungsfälle hinweg (in Klammern: Anzahl der Freiheitsgrade)		3 680,98***

Erläuterungen: *Random-coefficients*-Modell nach SWAMY; Panel-Daten. Abhängige Variable: börsentägliche Aktienrendite. Regressoren: b_0: börsentägliche Rendite des FAZ-Index; α_{jg}: Dummy-Variable mit einer Eins für einen bestimmten Tag des Ereigniszeitraums, ansonsten Nullen. Signifikanzniveaus: ***: 1 vH; **: 5 vH; *: 10 vH. Die Untersuchungsperiode erstreckt sich von t_{-127} bis t_{+20}. Die Anzahl der Untersuchungsfälle beträgt 163, die Anzahl der Beobachtungen insgesamt 23 700. Quelle: Grunddaten WORLD MONEY Datenbank; eigene Berechnungen; eigene Erstellung.

4.2.4. Besonderheiten deutscher und österreichischer Unternehmen

Die Arbeit mit Impuls-Dummy-Variablen eignet sich gut zur Untersuchung von Einzelfragen, insbesondere dann, wenn zu deren Beantwortung eine Gesamtheit untersuchter Fälle anhand bestimmter Kriterien in Untergruppen aufgespalten werden kann. Exemplarisch sei das Verfahren anhand der Frage verdeutlicht, ob sich zwei ausgewählte Teilmengen der hier betrachteten Untersuchungsgruppe in ihrem Überrenditeverhalten unterscheiden. Die Teilmengen enthalten zum einen alle diejenigen Fälle, bei denen die direktinvestierenden Unternehmen ihren Firmensitz in Deutschland oder in Österreich haben, zum anderen alle übrigen Fälle. Es lassen sich insbesondere zwei Hypothesen anführen, die ein unterschiedliches Verhalten erwarten lassen. Zum einen können sich die Fälle mit deutschen oder österreichischen Unternehmen aufgrund einer Selektionsverzerrung von den sonstigen Fällen unterscheiden: Die hier untersuchten Unternehmen aus Deutschland und Österreich sind im Durchschnitt erheblich kleiner als der Durchschnitt der gesamten Untersuchungsgruppe (vgl. Abschnitt 4.1.). Dies geht auf eine überproportional große Häufigkeit kleiner und mittlerer Unternehmen aus Deutschland und aus Österreich in der Untersuchungsgruppe zurück. Es ist möglich, dass kleine und mittlere Unternehmen Entscheidungen über Direktinvestitionen nach anderen Kriterien fällen als große Unternehmen. Inwieweit diese Kriterien die ökonomische Position der Aktionäre stärker oder schwächer berücksichtigen, ist kaum zu ermessen. Insofern können die Fälle mit deutschen und österreichischen Direktinvestoren sowohl eine bessere als auch ein schlechtere Überrenditeentwicklung durchmachen. Zum anderen mag sich die Struktur der Unternehmenskontrolle in den beiden deutschsprachigen Ländern Deutschland und Österreich von derjenigen in anderen Ländern unterscheiden: Verglichen beispielsweise mit der angloamerikanischen Tradition haben in Deutschland und Österreich die Kreditgeber traditionell eine starke Stellung bei der Formulierung und der Umsetzung einer Unternehmensstrategie; dies und andere Charakteristika der deutschen Tradition der *corporate governance* können zu Lasten der Aktionäre gehen.[209] Insofern ist für die Teilgruppe der Fälle mit deutschen und österreichischen Direktinvestoren eine, gemessen an der Vergleichsgruppe, schlechte Überrenditeentwicklung zu erwarten. Der erwartete Gesamteffekt aus Unternehmensgrößeneffekt und Unternehmenskontrolleffekt ist indeterminiert.

Die Abbildung 9 zeigt, getrennt für die beiden genannten Teilmengen der Untersuchungsgruppe, den Verlauf der bis zu einem bestimmten Tag des Ereigniszeitraums kumulierten Überrenditen; die einzelnen Überrenditen gehen auf für die Teilmengen

---

209 Besonders krass formulieren WENGER, Ekkehard / KASERER, Christoph: The German system of corporate governance - a model which should not be imitated; in: BLACK, Stanley W. / MÖRSCH, Mathias (Hrsg.): Competition and convergence in financial markets - the German and Anglo-American models. Amsterdam u. a. 1998, S. 41-78.

gesondert vorgenommene *Random-coefficients*-Schätzungen zurück. Das Renditeniveau des Tages t_{-15} markiert den Nullpunkt.

Abbildung 9: Überrenditeentwicklungen, zum einen der Fälle mit deutschen oder österreichischen Direktinvestoren, zum anderen aller übrigen Fälle.

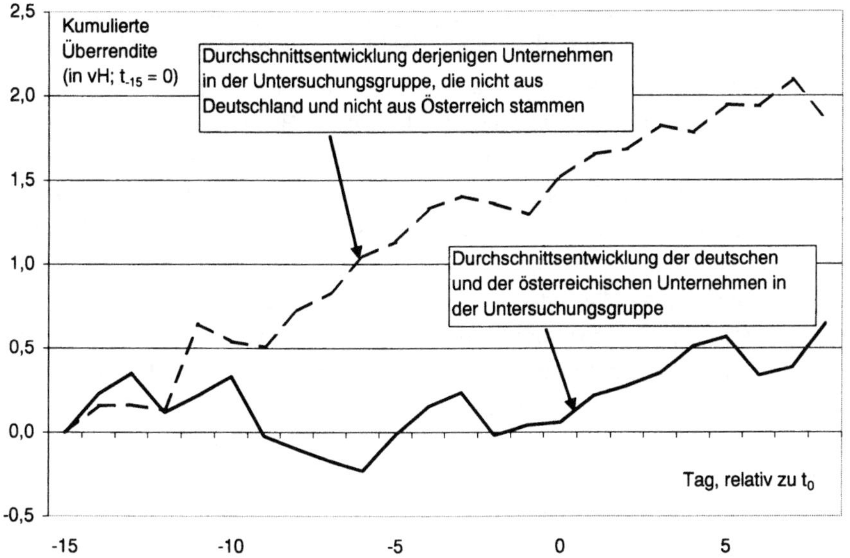

Erläuterungen: Für einen jeweiligen Tag des Ereigniszeitraums ab t_{-14} kumulierte Parameterwerte zweier *Random-Coefficients*-Schätzung nach SWAMY, getrennt vorgenommen für die genannten Untergruppen. Gesamtanzahl der Untersuchungsfälle mit deutschen oder österreichischen Unternehmen: 65; Anzahl sonstiger Unternehmen: 98. Quelle: Grunddaten WORLD MONEY Datenbank; eigene Berechnungen; eigene Erstellung.

Für die Gruppe derjenigen Direktinvestoren, die nicht aus Deutschland und nicht aus Österreich stammen, ist die Überrenditeentwicklung über annähernd den gesamten Ereigniszeitraum deutlich aufwärts gerichtet. Die durchschnittlichen Überrenditen summieren sich hier innerhalb von gut drei Wochen auf etwa 1,86 vH. Demgegenüber scheint für die Gruppe der Direktinvestoren mit Unternehmenssitz in Deutschland oder in Österreich die Überrenditeentwicklung keinem klaren Trend zu folgen, auch wenn der Trend für die Zeit nach t_0 leicht nach oben weist. Für die Zeitspanne vom Tag t_{-14} bis zum Tag t_{+8} fallen die durchschnittlichen abnormalen Renditen mit insgesamt 0,65 vH nur etwa ein Drittel so stark aus wie bei der Pendantgruppe. Ob dieses Ergebnis auf den Unternehmensgrößeneffekt oder auf den Unternehmenskontrolleffekt zurückzuführen ist, bleibt unklar. Alles in allem erscheint es aber vor dem Hintergrund der Abbildung 9 möglich, dass das niedrige Signifikanzniveau des Parameters a_i, dokumentiert in Tabelle 12, Spalte 1, S. 121, allein auf die *underperformance* der deutschen und österreichischen Unternehmen in der Untersuchungsgruppe zurückgeht.

4.3. Einflussgrößen der Überrenditeentwicklung abseits von unternehmensspezifischem Risiko und Marktentwicklung - Ein Strukturmodell

Die bislang vorgenommene Analyse lässt sich durch eine Untersuchung der Frage erweitern, inwieweit die Entwicklung der abnormalen Renditen im zeitlichen Umfeld des öffentlichen Bekanntwerdens von Direktinvestitionen in Mittel- oder Osteuropa neben der allgemeinen Entwicklung des Aktienmarktes nicht nur von einem weiteren Faktor wie der Herkunft eines Direktinvestors aus Deutschland oder Österreich abhängig ist, sondern von einer Vielzahl weiterer Faktoren. Bei diesen mag es sich um Eigenschaften der Ziel- oder der Herkunftsländer der betrachteten angekündigten Direktinvestitionen handeln oder um Eigenschaften der diese Direktinvestitionen ankündigenden Unternehmen. Bei der Berücksichtigung weiterer Faktoren in der Analyse geht es vom ökonometrischen Standpunkt aus um eine Verringerung der bislang nicht erklärten Variation in der Rendite in Mittel- und Osteuropa direktinvestierender Unternehmen, vom ökonomischen Standpunkt aus um eine genauere Erklärung der Überrenditeentwicklung der einzelnen Geschäftsvorfälle im Ereigniszeitraum.

Für eine derartige weitergehende Untersuchung könnte die bislang gewählte Methodik, in einer Panelstruktur zu regressieren, grundsätzlich beibehalten werden; die zuvor genutzte Schätzgleichung wäre lediglich durch geeignete exogene Faktoren zu erweitern. An dieser Stelle wird aber einem anderen Vorgehen gefolgt. Ausgegangen wird dabei von den Residuen der (Gleichung 12). Diese bilden die abhängige Variable einer neuen, anschließenden Schätzung im Rahmen eines eigenständigen Strukturmodells. In diesem fungieren Eigenschaften der Ziel- und der Herkunftsländer der betrachteten angekündigten Direktinvestitionen sowie Eigenschaften der diese Direktinvestitionen tätigenden Unternehmen als unabhängige, erklärende Variablen. Allerdings werden im weiteren zum einen nicht alle Residuen des zuvor untersuchten Panels betrachtet, sondern lediglich diejenigen des Ereigniszeitraums von t_{-14} bis t_{+8}. Zum anderen gehen diese Residuen der ersten Schätzung in das Strukturmodell nicht in einer Panelstruktur ein, gegliedert sowohl entlang der Zeitdimension als auch entlang der Dimension für die einzelnen Untersuchungsfälle; vielmehr werden sie zunächst für jeden einzelnen Untersuchungsfall aufsummiert. Dadurch entfällt die Zeitdimension; es ergibt sich eine Querschnittsbetrachtung in Form einer einfachen Kleinste-Quadrate-Regression.[210] Als Grund für die Summation der Residuen ist insbesondere die Art der zur Verfügung stehenden weiterführenden potentiellen Regressoren anzuführen. Diese differieren untereinander lediglich zwischen den einzelnen Untersuchungsfällen; von Tag zu Tag variierende potentielle Regressoren befinden sich unter ihnen nicht. Die Einschränkung der Betrachtung auf den Ereigniszeitraum von t_{-14} bis t_{+8} trägt der Überlegung Rechnung, dass es um eine genauere Erklärung der Überrenditeentwicklung der einzelnen Geschäftsvorfälle im Ereigniszeitraum geht; Wirkungen des Bekanntwerdens von Direktinvestitionen in Mittel- und Osteuropa auf Aktienkurse sind allein für diese Zeitspanne nachgewiesen worden.

Als potentielle Größen mit Einfluss auf die Entscheidung von Unternehmen direktzuinvestieren und damit auf die Kursentwicklung zugehöriger Aktien kommt eine Fülle von Variablen in Betracht. Um hieraus empirisch aussagekräftige Faktoren herauszufiltern, sei eine Vorauswahl getroffen, die an die theoretischen Erwägungen, vorgestellt in Abschnitt 2, anschließt. Das Spektrum der als potentiell wirksam angesehenen Faktoren reicht unter anderem von Variablen, die sich aus standorttheoretischen Überlegungen herleiten, über Variablen, die auf die Theorie der Direktinvestitionen zurückgehen, bis hin zu Variablen mit Bezug zur Theorie der Unternehmung. Dabei gestaltet es sich im Einzelfall häufig schwer, eine bestimmte Variable auf eine einzige Theorie zurückzuführen, weil verschiedene Argumente, auf denen einzelne Indikatoren aufbauen, in mehreren Denkgebäuden vorkommen.

Die im folgenden untersuchten, potentiellen weiterführenden Regressoren lassen sich grob drei Gruppen von Indikatoren zuordnen:

(1) einer Gruppe von Indikatoren, die das Zielland einer Direktinvestition betreffen (ein Reformland Mittel- oder Osteuropas),

(2) einer Gruppe von Indikatoren mit Bezug zum Herkunftsland einer Direktinvestition und

---

210 Vgl. für dieses Vorgehen beim BROWN / WARNERschen Verfahren CHEN, Haiyang / HU, Michael Y. / SHIEH, Joseph C., a. a. O. (Fußnote 186). In einem anderen Zusammenhang ASQUITH, Paul / MULLINS, David: Equity issues and offering dilution; in: Journal of financial economics, Jg. 15, Nr. 1 / 2 (Jan. / Feb. 1986), S. 61-89. Vgl. für eine Diskussion dieser Methodik MacKINLAY, Archie Craig: Event studies in economics and finance; in: The journal of economic literature, Jg. 35 (1997), Nr. 1, S. 13-39, hier S. 33-34, und die dort angegebene Literatur.

(3) einer Gruppe von geschäftsvorfallbezogenen Indikatoren und von Indikatoren mit Bezug zu einem direktinvestierenden Unternehmen.

Im Mittelpunkt des Interesses stehen dabei die Indikatoren der Zielländer. Das Hauptaugenmerk liegt auf der Frage, welche Standortgegebenheiten eines mittel- oder osteuropäischen Reformlandes beim Bekanntwerden einer Direktinvestition in einem Land der Region tendenziell positive und welche Standortgegebenheiten tendenziell negative Reaktionen durch die Aktienmärkte hervorrufen. Um aber die erklärenden Variablen im Strukturmodell korrekt zu identifizieren, muss für Indikatoren kontrolliert werden, die das Herkunftsland einer Direktinvestition betreffen, sowie für unternehmensbezogene und geschäftsvorfallbezogene Indikatoren.

Zu den potentiellen Zielländerregressoren sind zunächst gesamtwirtschaftliche Daten zu rechnen, wie sie beispielsweise der Abschnitt 1.5. thematisiert, so das Bruttoinlandsprodukt eines mittel- oder osteuropäischen Reformlandes, das Bruttoinlandsprodukt pro Kopf der Bevölkerung, die Veränderungsrate des Bruttoinlandsprodukts, die durchschnittlich gezahlten Löhne und der Realzinssatz.[211] Auch die Bevölkerungsgröße und die Bevölkerungsdichte fallen in diese Kategorie. Hinzu treten weitere makroökonomische Variablen, so der Saldo des öffentlichen Gesamthaushalts im Verhältnis zum Bruttoinlandsprodukt, die Veränderungsrate des Konsumentenpreisindex, der Leistungsbilanzsaldo und der Handelsbilanzsaldo, jeweils bezogen auf das Bruttoinlandsprodukt, die Schuldendienstquote und der reale Wechselkurs. Des Weiteren mögen die gesamtwirtschaftlichen Pro-Kopf-Direktinvestitionszuflüsse eines Landes einen Effekt auf andere Direktinvestitionsprojekte ausüben und damit auf den Aktienkurs einer eine Direktinvestition ankündigenden Kapitalgesellschaft. Der Offenheitsgrad eines Reformlandes, gemessen als auf das Bruttoinlandsprodukt bezogene Summe aus Importen und Exporten, mag als ein ordnungspolitischer Standortfaktor gelten ebenso wie der prozentuale Anteil am Bruttoinlandsprodukt, der durch Private erwirtschaftet wird.

Auf ein Herkunftsland von Direktinvestition können drei Dummy-Variablen verweisen. Mit ihnen mögen erstens nicht-europäische direktinvestierende Unternehmen von europäischen abgegrenzt werden, zweitens Unternehmen aus den beiden Ländern Deutschland und Österreich, in denen Deutsch die vorwiegende Amtssprache

211 Wie in Abschnitt 1.5. entstammen die benutzten Daten zu den Reformstaaten Mittel- und Osteuropas zum überwiegenden Teil den Publikationen BUNDESMINISTERIUM FÜR WIRTSCHAFT (Hrsg.): Wirtschaftslage und Reformprozesse in Mittel- und Osteuropa - Sammelband. Bonn, verschiedene Ausgaben.

darstellt, von allen übrigen Unternehmen in der Untersuchungsgruppe und drittens Unternehmen, die ihren Firmensitz in den aufstrebenden Märkten Mittel- und Osteuropas selbst haben, von den übrigen Unternehmen.

Zu der Gruppe der geschäftsvorfallbezogenen Indikatoren und der Indikatoren, die ein direktinvestierendes Unternehmen betreffen, zählen zuvorderst Angaben, zusammengetragen zu den einzelnen hier untersuchten Geschäftsvorfällen. Solche Angaben betreffen erstens denjenigen Anteil, den ein direktinvestierendes Unternehmen an einem anderen Unternehmen in Mittel- oder Osteuropa erworben hat, und zweitens das Ausmaß eines Direktinvestitionsengagements, bezogen auf das bilanzielle Eigenkapital des Direktinvestors. Drittens markiert eine Dummy-Variable alle diejenigen Geschäftsvorfälle, in deren Zuge rechtlich ein neues Unternehmen entstanden ist. Es bietet sich an, viertens denjenigen volkswirtschaftlichen Sektor in die Betrachtung einzubeziehen, in dem eine Direktinvestition stattfindet. Eine fünfte Variable greift die Aktienkursentwicklung im Vorfeld eines Direktinvestitionsengagements ab.

Die potentiellen Indikatoren in den drei Gruppen sind nicht immer vollkommen unabhängig voneinander. Unmittelbar einsichtig ist dies für den Fall des Bruttoinlandsprodukts, des Bruttoinlandsprodukts pro Kopf der Bevölkerung und der Bevölkerungsgröße eines Landes. In logarithmierter Form stehen diese drei Größen definitionsgemäß in einem deterministischen linearen Abhängigkeitsverhältnis zueinander. Werden derartig voneinander abhängige Größen als exogene Faktoren einer linearen Regression verwendet, ergeben sich unüberwindliche Probleme bei der Identifikation der Regressionsparameter.[212] Nach einer sich anbietenden Logarithmierung sollten daher in einer linearen Regression das Bruttoinlandsprodukt und dessen beide Gegenvariablen nicht gleichzeitig als Regressoren verwendet werden. Jedoch sind die gegenseitigen Abhängigkeiten der potentiellen exogenen Variablen nicht nur definitorischer und deterministischer Natur. Gerade das logarithmierte Bruttoinlandsprodukt pro Kopf der Bevölkerung steht in dem hier untersuchten Datensatz in vielfältigen stochastischen linearen Beziehungen, so mit den logarithmierten Größen durchschnittliche Entlohnung der Beschäftigten eines Reformlandes pro Monat und Offenheitsgrad eines Reformlandes. Mit stochastischen linearen Abhängigkeiten exogener Faktoren kann in einer linearen Regression

---

212 Verwiesen sei auf die Einführungsliteratur zur Regressionsanalyse, beispielsweise SCHNEEWEISS, Hans, a. a. O. (Fußnote 201), S. 134-139.

verschieden umgegangen werden. Unter anderem ist es legitim, nur eine Teilmenge linear abhängiger Faktoren in ein Strukturmodell einzubeziehen und andere Faktoren zu vernachlässigen. Insgesamt stellt im hier verwendeten Datensatz die Korrelation exogener Variabler kein gravierendes Problem dar.[213]

4.3.1. Erwartete Variablenvorzeichen

4.3.1.1. Indikatoren, das Zielland einer Direktinvestition in Mittel- oder Osteuropa betreffend

Das Bruttoinlandsprodukt (BP) ist wie auch das Bruttoinlandsprodukt pro Kopf der Bevölkerung (PBP) und die Bevölkerungsgröße (BV) als Indikator derjenigen Nachfrage zu werten, mit der direktinvestierende Unternehmen in einem Zielland rechnen können. Zum Teil reflektieren diese drei Indikatoren eine sich jeweils aktuell realisierende Nachfrage, zum Teil eine potentielle Nachfrage und damit das potentielle Wachstum eines für ein direktinvestierendes Unternehmen relevanten Absatzmarktes. Ähnliches gilt für die Veränderungsrate des Bruttoinlandsprodukts (WC). Bei der Ankündigung einer Direktinvestition in einem Land mit einer höheren aktuellen oder mit einer höheren potentiellen Nachfrage ist von höheren Überrenditen auszugehen. In der hier vorzunehmenden Schätzung dürften die ermittelten Vorzeichen der vier Nachfrageindikatoren positiv sein.

Wenn es um die Vorteilhaftigkeit eines Direktinvestitionsengagements geht, dürften neben der Erlösseite die Kosten, insbesondere die Lohnkosten, eine Rolle spielen. Daher bietet es sich an, die logarithmierte, durchschnittliche Monatsentlohnung je Beschäftigten eines Reformlandes pro Monat im Strukturmodell zu berücksichtigen. Übersteigt die Entlohnung je Beschäftigten in einem Zielland (REALLOHN) ein bestimmtes Maß, das beispielsweise durch die andernorts in den Reformstaaten Mittel- und Osteuropas gezahlten Löhne vorgegeben wird, dürfte dies zu einer Verringerung der Wettbewerbsfähigkeit dort engagierte Unternehmen führen. Entsprechend dürften die Akteure an den Aktienmärkten ein Engagement in einem Reformland schlechter beurteilen, wenn in diesem vergleichsweise gut entlohnt wird. *Vice versa* gilt dies für niedriger als anderswo gezahlte Bruttomonatslöhne. Das erwartete Vorzeichen von ln(REALLOHN) ist negativ.

---

213 In lediglich einem Fall übersteigt der Betrag eines paarweisen Korrelationskoeffizienten den Wert 0,8, in einem weiteren Fall den Wert 0,7.

Die Bevölkerungsdichte eines Reformlandes, definiert als logarithmierter Quotient aus Einwohneranzahl und Oberfläche (ln(BV/OB)), kann insbesondere als Zeichen dafür gewertet werden, mit welcher Wahrscheinlichkeit ein dort operierendes Unternehmen Partner für wirtschaftliche Transaktionen findet, seien dies nun Abnehmer eigener Produkte oder geeignete Zulieferer. Daneben können Unternehmen bei einer hohen Bevölkerungsdichte eher zunehmende Skaleneffekte der Produktion erreichen, während diese durch weit voneinander entfernt lebende Bevölkerungsteile und hohe Transportkosten reduziert oder gar zunichte gemacht werden können.[214] Entsprechend sollten die Aktienmärkte Direktinvestitionen in Ländern mit einer hohen Bevölkerungsdichte günstiger beurteilen als Direktinvestitionen in solchen mit einer niedrigen Bevölkerungsdichte. Das im folgenden geschätzte Vorzeichen der Bevölkerungsdichte sollte positiv sein.

In der Zahlungsbilanz eines Landes kann ein Direktinvestitionszufluss eine Gegenbuchung zu einer Leistung an das Ausland darstellen, gebucht in der Leistungsbilanz. Insofern dürfte der Leistungsbilanzsaldo saldenmechanisch eine hohe negative Korrelation mit den Direktinvestitionszuflüssen eines Landes aufweisen. Daher sollten die Zielländervariablen Leistungsbilanzsaldo eines Reformlandes (LS), bezogen auf das Bruttoinlandsprodukt, und jährliche Netto-Direktinvestitionszuflüsse pro Kopf der Bevölkerung (PFDI) nicht gleichzeitig im Strukturmodell verwendet werden.

Ein statistischer Zusammenhang von PFDI mit der hier untersuchten Überrenditeentwicklung direktinvestierender Aktiengesellschaften ist insbesondere für denjenigen Fall denkbar, dass die Direktinvestition eines Unternehmens in einem Zielland eine Bedeutung hat für Direktinvestitionen anderer Unternehmen in demselben Zielland. Auf der einen Seite lässt sich ein positiver Zusammenhang vermuten. Für diese Möglichkeit spricht unter anderem, dass bestimmte Unternehmen anderen in vor- oder nachgelagerten Bereichen häufig ins Ausland nachfolgen. Beispielsweise tendieren Banken dazu, ihre Industriekunden an deren Direktinvestitionstandorte zu begleiten, um einmal aufgebaute Kundenbeziehungen zu sichern oder auszubauen. Auch kann es sein, dass bereits an einem Standort tätige Direktinvestoren potentiell nachfolgende Unternehmen implizit oder explizit über die Gegebenheiten am gewählten Standort informieren. Diese Externalität könnte später initiierten

214 Ein typisches Argument der Neuen Regionalökonomie und der Neuen Außenhandelstheorie, vgl. die in Fußnote 80 angegebene Literatur.

Direktinvestitionen zugute kommen mit der Konsequenz, dass bei Ankündigungen derartiger Direktinvestitionen überdurchschnittliche Überrenditen zu beobachten sind.[215] Auf der anderen Seite kann der Zusammenhang zwischen Direktinvestitionen in einem Land und der Überrenditeentwicklung bei Ankündigungen nachfolgender Direktinvestitionen negativ sein. Als Argument hierfür lässt sich insbesondere ein "*First-mover-advantage*" anführen: Direktinvestoren, die vergleichsweise zeitig nach Beginn der Transformation in ein Zielland Mittel- oder Osteuropas gingen, dürften nur wenig Konkurrenz durch andere multinationale Unternehmungen und womöglich entsprechend günstige Verhältnisse von Kosten und durchsetzbaren Preisen vorgefunden haben. Demgegenüber dürften sich Direktinvestoren, die erst spät in die Märkte der Reformstaaten eintraten, bereits einem ausgeprägten Wettbewerb gegenübergesehen haben mit der Folge vergleichsweise ungünstiger Verhältnisse von Kosten und durchsetzbaren Preisen. Somit mag ein hoher Wert von PFDI auch mit einer unterdurchschnittlichen Überrenditeentwicklung korrespondieren. Insgesamt gesehen ist das erwartete Vorzeichen der Variablen PFDI indeterminiert.

Die Variablen HS und LS - Handelsbilanz- bzw. Leistungsbilanzsaldo eines Reformlandes im Verhältnis zum Bruttoinlandsprodukt - sind als Indikatoren für das Risiko zu werten, in einem Land direktzuinvestieren. Bei einer deutlich negativen Handels- oder Leistungsbilanz eines Reformlandes mag es Marktteilnehmern unglaubwürdig erscheinen, dass eine derartige außenwirtschaftliche Lage langfristig durchhaltbar ist. Ist ein solcher Punkt erreicht, werden in der Regel Anpassungsmaßnahmen notwendig, beispielsweise in Form einer nominalen Abwertung der Währung oder in Form steigender Zinsen im Inland. Dies wirkt sich nicht selten - zumindest kurzfristig - negativ auf das Wachstum und auf die Beschäftigung eines Landes sowie auf die Rentabilität dort engagierter Unternehmen aus. Insofern ist im hier diskutierten Strukturmodell von einem positiven Vorzeichen der Variablen HS und LS auszugehen.

Gleichfalls als Risikoindikator fungiert die Schuldendienstquote (SQ), definiert als Quotient aus einerseits Verzinsung und Tilgung im Ausland aufgenommener Kredite eines Reformlandes Mittel- oder Osteuropas und andererseits dessen Bruttoinlandsprodukt. In der Regel werden Verzinsung und Tilgung, aber auch repatriierte Gewinne in einem Zielland engagierter ausländischer Unternehmen aus dem

215 So insbesondere THIMANN, Christian / THUM, Marcel, a. a. O. (Fußnote 100).

erwirtschafteten Bruttoinlandsprodukt geleistet. Insofern zeigt die Schuldendienstquote auch die Möglichkeiten direktinvestierender Unternehmen auf, erwirtschaftete Gewinne ins Ausland zu transferieren. Mit einer steigenden Schuldendienstquote dürften diese Möglichkeiten tendenziell eingeschränkt werden. Das erwartete Vorzeichen von SQ ist negativ.

Staatliche Haushaltsdefizite oder ein hoher Staatsschuldenstand können als Zeichen dafür gewertet werden, welchem Schuldendienst sich die öffentlichen Haushalte eines Reformlandes gegenübersehen. Soll dieser nicht auf dem Wege einer weiteren Kreditaufnahme geleistet werden, stellt eine Finanzierung über Steuern eine naheliegende Alternative dar. Zur Steuerzahlung können unter anderem auch im Inland engagierte ausländische Unternehmen herangezogen werden, was bei diesen unter sonst gleichen Bedingungen die Gewinne nach Steuern schmälert. Dies mag sich in einer niedrigeren Nach-Steuer-Rentabilität derartiger Engagements niederschlagen. Das erwartete Vorzeichen der Variablen HH, die den Saldo der konsolidierten öffentlichen Haushalte auf das Bruttoinlandsprodukt bezieht, ist positiv.

Die Berücksichtigung der jahresdurchschnittlichen Zuwachsrate des Konsumentenpreisindex (INF) als möglicher Determinante der Überrenditeentwicklung in Mittel- und Osteuropa direktinvestierender Unternehmen geht auf die Beobachtung der Europäischen Bank für Wiederaufbau und Entwicklung zurück, dass hohe Geldentwertungsraten als ein für die Reformstaaten empirisch aussagekräftiger Indikator verschiedener Investitionshemmnisse gelten können, die mit Risiko und Unsicherheit im Zusammenhang stehen.[216] Entsprechend sollte bei einer Schätzung der Überrenditeentwicklung in Mittel- und Osteuropa direktinvestierender Kapitalgesellschaften eine Variable berücksichtigt werden, welche die Preisniveauentwicklung in einem Direktinvestitionszielland wiedergibt. Das dafür ermittelte Vorzeichen sollte negativ sein. Allerdings kann nicht zuletzt ein hoher Realzins eingesetzt werden, um eine stabilitätsorientierte Geldpolitik zu betreiben; diese wiederum kann hohen Geldentwertungsraten entgegenwirken. Daher mag ein hoher Realzinssatz den empirischen Zusammenhang zwischen Überrenditeentwicklung und Unsicherheit, modelliert als Zuwachsrate des Konsumentenpreisindex, verdecken: hohe Investitionsrisiken können auch mit niedrigen Geldentwertungsraten in einem Land

216 Vgl. EUROPEAN BANK FOR RECONSTRUCTION AND DEVELOPMENT: Transition report 1995 - Economic transition in eastern Europe and the former Soviet Union. Investment and enterprise development. London 1995, S. 76-90.

einhergehen. Ein positiver Zusammenhang zwischen der Zuwachsrate des Konsumentenpreisindex und der Überrenditeentwicklung in Mittel- und Osteuropa direktinvestierender Unternehmen ist nicht zwingend.

Das erwartete Vorzeichen des Realzinssatzes (RZ) ist gleichfalls indeterminiert. Steht für die Akteure an den Aktienmärkten der kostentreibende Effekt eines hohen Realzinses auf die Finanzierung von Auslandsengegements im Vordergrund, dürfte in der hier vorzunehmenden Regressionsschätzung der Parameter der Variablen RZ ein negatives Vorzeichen tragen. Wenn hingegen die Rolle des Realzinses primär darin besteht, zu einer stabilitätsorientierten Geldpolitik beizutragen, und wenn die Investoren an den Aktienmärkten eine solche honorieren, dürfte für den Parameter der Variablen RZ ein positives Vorzeichen geschätzt werden.

In der Vergangenheit war für verschiedene Länder der Welt und für verschiedene Zeiten zu beobachten, dass Direktinvestitionen in Länder mit einer über eine gewisse Zeit unterbewerteten Währung flossen, erkennbar an einem über längere Zeit ansteigenden realen Wechselkurs (vgl. Abschnitt 2.3.5.). Inwieweit dieses Schema auf die Reformstaaten Mittel- und Osteuropas zutrifft, bleibt zu prüfen. Die im vorliegenden Fall hierfür konstruierte Variable RWK, die eine reale Aufwertung einer Währung durch einen Anstieg kennzeichnet, sollte ein negatives Vorzeichen tragen.

Zu den ordnungspolitisch motivierten potentiellen Zielländerregressoren zählt der Anteil des Privatsektors an der Erstellung des Bruttoinlandsprodukts (PWS). Diese Variable ist zur besseren Vergleichbarkeit über die verschiedenen untersuchten Jahre hinweg standardisiert: Von demjenigen prozentualen Anteil des Privatsektors an der Erstellung des Bruttoinlandsprodukts, der für ein Land und für ein Jahr gemessen wird, wird der Durchschnitt dieses Jahres über alle hier betrachteten Reformländer abgezogen. Das Resultat wird durch die Standardabweichung desselben Jahres für alle betrachteten Reformländer dividiert. Es ergibt sich ein Indikator, der für jedes einzelne Jahr einen Mittelwert von Null und eine Standardabweichung von Eins aufweist. Ein hoher Anteil von PWS deutet auf große Entfaltungsmöglichkeiten der Privaten und auf eine nur gering ausgeprägte Interventionsneigung auf Seiten staatlicher Stellen hin. Das geschätzte Vorzeichen dürfte positiv sein. Getrübt könnte die Erklärungskraft von PWS durch die Effekte der Couponprivatisierungen sein, die in Mittel- und Osteuropa durchgeführt worden sind, beispielsweise in Bulgarien, in der Tschechischen Republik und in der Slowakischen

Republik.[217] Hierbei gingen die Anteilsscheine vieler Unternehmen einer Volkswirtschaft in vergleichsweise kurzer Zeit in private Hände über, ohne dass die Privaten anschließend zwangsläufig eine Kontrolle über die betreffenden Unternehmen ausübten.[218] Im Ergebnis kann ein statistisch als hoch ausgewiesener Anteil Privater an der Erstellung des Bruttoinlandsprodukts auch mit geringen Entfaltungsmöglichkeiten der Privaten einhergehen. Dies kann die Offenlegung eines empirischen Belegs für den erwarteten positiven Zusammenhang zwischen PWS und der Überrenditeentwicklung vereiteln.

Auch der Offenheitsgrad eines Reformlandes (OF), gemessen als auf das Bruttoinlandsprodukt bezogene Summe aus Importen und Exporten eines Landes, kann als ordnungspolitischer Standortfaktor gewertet werden. Auch diese logarithmierte Größe steht für große Entfaltungsmöglichkeiten der Privaten und für eine nur gering ausgeprägte Interventionsneigung auf Seiten staatlicher Stellen, hier: bei der Abwicklung grenzüberschreitender Transaktionen. Das geschätzte Vorzeichen von OF dürfte positiv sein. Allerdings hat für große Länder, die traditionell einen ausgeprägten Binnenhandel betreiben, der Außenhandel eine geringere Bedeutung als für kleine Länder. Daher kann ein als niedrig eingestufter Offenheitsgrad auch mit einer adäquaten Ordnungspolitik einhergehen. Insofern ist damit zu rechnen, dass die Aussagefähigkeit von OF hinter derjenigen beispielsweise von PWS zurückbleibt.

4.3.1.2. Indikatoren mit Bezug zum Herkunftsland einer Direktinvestition

Einen Bezug zum Herkunftsland von Direktinvestition stellen drei Null-Eins-Dummy-Variablen her. Zu diesen zählt erstens NE, die nicht-europäische direktinvestierende Unternehmen durch eine Eins von europäischen mit einer Null abgrenzt. Dadurch,

217 Vorgeschlagen in ŠVEJNAR, Jan: A framework for the economic transformation of Czechoslovakia; in: PlanEcon Report, Jg. 5 (1989), Nr. 52, S. 1-18.

218 COFFEE, John C.: Investment privatization funds - The Czech experience. Paper presented at the conference "Corporate governance in Central Europe and Russia" held jointly by the World Bank, Transition Economics Division, Policy Research Department, and the Central European University privatization project. Washington, D. C., 1994; LAŠTOVIČKA, Radek / MARCINČIN, Anton / MEJSTŘÍK, Michal: Privatization and opening the capital markets in the Czech and Slovak republics. Prague (= Economics Institute of the Academy of Sciences of the Czech Republic, Center for Economic Research and Graduate Education, Charles University, Working paper Nr. 54) 1994; MATEŠOVÁ, Jana / SEĎA, Richard: Financial markets in the Czech Republic as a means of corporate governance in voucher privatized companies. Prague (= Economics Institute of the Academy of Sciences of the Czech Republic, Center for Economic Research and Graduate Education, Charles University, Working paper Nr. 62) 1994.

dass nicht-europäische Unternehmen beispielsweise einem sich von Mittel- und Osteuropa unterscheidenden Kulturkreis mit anderen wirtschaftlichen Gepflogenheiten entstammen, könnten bei einem Direktinvestitionsengagement in Mittel- und Osteuropa für derartige Unternehmen Reibungsverluste im Wirtschaftsablauf auftreten. Entsprechend lässt sich für NE ein negatives Vorzeichen erwarten. In dieselbe Richtung geht die Hypothese, dass Unternehmen anderer Kontinente durch die Entfernung zwischen ihrem angestammten Wirtschaftsgebiet und Mittel- beziehungsweise Osteuropa höhere Transaktionskosten zu tragen haben, beispielsweise für die Kontrolle ihrer dortigen Tochterunternehmen. Dem steht die Hypothese gegenüber, dass mit Direktinvestitionsengagements in Übersee Absatzmärkte erschlossen werden können, die allein durch Exporte nur schwer zu bedienen sind. Insofern können Direktinvestitionen in Mittel- oder Osteuropa aus Übersee die Absatzentwicklung eines Unternehmens positiv beeinflussen. Dadurch kann das für NE geschätzte Vorzeichen auch positiv ausfallen. Insgesamt lässt sich das erwartete Vorzeichen von NE nicht festlegen.

Die zweite Dummy-Variable der Herkunftslandindikatoren ist DT. Sie unterscheidet mit einer Eins alle Fälle, bei denen die direktinvestierenden Unternehmen ihren Firmensitz in Deutschland oder Österreich haben, von allen übrigen Fällen, bei denen DT eine Null aufweist. Aufgrund der Ausführungen in Abschnitt 4.2.4. ist für DT ein negatives Vorzeichen zu erwarten.

Als dritte Dummy-Variable der Herkunftslandindikatoren geht EM in das Strukturmodell ein. Dieser Regressor differenziert zwischen - mit einer Eins - direktinvestierenden Unternehmen mit Firmensitz in den aufstrebenden Volkswirtschaften Mittel- und Osteuropas selbst und - mit einer Null - den sonstigen direktinvestierenden Unternehmen in der Untersuchungsgruppe. EM testet insbesondere die Hypothese, dass unternehmerische Investitionsengagements im Ausland unter anderem dann erfolgreich sind, wenn in deren Zuge in einem Unternehmen gebundene Kenntnisse mit Vorteilen desjenigen Standorts verbunden werden, an dem investiert wird. Die Volkswirtschaften Mittel- und Osteuropas sowie die dort beheimateten Unternehmen befinden sich in einem Prozess aufholender Entwicklung, in welchem unter anderem extern verfügbares Wissen adaptiert werden sollte -[219] auch und gerade durch einströmende Direktinvestitionen. Eine technologi-

219 PAASI, Marianne: The inherited and emerging absorptive capacities of firms - results of a firms survey in the Estonian electronics industry. Halle (Saale) (= Institut für Wirtschaftsforschung Halle, Diskussionspapier Nr. 46) 1996.

sche Führungsrolle kommt Unternehmen aus den aufstrebenden Volkswirtschaften Mittel- und Osteuropas kaum zu. Unternehmen mit firmengebundenen technologischen Kenntnissen dürften in der überwiegenden Mehrzahl der Fälle aus entwickelten Volkswirtschaften stammen. Daher dürften Direktinvestitionen in Mittel- und Osteuropa durch Unternehmen aus dieser Region selbst ökonomisch weniger vorteilhaft sein. Das zu schätzende Vorzeichen von EM sollte negativ sein.

4.3.1.3. Geschäftsvorfallbezogene Indikatoren und Indikatoren mit Bezug zu einem direktinvestierenden Unternehmen

Auf Seiten der geschäftsvorfallbezogenen Indikatoren und der Indikatoren, die sich auf die einzelnen direktinvestierenden Unternehmen beziehen, ist zunächst die Variable AN zu nennen. Diese bezeichnet denjenigen Anteil in Prozent, den ein Unternehmen im Zuge einer untersuchten Direktinvestition an einem mittel- oder osteuropäischen Unternehmen erwirbt. Mit einem höheren Anteil ist ein direktinvestierendes Unternehmen eher in der Lage, Einfluss auf die wirtschaftlichen Aktivitäten eines abhängigen Unternehmens im Zielland zu nehmen. Auch gehen mit einem höheren Anteil in der Regel höhere Ansprüche an die erwirtschafteten Unternehmensergebnisse einher. Das geschätzte Vorzeichen von AN dürfte entsprechend positiv sein. Dem stehen Erfahrungen beispielsweise zu *Joint ventures* in Mittel- oder Osteuropa entgegen, gebildet durch Unternehmen aus einer entwickelten Volkswirtschaft und einem oder mehreren Partnern vor Ort. Hierbei mögen technische Kenntnisse und Fertigkeiten, eingebracht durch Direktinvestoren, eine Symbiose eingehen mit dem Wissen um die Märkte im Gastland. Bei Gemeinschaftsunternehmen hält ein Direktinvestor in der Regel nicht alle Unternehmensanteile. Sind solche Partizipationsschemata die überlegene Strategie in Märkten wie denjenigen der Reformstaaten, mag sich dies bei den hier anzustellenden Schätzungen in einem negativen Vorzeichen von AN oder in einem insignifikanten Ergebnis niederschlagen.

Das Ausmaß eines einzelnen Direktinvestitionsengagements in Geldeinheiten, symbolisiert durch die Variable PR, bestimmt darüber mit, welche Rolle ein bestimmtes direktinvestierendes Unternehmen in einem Zielland Mittel- und Osteuropas oder in der Region insgesamt zu spielen beabsichtigt. Ein Unternehmen, das viel Kapital in einem Zielland direktinvestiert, dürfte unter sonst gleichen Bedingungen größere Gewinnmöglichkeiten antizipieren als ein Unternehmen, das wenig Kapital direktinvestiert. Das Vorzeichen von PR dürfte mithin positiv sein. Allerdings werden bei großen Investitionsbeträgen erhebliche Kapitalien gebunden.

Hierdurch geht Flexibilität verloren. So gesehen können große Direktinvestitionsbeträge auch mit negativen Reaktionen der Finanzmärkte einhergehen. PR kann auch ein negatives Vorzeichen tragen. Insgesamt ist das erwartete Vorzeichen von PR indeterminiert. Zu beachten bleibt, dass ein Engagement einer bestimmten Größenordnung verschiedene Konsequenzen für die Aktionäre einer betreffenden Kapitalgesellschaft haben dürfte, je nachdem, ob es sich hierbei um ein größeres oder um ein kleineres Unternehmen handelt. Um die Wirkung eines Direktinvestitionsengagements in einem Reformland auf einen betreffenden Aktienkurs adäquat zu erfassen, wird PR im Strukturmodell auf die Variable EK bezogen: das Eigenkapital, wie es in den veröffentlichten Unternehmensbilanzen verzeichnet ist.

SEKTOR bezeichnet denjenigen volkswirtschaftlichen Sektor, in den eine Direktinvestition im Zielland geht und in dem ein Tochterunternehmen anschließend operiert. In Anlehnung an die Drei-Sektoren-Hypothese[220] wird nach erstens Land- und Forstwirtschaft sowie Fischerei (SEKTOR = 1), zweitens Bergbau, Bauwirtschaft und Industrie (SEKTOR = 2) und drittens schließlich Dienstleistungen (SEKTOR = 3) unterschieden. Insbesondere ein Blick auf den in Mittel- und Osteuropa im Vergleich zu entwickelteren Volkswirtschaften unterrepräsentierten Dienstleistungsbereich und auf den dort vergleichsweise stark vertretenen primären Sektor verdeutlicht, dass Unternehmen, die mittels Direktinvestitionen zu einer Fortentwicklung des Dienstleistungsbereichs in Mittel- und Osteuropa beitragen, ein günstiges wirtschaftliches Umfeld vorfinden dürften. Das zu schätzende Vorzeichen von SEKTOR dürfte positiv sein.

Die Variable KV versucht - anders als SEKTOR - zusätzlich die konkreten Bedingungen für Direktinvestitionen ins Bild zu nehmen, die in einem gewählten Zielland vorherrschen. Gefragt ist danach, ob ein gewählter Sektor in einem Zielland vergleichsweise stark entwickelt ist oder nicht. Betrachtet wird der prozentuale Anteil am Bruttoinlandsprodukt, den ein mit SEKTOR bezeichneter Bereich im Zielland auf sich vereinigt. Berücksichtigt wird dessen relative Stärke im Zielland *vis à vis* den übrigen Ländern Mittel- und Osteuropas: KV ist nach einem Verfahren standardisiert, das dem Vorgehen bei der Variablen PWS gleicht; sie weist für jedes Jahr einen Mittelwert von Null und eine Standardabweichung von Eins auf. Als Motivation für die Berücksichtigung der Variablen KV lässt sich insbesondere der komparative Vorteil

---

220 GÖRGENS, Egon: Die Drei-Sektoren-Hypothese; in: Das Wirtschaftsstudium, Jg. 4, Nr. 6 (Juni 1995), S. 287-292.

nennen, den ein Unternehmen nutzen kann, wenn es in einem Reformland direktinvestiert, in dem ein bestimmter Sektor stark vertreten ist. Verbindet ein Unternehmen im Zuge einer Direktinvestition marktverwertbare unternehmensinterne Kenntnisse mit Stärken des Ziellandes, repräsentiert durch einen vergleichsweise großen Sektor, sollte sich dies günstig auf die wirtschaftliche Position der Unternehmenseigner auswirken. Von daher sollte das Vorzeichen von KV positiv ausfallen. Eine dem entgegengesetzte Interpretation operiert mit der Marktsättigung, die sich einstellen kann, wenn sehr viele Unternehmen auf dem Absatzmarkt eines Landes auftreten. In diesem Falle sollte es günstiger sein, in einem Land direktzuinvestieren, in dem ein bestimmter Sektor noch unterrepräsentiert ist. Dann sollte sich ein negativer Zusammenhang von KV und der Überrenditeentwicklung in Mittel- und Osteuropa direktinvestierender Unternehmen finden lassen. Insgesamt ist das erwartete Vorzeichen von KV in den anzustellenden Schätzungen indeterminiert.

Bei RN handelt es sich um eine Dummy-Variable, die mit einer Eins alle diejenigen Geschäftsvorfälle markiert, in deren Zuge ein rechtlich neues Unternehmen entstanden ist. Alle übrigen Geschäftsvorfälle tragen an dieser Stelle eine Null. Als rechtlich neuartig wird ein Unternehmensvorfall der beiden Kategorien "*Green-field investment*" und "*Joint venture*" angesehen. Die Wahl von RN als potentiellem Regressor beruht einerseits auf der Überlegung, dass namentlich unter den Transformations- und Reformbedingungen Mittel- und Osteuropas ältere Unternehmen oder Unternehmen in einer Rechtsnachfolge dem Risiko ausgesetzt sein können, für Vorfälle einer Unternehmensvergangenheit haften zu müssen. Eine Haftung kann beispielsweise aus Umweltaltlasten in Böden resultieren, aus einer nur langsam zu reduzierenden Beschäftigung oder aus zu bedienenden Krediten, denen Aktiva nur in unvorhersehbar geringem Maße gegenüberstehen. Ein rechtlich neuartiges Unternehmen ist demgegenüber in der Regel einem derartigen Risiko in geringerem Maße ausgesetzt. Insofern dürfte die Bewertung einer Direktinvestition durch die Märkte im Falle einer Unternehmensneugründung unter sonst gleichen Bedingungen günstiger ausfallen. Das zu ermittelnde Vorzeichen von RN sollte positiv sein. Andererseits können mit Neugründungen erhebliche Anlaufprobleme verbunden sein, nicht zuletzt in einem fremden Terrain wie einem Reformland. Daher mag es im Einzelfall sinnvoller sein, sich an einem bestehenden, laufenden Unternehmen zu beteiligen oder dieses komplett zu übernehmen. RN kann auch ein Pluszeichen tragen.

Die letzte Größe, die als potenzieller Regressor Berücksichtigung findet, ist die durchschnittliche tägliche Veränderungsrate des Aktienkurses einer betrachteten direktinvestierenden Kapitalgesellschaft in demjenigen Abschnitt des Untersuchungszeitraum, der dem Ereigniszeitraum vorangeht. Die Wahl der Variablen LB geht auf die empirische Beobachtung zurück, dass bei *Event studies* abnormale Renditen im unmittelbaren Umfeld eines Ereignisses in einem engen Zusammenhang mit einer über Erwarten guten Aktienkursentwicklung zuvor stehen.[221] LB dürfte ein Pluszeichen tragen. Tabelle 14 stellt die getesteten potentiellen Regressoren in einer Übersicht zusammen und zeigt die für die Schätzungen erwarteten Vorzeichen.

4.3.2. Regressorselektion

Ein Problem eigener Art besteht in der Wahl einer Strategie, um bei einer Mehrfachregression aus einer Schar potentieller Regressoren letztlich aussagekräftige Regressoren zu selektieren. Die Literatur liefert hierzu nur unpräzise Hinweise.[222] Vorgeschlagen wird auf der einen Seite ein Vorgehen, bei dem, ausgehend von einem einzigen signifikanten Regressor mit einem möglichst hohen Erklärungsgehalt, einem Modell schrittweise weitere signifikante Regressoren mit gleichfalls jeweils möglichst hohen Erklärungsgehalten hinzugefügt werden, bis nach mehreren Versuchen ein endgültiges Modell feststeht. Auf der anderen Seite mag zu Beginn einer Reihe von Regressionsschätzungen eine möglichst umfassende Zusammenstellung verfügbarer potentieller Regressoren stehen. Aus diesen lässt sich dann durch Eliminierung insignifikanter Regressoren oder solcher mit unplausiblen Vorzeichen ein Kernbestand signifikanter Regressoren ermitteln. Es ist nicht angebbar, welche dieser beiden Vorgehensweisen die überlegenere ist, zumal sie nicht in jedem Fall zum selben Resultat in Form einer abschließenden Modellgleichung führen müssen.[223] An dieser Stelle wird dem Eliminationsverfahren gefolgt. Zu Beginn wird - unter Maßgabe der untereinander bestehenden Korrelationen - auf möglichst viele der gegebenen potentiellen Regressoren getestet. Im Anschluss daran werden schrittweise potentielle Regressoren ausgesondert, die unerwartete Vorzeichen tragen oder insignifikant sind.

---

221 Vgl. ASQUITH, Paul / MULLINS, David, a. a. O. (Fußnote 210).

222 Vgl. bspw. SCHNEEWEISS, Hans, a. a. O. (Fußnote 201), S. 152-155.

223 Ebenda.

Tabelle 14: Variablen einer Schätzung zum Test auf zusätzliche Faktoren mit Überrenditeentwicklungseinfluss nebst jeweils erwarteter Vorzeichen.

Variablengruppe	Variablenname	Bedeutung	Erwartetes Vorzeichen
Indikatoren, die das Zielland einer Direktinvestition in Mittel- oder Osteuropa betreffen	ln(BP)	Bruttoinlandsprodukt, logarithmiert	+
	ln(PBP)	Bruttoinlandsprodukt pro Kopf der Bevölkerung, logarithmiert	+
	WC	Veränderungsrate des Bruttoinlandsprodukts	+
	ln(BV)	Bevölkerungsgröße, logarithmiert	+
	ln(BV/OB)	Bevölkerungsdichte, logarithmiert	+
	ln(REALLOHN)	Durchschnittliche Bruttolöhne je Beschäftigten pro Monat, logarithmiert	-
	PFDI	Jährliche Netto-Direktinvestitionszuflüsse pro Kopf der Bevölkerung eines Reformlandes	+ / -
	HS	Handelsbilanzsaldo eines Reformlandes im Verhältnis zum Bruttoinlandsprodukt	+
	LS	Leistungsbilanzsaldo eines Reformlandes im Verhältnis zum Bruttoinlandsprodukt	+
	SQ	Schuldendienstquote: Quotient aus einerseits Verzinsung und Tilgung im Ausland aufgenommener Kredite eines Reformlandes und andererseits dessen Bruttoinlandsprodukt	-
	HH	Saldo der öffentlichen Haushalte im Verhältnis zum Bruttoinlandsprodukt	+
	INF	Jahresdurchschnittliche Zuwachsrate des Konsumentenpreisindex	-
	RZ	Realzinssatz	+ / -
	RWK	Realer Wechselkurs (reale Aufwertung: +)	-
	PWS	Anteil des Privatsektors an der Erstellung des Bruttoinlandsprodukts (standardisiert)	+
	OF	Offenheitsgrad: Summe aus Importen und Exporten eines Reformlandes, bezogen auf das Bruttoinlandsprodukt	+
Indikatoren mit Bezug zum Herkunftsland einer Direktinvestition	NE	Unternehmen mit Firmensitz nicht in Europa	+ / -
	DT	Unternehmen mit Firmensitz in Deutschland oder in Österreich	-
	EM	Unternehmen mit Firmensitz in den aufstrebenden Volkswirtschaften Mittel- und Osteuropas	-
Geschäftsvorfall-bezogene Indikatoren und Indikatoren mit Bezug zu einem direktinvestierenden Unternehmen	AN	Prozentualer Anteil, den ein Unternehmen im Zuge der untersuchten Direktinvestition an einem mittel- oder osteuropäischen Unternehmen erwirbt	+
	PR/EK	Ausmaß eines Direktinvestitionsengagements, bezogen auf das bilanzielle Eigenkapital	+ / -
	SEKTOR	Sektor, in dem direktinvestiert wird, unterschieden nach Primärem, Sekundärem und Tertiärem Sektor	+
	KV	"Komparativer Vorteil" eines Unternehmen bei einer Direktinvestition in einem Gastland: prozentualer Anteil am Bruttoinlandsprodukt, den ein mit SEKTOR bezeichneter Sektor im Zielland auf sich vereinigt (standardisiert)	+ / -
	RN	Geschäftsvorfall, in dessen Zuge ein rechtlich neues Unternehmen entsteht	+ / -
	LB	Durchschnittliche tägliche Veränderungsrate eines betrachteten Aktienkurses im Zeitabschnitt unmittelbar vor dem Ereigniszeitraum	+

Quelle: eigene Erstellung auf Basis der Angaben im Haupttext.

Nicht alle signifikanten Regressoren mit erwartetem Vorzeichen müssen in der endgültigen Modellversion vertreten sein, denn eine Beschränkung auf wenige Variablen trägt dem Sparsamkeitspostulat Rechnung. Demnach ist unter ansonsten gleichen Bedingungen eine einfachere mathematische Beschreibung eines stochastischen Prozesses einer komplexeren vorzuziehen. Um aus verschiedenen sich jeweils anbietenden Regressorkonstellationen ein endgültiges Modell zu ermitteln, wird nicht nur beispielsweise auf das Standardisierte Bestimmtheitsmaß zurückgegriffen, sondern insbesondere auch auf das AKAIKE-Informationskriterium.[224] Dabei signalisiert hier eine kleinere Prüfgröße unter ansonsten gleichen Bedingungen eine gegenüber einer Alternative vorzuziehende Modellierung.

Ein Test auf besonders einflussreiche Datenpunkte[225] legt es nahe, zwei Untersuchungsfälle als "Ausreißer" zu werten. Die entsprechenden Daten bleiben aus der weiteren Betrachtung ausgeklammert.[226]

4.3.3. Gewichtete Kleinste-Quadrate-Schätzung

Proberechnungen zeigen, dass die hier anzustellenden Regressionsschätzungen - anders, als dies das einfache Regressionsmodell fordert - systematisch streuende, heteroskedastische Residuen zurücklassen.[227] Um den grundlegenden Annahmen des Regressionsmodells möglichst weitgehend zu entsprechen, wird eine Gewichtete Kleinste-Quadrate-Schätzung vorgenommen. Entsprechende Rechenoperationen vorausgesetzt, ist dies geeignet, die unerwünschte Regelmäßigkeit in den Residuenvarianzen nahezu vollständig zu eliminieren.

Es gelte für die Varianz der Störterme - statt wie im Modell einer Kleinste-Quadrate-Schätzung $\text{var}(\varepsilon_i) = \sigma^2$ - die Beziehung $\text{var}(\varepsilon_i) = \sigma_i^2$ ($\forall$ i = 1, 2, ..., N). Insbesondere sei für alle N Untersuchungseinheiten i die Varianz des Fehlerterms gemäß $\sigma_i^2 =$

---

224 GRASA, Antonio Aznar: Econometric Model Selection - A New Approach. Dordrecht / Boston / London 1989.

225 KRUG, Walter / REHM, Norbert: Statistik für Wirtschafts- und Sozialwissenschaftler. Bamberg 1989, S. 90-91.

226 Die Ergebnisse der *Event study* im engeren Sinne (Abschnitt 4.2.) ändern sich bei einer Vernachlässigung derselben zwei Fälle qualitativ nicht.

227 Dies gilt unbeschadet der Tatsache, dass die zuvor durchgeführte Schätzung mittels ein *Random-Coefficients*-Verfahren durch ihre spezifische Art der Behandlung der einzelnen Untersuchungsfälle unterschiedliche Varianzen der Aktienrenditen bereits berücksichtigt hat.

$\sigma^2 x_{ik}^2$ proportional zum Quadrat eines Regressors x_k.[228] Ein Schätzansatz folgt dann aus einer Multiplikation der ursprünglichen Regressionsgleichung mit $(1/x_k)$:

$$y = \alpha + \beta_1 x_1 + \beta_2 x_2 + \ldots + \beta_p x_p + u$$

$$\Leftrightarrow \quad y \frac{1}{x_k} = \alpha \frac{1}{x_k} + \beta_1 x_1 \frac{1}{x_k} + \beta_2 x_2 \frac{1}{x_k} + \ldots + \beta_k x_k \frac{1}{x_k} + \ldots + \beta_p x_p \frac{1}{x_k} + u \frac{1}{x_k}.$$

Mit

$$\frac{y}{x_k} = y^*; \frac{1}{x_k} = x_k^*; \frac{x_i}{x_k} = x_i^* \; \forall \, i \neq k;$$

$$\beta_k \frac{x_k}{x_k} = \alpha^*; \alpha = \beta_k^*; \beta_i = \beta_i^* \; \forall \, i \neq k;$$

$$\frac{u}{x_k} = u^*:$$

$$y^* = \alpha^* + \beta_1^* x_1^* + \beta_2^* x_2^* + \ldots \beta_k^* x_k^* + \ldots + \beta_p^* x_p^* + u^*$$

Auf die so transformierten Daten kann unmittelbar die Methode der Kleinsten Quadrate angewendet werden. Das Schätzresultat ist ein gewichteter Kleinste-Quadrate-Schätzer. Im Ergebnis entspricht der Achsenabschnitt im transformierten Modell einem Regressionskoeffizienten im ursprünglichen Modell et *vice versa*. Die Gewichtung lässt den inneren Zusammenhang zwischen den ersten Momenten der analysierten Daten unverändert. Sie setzt lediglich an den zweiten Momenten an. Allerdings kann ein Bestimmtheitsmaß, ermittelt aus einer Schätzung transformierter Daten, nicht nach konventionellen Vorstellungen interpretiert werden. Ein hoher Wert dieser Prüfgröße mag lediglich darauf zurückzuführen sein, dass eine transformierte

---

228 GREENE, William H., a. a. O. (Fußnote 165), S. 557.

endogene Variable auf mittels Äquivalenzumformung transformierte exogene Variable regressiert wird.[229]

Als Instrument zur Verringerung der systematischen Residuenvarianzen dient an dieser Stelle eine unternehmensbezogene Variable: der Kehrwert aus Ausmaß eines unternehmerischen Direktinvestitionsengagements in Mittel- oder Osteuropa, ausgedrückt in Geldeinheiten (PR), und bilanziellem Eigenkapital (EK). Eine ökonomische Interpretation für die Wahl dieser Größe (EK/PR) als Gewichtungsfaktor lautet, dass das Bekanntwerden einer Direktinvestition in Mittel- und Osteuropa in Aktienrenditen von Unternehmen, die gemessen an ihrer Unternehmensgröße und damit an ihrem Eigenkapital sehr viel direktinvestieren, stark streuende Ausschläge zeigen dürfte. Umgekehrt mag bei Unternehmen, die relativ zu ihrem Eigenkapital nur sehr wenig in den Reformstaaten direktinvestieren, das Bekanntwerden einer solchen Direktinvestition nur wenig streuende Reaktionen in den Aktienrenditen hinterlassen. Die Division aller Daten durch (PR/EK) reduziert die Streuung bei denjenigen Untersuchungsfällen am stärksten, die relativ zu ihrem Eigenkapital sehr viel direktinvestieren. Insofern wird die mit der relativen Bedeutung einer Direktinvestition wohl zunehmende Variabilität kumulierter Renditen verringert.

4.3.4. Schätzergebnisse und Ergebnisdiskussion

Tabelle 15 fasst die Resultate einiger angestellter Schätzungen nach der Methodik der Gewichteten Kleinsten Quadrate zusammen. Dargestellt sind einerseits in Spalte (1) und (2) die Ergebnisse zweier Rechnungen mit jeweils einer sehr umfassenden Auswahl theoretisch hergeleiteter potentieller unabhängiger Variabler, wobei von den einzelnen Regressorbündeln beide Male möglichst verschiedene Alternativen berücksichtigt sind. In Spalte (3) andererseits findet sich das Schätzergebnis für das hier als am geeignetsten angesehene Modell mit neun echten exogenen Faktoren. Anders als bei den Schätzspezifikationen (1) und (2) entsprechen in der Spezifikation (3) die ermittelten Vorzeichen weitgehend den aus den theoretischen Erwägungen abgeleiteten Erwartungen. Zudem sind alle Parameter außer der Schätzkonstanten (PR/EK) zumindest auf dem 95 vH-Niveau signifikant. Unter allen untersuchten Regressorkonstellationen mit passenden Vorzeichen und

---

229 Ebenda.

Tabelle 15: Geschätzte Koeffizienten von Querschnittsregressionen kumulierter Residuen (*Event*-Panelschätzung; potentiell erklärende Variablen).

Variable	(1) Spezifikation 1	(2) Spezifikation 2	(3) Geeignetstes Modell
ln(BP)		0,022 729 (0,026 903)	0,007 385** (0,003 217)
ln(PBP)	0,317 792*** (0,048 682)		
WC		-0,000 523 (0,002 561)	
ln(BV)	-0,071 874*** (0,022 512)		
ln(BV/OB)	-0,102 608*** (0,015 619	0,086 809** (0,039 768)	0,043 774*** (0,007 705)
ln(REALLOHN)		-0,,099 332 (0,100 106)	
PFDI	-0,000 701** (0,000 334)	5,52*10^{-5}) (0,000 350)	-0,000 604*** (0,000 126)
HS	-0,007 510** (0,002 914)		
LS		-0,007 952 (0,004 993)	
SQ	0,000 952 (0,000 977)	-0,001 173 (0,001 366)	
HH	-0,026 062*** (0,003 128)	-0,011 389* (0,006 559)	
INF	0,000 330*** (7,64*10^{-5})		
RZ		0,001 671*** (0,000 642)	
PWS	-0,096 790*** (0,012 177)	-0,096 062*** (0,020 561)	
OF	-0,003 668*** (0,000 876)	-0,000 225 (0,000 994)	
RWK	9,62*10^{-10} (3,93*10^{-8})	-3,28*10^{-7}*** (6,25*10^{-8})	
NE	0,007 785* (0,004 047)		
DT		-0,061 994*** (0,022 706)	-0,070 469*** (0,020 236)
EM	-0,987 453*** (0,122 075)	-1,047 465*** (0,136 986)	-1,101 232*** (0,196 084)
AN	-0,202 807*** (0,027 560)	-0,265 092*** (0,031 813)	-0,139 438*** (0,015 394)
PR/EK[(a)]	-5,972 337 (8,657 006)	0,375 508 (10,156 05)	16,510 49 (13,676 49)
SEKTOR	0,055 469** (0,021 862)		0,089 675*** (0,020 881)
KV		0,020 890** (0,010 425)	
RN	-0,126 120*** (0,015 283)	-0,117 669*** (0,019 769)	-0,061 719*** (0,010 813)
LB	125,823 6*** (3,622 745)	130,327 3*** (2,688 398)	147,611 4*** (3,013 273)
C[(a)]	-2,631 745*** (0,495 622)	0,810 053* (0,580 208)	
Prüfstatistiken			
Standardisiertes Bestimmtheitsmaß	0,999 455	0,999 364	0,998 426
AKAIKE-Informationskriterium	-4,337 19	-4,051 308	-3,327 173
Chi-Quadrat-verteilte Größe zur Prüfung darauf, ob alle Parameterkoeffizienten = 0	294 502,3***	222 429,0 ***	101 892,9***

Erläuterungen: Abhängige Variable: Über die Tage t_{-14} bis t_{+8} aufsummierte Residuen der (Gleichung 12). Schätzung mit Hilfe der Gewichteten-Kleinsten-Quadrate-Methode; Gewichtungsvariable: (EK/PR); Signifikanzniveaus: ***: 1 vH; **: 5 vH; *: 10 vH. Die eingeklammerten Größen in den Zeilen unterhalb der Parameterschätzwerte bezeichnen die jeweiligen Standardfehler. Anzahl der Untersuchungsfälle und Anzahl der Beobachtungen: jeweils 163. [(a)]: Bei der gewichteten Kleinste-Quadrate-Schätzung entspricht die Variable (EK/PR) des transformierten Modells inhaltlich der Schätzkonstanten und umgekehrt. Quellen: s. Haupttext; eigene Berechnungen.

hinreichendem Signifikanzbild weist das Modell (3) den niedrigsten Wert beim AKAIKE-Informationskriterium auf. Hinzuweisen bleibt darauf, dass an den Ergebnissen, wie sie sich in Spalte (3) widerspiegeln, qualitativ nichts änderte, bliebe die Schätzkonstante (PR/EK) unberücksichtigt.

Von den potenziellen Regressoren mit Bezug zu den mittel- und osteuropäischen Zielländern der hier untersuchten Direktinvestitionen erweisen sich drei als aussagekräftig für die weitere Erklärung der Überrenditeentwicklung der hier untersuchten Aktien. Von denjenigen Indikatoren, die sich auf eine Relation zwischen Zielland und Herkunftsland beziehen, kommen im Modell (3) zwei Repräsentanten vor. Die größte Anzahl bedeutsamer Regressoren stellt die Gruppe derjenigen Indikatoren, die sich auf die direktinvestierenden Unternehmen beziehen; wird die Schätzkonstante außer Acht gelassen, finden sich hier vier Vertreter. Die Variable AN als Bezeichnung desjenigen Anteils in Prozent, den ein Unternehmen im Zuge einer untersuchten Direktinvestition an einem mittel- oder osteuropäischen Unternehmen erwirbt, trägt im abschließenden Modell ein negatives Vorzeichen. Über die gesamte Untersuchungsgruppe betrachtet geht bei ansonsten unveränderten Bedingungen ein größerer prozentualer Anteil an einem Beteiligungsunternehmen in den Reformstaaten mit einem geringeren Wohlfahrtsgewinn für die Anteilseigner direktinvestierender Unternehmen einher als ein geringerer Beteiligungsanteil. Die Aktienmärkte gewichten so gesehen den dominierenden Einfluss, der mit einem höheren Beteiligungsanteil verbunden ist, niedrig. Bedeutsamer ist offensichtlich das Argument, dass Partnern vor Ort eine adäquate Stimme bei der Formulierung und Durchsetzung einer Unternehmenspolitik zu gewähren ist. Anzustreben ist offensichtlich eine Symbiose mehrerer Partner, einerseits aus den entwickelten Volkswirtschaften, andererseits aus den Gastländern von Direktinvestitionen. Bei solch einem Partizipationsschema können alle Beteiligten ihre ganz spezifischen Vorteile einbringen, mögen diese nun spezielle Kenntnisse und Fertigkeiten oder Kapital betreffen.

In dieses Bild einer überlegenen symbiotischen Beziehung scheint vorderhand das Minuszeichen vor dem Parameter der Variablen RN nicht recht passen zu wollen, steht diese doch für neu gegründete Unternehmen, sei es in Form von *Green-field investments*, sei es in Form von *Joint ventures*. Gerade *Joint ventures* müssten dem Ideal einer Symbiose am ehesten entsprechen. Schwerer wiegt an dieser Stelle aber offenbar der Gesichtspunkt, dass Neugründungen "auf der grünen Wiese" und Gemeinschaftsunternehmen zu Beginn ihrer Existenz mit erheblichen Anlaufschwierigkeiten kämpfen müssen, zumal in einem anfangs unbekannten Marktumfeld wie demjenigen in den Reformstaaten Mittel- und Osteuropas, das sich in einer schnellen Wandlung befindet. Dem Befund nach schätzen es die Finanzmärkte höher ein, wenn sich Direktinvestoren unter Bedingungen, wie sie in den Reformstaaten herrschen, an einem bestehenden, laufenden Unternehmen beteiligen.

Bedeutsam für Überrenditeentwicklung von Kapitalgesellschaften, die Direktinvestitionen in Mittel- uns Osteuropa ankündigen, ist des Weiteren der Sektor in dem ein Engagement stattfindet. Die Variable SEKTOR steht mit der abhängigen Variablen Überrenditeentwicklung in einem positiven Zusammenhang. Tendenziell schätzen die Aktienmärkte Direktinvestitionsengagements in den Reformstaaten im Dienstleistungsbereich unter ansonsten identischen Bedingungen höher ein als entsprechende Engagements im Bergbau, in der Industrie oder in der Bauwirtschaft und diese wiederum höher als entsprechende Projekte in der Landwirtschaft. Unternehmen, die mittels Direktinvestitionen speziell zu einer Fortentwicklung des Dienstleistungsbereichs in Mittel- und Osteuropa beitragen, finden für ihre Vorhaben offensichtlich ein günstiges wirtschaftliches Umfeld vor.

Der Parameter von LB als der letzten Variable aus dem Kreis der unternehmensbezogenen Regressoren mit signifikantem Ergebnis offenbart ein positives Vorzeichen. Unternehmen, die längere Zeit eine positive Aktienkursentwicklung zeigen, erfahren auch beim Bekanntwerden einer Direktinvestition in Mittel- oder Osteuropa eine positive Resonanz durch die Märkte.

Die Variable DT aus der Gruppe der Variablen, die das Herkunftsland einer Direktinvestition ansprechen, trägt ein negatives Vorzeichen. Ankündigungen von Direktinvestitionen in Mittel- und Osteuropa durch Unternehmen aus Deutschland oder Österreich bewerten die Aktienmärkte signifikant schlechter als Ankündigungen durch Unternehmen aus anderen Ländern. Dieser Befund kann einerseits auf einer Selektionsverzerrung beruhen. Die hier untersuchten Unternehmen aus Deutschland und Österreich sind im Durchschnitt erheblich kleiner als der Durchschnitt der gesamten Untersuchungsgruppe. Es ist möglich, dass kleine und mittlere Unternehmen Entscheidungen über Direktinvestitionen nach anderen Kriterien fällen als Großunternehmen. So mag es sein, dass kleine und mittelgroße Unternehmen mehr Engagements eingehen, die aus der Sicht der Märkte letztlich nicht erfolgversprechend sind. Andererseits mag die Struktur der Unternehmenskontrolle in den beiden deutschsprachigen Ländern anders sein als in der übrigen Welt. Verwiesen sei in diesem Zusammenhang insbesondere auf die traditionell starke Stellung, welche in Deutschland und Österreich die Kreditgeber bei der Formulierung und der Umsetzung einer Unternehmensstrategie innehaben. Geht dies zu Lasten der Aktionäre, kann die Ankündigung einer Unternehmensentscheidung wie einer

Direktinvestition zu einer systematisch negativen Entwicklung der Aktienkurse beitragen. Wird im Modell statt DT die EK verwendet, womit das bilanzielle Eigenkapital und damit die Größe der Unternehmen dokumentiert wird, erbringt die Schätzung ein negatives Vorzeichen. Allerdings war dies auch erwartbar, da die deutschen und österreichischen Unternehmen in der Untersuchungsgruppe merklich kleiner als ihre Pendants aus anderen Ländern sind und somit DT und EK hochkorreliert sind. Ob für den Befund des negativen Vorzeichens vor dem Parameter der Variablen DT der Unternehmensgrößeneffekt oder der Unternehmenskontrolleffekt entscheidend ist, bleibt ohne weitergehende Informationen unklar.

Der Parameter von EM als zweiter und letzter Dummy-Variabler der Herkunftslandindikatoren mit signifikantem Ergebnis ist gleichfalls kleiner als Null. Hierdurch bestätigt sich die Vermutung, dass unternehmerische Investitionsengagements in den Reformstaaten wenig erfolgversprechend sind, wenn als Direktinvestoren Unternehmen aus gleichfalls den Reformstaaten auftreten. So mag es insbesondere sein, das in diesen Fällen kein Transfer von technischem Wissen in das Gastland einer Direktinvestition stattfindet, da der Direktinvestor keine technologische Führungsrolle auf den Weltmärkten einnimmt. Diese kommt, zumindest unter den Bedingungen der Transformation und in der anschließenden Phase fortdauernder Reformen in der Region eher Unternehmen aus den entwickelteren Volkswirtschaften zu.

Es lassen sich drei Variablen mit Bezug zu den Zielländern von Direktinvestitionen in Mittel- und Osteuropa ausmachen, die bei der Bewertung durch die Aktienmärkte eine Rolle spielen. Offensichtlich unterscheiden die Aktienmärkte bei Ankündigungen von Direktinvestitionen in den Reformstaaten danach, was für Standortgegebenheiten in einem bestimmten Zielland herrschen.

Eine Variable stellt einen Zusammenhang her zwischen einerseits der Überrenditeentwicklung in Mittel- und Osteuropa direktinvestierender Unternehmen und andererseits der vor Ort gegebenen gesamtwirtschaftlichen Nachfrage und Leistung. Für das logarithmierte Bruttoinlandsprodukt pro Kopf der Bevölkerung wird in der Schätzung (3) ein positiver, statistisch von Null verschiedener Parameter ermittelt. Sofern alle übrigen Bedingungen konstant bleiben, fallen beim Bekanntwerden einer Direktinvestition in einem Land mit einem hohen Bruttoinlandsprodukt pro Kopf der Bevölkerung die beobachtbaren Überrenditen höher aus als beim Bekanntwerden einer Direktinvestition in einem Land mit einem niedrigen Bruttoinlandsprodukt pro Kopf der Bevölkerung. Eine Direktinvestition, die es dem ankündigenden Unternehmen ermöglicht, einer hohen aktuellen oder einer hohen potentiellen Nachfrage nachzukommen, wirkt beim Bekanntwerden deutlich belebend auf eine Aktienkursentwicklung im Ereigniszeitraum.

In der Überrenditeentwicklung direktinvestierender Unternehmen spielt die Bevölkerungsdichte eines Reformlandes, definiert als Quotient aus Einwohneranzahl und Oberfläche, eine Rolle. ln(BV/OB) ist positiv mit der Überrenditeentwicklung verknüpft. Die Finanzmärkte begrüßen Direktinvestitionen in Ländern mit kompakt lebenden Gesellschaften. Hier ist offensichtlich die Wahrscheinlichkeit für operierende Unternehmen, Partner für wirtschaftliche Transaktionen zu findet, größer, seien dies nun Abnehmer eigener Produkte oder geeignete Zulieferer. Daneben können Unternehmen bei einer hohen Bevölkerungsdichte eher zunehmende Skaleneffekte der Produktion erreichen. Direktinvestitionen in dünn besiedelten Ländern wird umgekehrt eine Absage erteilt. Hier mögen die schwierige Interaktion zwischen voneinander entfernt lebenden Bevölkerungsteilen und hohe Transportkosten die Vorteile für Direktinvestitionen zu stark reduzieren.

Im Regressionsergebnis der Schätzspezifikation (3) weist der Parameter der Variablen PFDI ein negatives Vorzeichen auf. Hohe laufende Zuflüsse von Direktinvestitionen in ein Zielland Mittel- oder Osteuropas üben eine negative Wirkung auf den Aktienkurs solcher Unternehmen aus, die in demselben Land direktinvestieren. Als Ursache hierfür kommen insbesondere "*First-mover advantages*" in Frage. So waren Direktinvestoren, die in ein Zielland Mittel- oder Osteuropas vergleichsweise zeitig nach Beginn der Transformation und vor dem Einsetzen größere Direktinvestitionszuflüsse gingen, offensichtlich einem nur geringen Wettbewerbsdruck ausgesetzt. Umgekehrt dürften sich Direktinvestoren, die erst relativ spät in die Märkte der Reformstaaten eintraten, bereits einem ausgeprägten Wettbewerb durch andere Direktinvestoren gegenübergesehen haben, sowohl auf den Absatz-, als auch auf den Beschaffungsmärkten. Diese Asymmetrie könnte zu Lasten von Unternehmen gegangen sein, die sich relativ spät dazu entschlossen, sich in den Reformstaaten mit einer Direktinvestition zu engagieren. Dieser Befund widerlegt Hypothesen, die aus einem abwartenden Direktinvestitionsverhalten einen Vorteil für ein Unternehmen ableiten. Wenn es einen "Wert des Wartens" bei einer Entscheidung über eine Direktinvestition in den Reformstaaten gab, dann dürften die Finanzmärkte diesen nicht allzu groß angesetzt haben. Hierfür spricht, dass viele der in Mittel- und Osteuropa getätigten Direktinvestitionen im Zuge von Privatisierungen in die Region gingen. Hierbei war ein Abwarten häufig allein deswegen schon nicht möglich, da eine Privatisierungsagentur oder ein vergleichbarer Agent im Auftrag einer privatisierenden Regierung in der Regel feste Termine für Gebote vorgaben. Auch spricht gegen einen großen Wert des Wartens, dass viele der in die Region gegangenen Direktinvestitionen getätigt wurden, um Güter oder Dienste anzubieten, deren Märkte in entwickelten Volkswirtschaften bereits ihr Reifestadium erreicht oder überschritten haben. Auf neuen Märkten verfügen Marktteilnehmer selten über Unternehmensspezifika, die ihnen die Option gewähren, Entscheidungen für Investitionen oder Direktinvestitionen aufzuschieben. Vielmehr stellt hier Schnelligkeit ein wesentliches Wettbewerbsplus dar.

5 Abschließende Wertung - Probleme und Kritik

Direktinvestitionsströme größeren Ausmaßes nach Bulgarien, Estland, Lettland, Litauen, Polen, Rumänien, Russland, in die Slowakei, nach Slowenien, nach Tschechien, in die Ukraine, nach Ungarn oder Weißrussland waren bis zum Ende der achtziger Jahre nahezu unbekannt. Seither stiegen die Volumina erheblich an. Den Hauptgegenstand der vorliegenden Untersuchung bilden die Wirkungen, die von im Zeitraum 1990 bis zur Mitte des Jahres 1998 bekannt gewordenen Direktinvestitionen in diesen Reformstaaten Mittel- und Osteuropas auf die wirtschaftliche Position der betroffenen Unternehmenseigner ausgingen. Bei der Analyse der Vorteilhaftigkeit eingegangener Direktinvestitionsengagements kommt eine erhebliche Aussagekraft der empirischen Bestimmung dieser Wirkungen zu. Dies gilt umso mehr, wenn diese Wirkungen wie hier in einen Zusammenhang mit der wirtschaftlichen Entwicklung in den Zielländern und mit der dortigen Wirtschaftspolitik gebracht werden. Als zentrales empirisches Instrument zur Wirkungsbestimmung dienen Aktienkursverläufe im zeitlichen Umfeld des Bekanntwerdens von Direktinvestitionen. Vorderhand sind verschiedene Entwicklungen denkbar: Für die Erwartung steigender Kurse spricht nicht zuletzt die Hypothese, Unternehmen achteten bei jeder Entscheidung, also auch bei einer Entscheidung für eine Direktinvestition in einem Reformland Mittel- oder Osteuropas, auf den *Shareholder value*. Dem stehen beispielsweise *agency*-theoretische Überlegungen gegenüber. Demnach verfolgen Unternehmensmanager im Zweifelsfalle eher eigennützige Ziele, so die Erweiterung einer persönlichen Machtbasis. Insofern können Direktinvestitionen in Mittel- oder Osteuropa *a priori* auch mit zurückgehenden Aktienkursen einhergehen. Schließlich mag mit der "Neuen Investitionstheorie" argumentiert werden, dass in einer Marginalbetrachtung nur solche Unternehmen Direktinvestitionen vornehmen, die gerade indifferent sind zwischen der Entscheidung für eine Direktinvestition und der Entscheidung dagegen. Da Unternehmen somit mit Direktinvestitionen im Mittel Projekte mit einem Nettokapitalwert von Null in Angriff nehmen, sollte eine Direktinvestition keinerlei Effekt auf einen Aktienkurs haben. Insgesamt ist auf rein gedanklichem Wege nicht angebbar, welche Richtung Aktienkursverläufe im zeitlichen Umfeld des Bekanntwerdens von Direktinvestitionen in Mittel- und Osteuropa der Erwartung nach nehmen. Möglich sind steigende, fallende oder gleichbleibende Kurse. Ein empirischer Test bietet sich an.

Diese Ausarbeitung reiht sich in eine kurze Serie von *Event studies* mit Mittel- und Osteuropabezug ein. Diese wiederum stehen in einer langen Tradition ähnlich gelagert Untersuchungen zu den Auswirkungen jeweils bestimmter wirtschaftlicher, politischer oder unternehmerischer Tatbestände auf die Anteilseigner betroffener Unternehmen. Spezifisch für die hier vorliegende Ausarbeitung ist die Konzentration auf an deutschen Börsen notierte Kapitalgesellschaften, die in der jüngeren Vergangenheit in Mittel- oder Osteuropa direktinvestierten. Herauszustellen ist daneben der Rückgriff auf ein bei *Event studies* ansonsten eher seltenes statistisch-ökonometrisches Verfahren: Im zentralen Teil zur Analyse der Aktienkursverläufe wird in einem Schritt im Panel über alle berücksichtigten Untersuchungsfälle und über alle berücksichtigten Datenpunkte hinweg geschätzt. Ein solches Vorgehen liefert auf effizientem Wege erwartungstreue und konsistente Schätzer. Im Anschluss an die so durchgeführte *Event study* im engeren Sinne werden Zusammenhänge herausgearbeitet zwischen einerseits den untersuchten Aktienkursverläufen sowie andererseits Charakteristika direktinvestierender Kapitalgesellschaften und bestimmten Standortgegebenheiten in denjenigen Ländern, in welche die untersuchten Direktinvestitionen gehen.

Das erste Kapitel der Untersuchung stellt die Direktinvestitionszuflüsse der Reformstaaten Mittel- und Osteuropas seit dem Jahre 1990 in einen größeren inhaltlichen Rahmen. Im Vordergrund steht dabei die wirtschaftliche Lage, wie sie sich in den Reformstaaten am aktuellen Rand darstellt, nebst die in dieser Region in jüngerer Zeit abgelaufenen wirtschaftlichen Entwicklungen. Gesehen wird all dies vor dem Hintergrund der transformationsbedingten Anpassungserfordernisse und der Reformverpflichtungen, die sich aus einem geplanten Beitritt der Mehrzahl der hier betrachteten Länder zur Europäischen Union ergeben.

Das zweite Kapitel präsentiert drei bedeutende ökonomische Theoriestränge, die zu einer Erklärung von Direktinvestitionen im Ausland beitragen. Die Schlussfolgerungen, welche die einzelnen Gedankengebäude zulassen, weisen im Kern in eine Richtung: Wird für spezifische Charakteristika von Unternehmen, die Direktinvestitionen tätigen, und für die Vorteile von Direktinvestitionen gegenüber anderen Formen der internationalen Wirtschaftstätigkeit von Unternehmen kontrolliert, üben die Standortgegebenheiten in den Zielländern einen maßgeblichen Einfluss auf Direktinvestitionsströme aus. Die ökonomischen, politischen, rechtlichen und sozialen Bedingungen an einzelnen Standorten sowie der dort jeweils verfügbare Stand der Technik bedingen zu großen Teilen die räumliche Verteilung der Produktion und damit auch der Direktinvestitionen.

Das dritte Kapitel erläutert die "*Event-study*-Methodik" als das zentrale Verfahren zur empirischen Bestimmung von Wirkungen, die mit dem Bekanntwerden wirtschaftlicher, politischer oder unternehmerischer Tatbestände einhergehen. Motivation des

Ansatzes und Vorgehensweise werden dargestellt, nicht ohne jedoch auch die Grenzen der Aussagefähigkeit aufzuzeigen, die ihm gesetzt sind.

Das vierte Kapitel liefert die zentralen empirischen Befunde dieser Ausarbeitung. Zunächst werden für eine adäquat abgegrenzte Untersuchungsgruppe an deutschen Börsen notierter Unternehmen, für die Direktinvestitionen in Mittel- oder Osteuropa bekannt geworden sind, die Aktienkursverläufe im zeitlichen Umfeld des Bekanntwerdens nachgezeichnet. Ermittelt werden hierbei eindeutig positive Pfade. Insofern lässt sich sagen, dass geplante oder bereits in Umsetzung befindliche Direktinvestitionen alles in allem positive Effekte auf betroffene Unternehmensaktionäre haben. Markant ist die Beobachtung, dass die Eskomptierung des Bekanntwerdens einer Direktinvestition in Mittel- oder Osteuropa an den Aktienmärkten nicht mit dem Tag des allgemeinen Bekanntwerdens endet; vielmehr sind noch mehr als eine Handelswoche nach diesem Termin Reaktionen der Märkte spürbar. Dies steht eindeutig im Widerspruch zur Theorie informationseffizienter Märkte.

Bei aller Übereinstimmung in der Grundtendenz zeigen sich zwischen den einzelnen Untersuchungsfällen zum Teil deutliche Unterschiede. Erwartungsgemäß sind unter sonst gleichen Bedingungen die Aktienmarktreaktionen auf Direktinvestitionen in solchen Ländern günstiger, die über ein vergleichsweise hohes Pro-Kopf-Bruttoinlandsprodukt und über eine hohe Bevölkerungsdichte verfügen. Engagements hingegen, die in Länder mit bereits hohen Pro-Kopf-Zuflüssen ausländischer Direktinvestitionen gehen, belegen die Aktienmärkte mit Abschlägen. Die gefundenen Ergebnisse sprechen dafür, dass die hier untersuchten Kapitalgesellschaften mit ihren mittel- oder osteuropäischen Direktinvestitionsengagements insgesamt im Sinne der unternehmerischen Aktionäre handelten. Insofern wurden ökonomisch rationale Entscheidungen getroffen. Eine Aussage über die gesamtwirtschaftliche Vorteilhaftigkeit der untersuchten Direktinvestitionen lässt sich allerdings nicht ableiten.

Bemerkenswert ist, wie feinfühlig die Finanzmärkte auf Unterschiede in den Verhältnissen an einzelnen Standorten reagieren, an denen direktinvestiert wird. Standortgegebenheiten erscheinen als wichtige Determinante von Aktienkursreaktionen auf das Bekanntwerden von Direktinvestitionen in Mittel- oder Osteuropa. Die Standortfaktoren in ihrer Eigenschaft als geographisch scharf abgegrenzte Vorteile und Nachteile einzelner Wirtschaftsräume üben einen entscheidenden Einfluss auf die Vorteilhaftigkeit von Direktinvestitionen für Anteilseigner aus. Dies wiederum kann als Anreiz für Unternehmenslenker fungieren, Direktinvestitionen an Standorte mit günstigen Standortgegebenheiten zu lenken. Insofern werden die

Verfechter der Theorie des Standortwettbewerbs bestätigt, die davon ausgehen, dass immobile Produktionsfaktoren, beispielsweise weniger qualifizierte Arbeit und Boden, günstige Standortbedingungen bereitstellen müssen, um mobile Produktionsfaktoren wie Kapital oder qualifizierte Arbeit an sich zu ziehen und an sich zu binden, wollen sie nachhaltig hohe Einkommen erzielen.

Die Ergebnisse der Untersuchung bieten auch Ansatzpunkte für Kritik. Diese mag sich beispielsweise gegen die Entscheider in solchen Unternehmen richten, die in den Reformstaaten Mittel- und Osteuropas direktinvestieren, dabei aber für ihre Anteilseigner keine Besserstellung erreichen. Bestimmte Anteilseigner müssen sich gleichfalls Fragen gefallen lassen, beispielsweise nach der Ausübung ihrer Kontrollrechte. Geht eine ineffiziente Mittelverwendung in Unternehmen auf eine suboptimale Unternehmenskontrolle zurück, kann hierfür auch die Ausgestaltung einer Unternehmensverfassung verantwortlich sein. Insofern richtet sich Kritik des Weiteren gegen betroffene Gesetzgeber und die einschlägige Praxis der Gesetzesauslegung.

Auffällig verläuft die Entwicklung für den Teilbestand der deutschen und österreichischen Unternehmen: Diese unterscheiden sich von den sonstigen Unternehmen in der Untersuchungsgruppe durch Aktienkurse, die im zeitlichen Umfeld der Direktinvestitionsankündigungen so gut wie keine Veränderung erkennen lassen. Den Aktionären deutscher und österreichischer Unternehmen kommen Direktinvestitionsengagements in den Reformstaaten nicht in einem solchen Ausmaß zu Gute wie ihren Pendants von Unternehmen aus anderen Ländern. Insofern verbessern die verantwortlichen Manager den *Shareholder value* der ihnen anvertrauten Unternehmen nicht. Entscheidungen werden offensichtlich nicht immer streng an den Vorteilen der Aktionäre und damit der Unternehmenseigner ausgerichtet. Dies muss letztlich zu Einbußen in der wirtschaftlichen Leistungsfähigkeit deutscher und österreichischer Unternehmen führen. Basiert dieses Forschungsergebnis nicht auf einer Selektionsverzerrung, kommt als möglicher Grund für die unbefriedigenden Aktienmarktreaktionen zum Einen die große Rolle in Frage, die nach der deutschen Rechtstradition dem Gläubigerschutz zuteil wird, zum Anderen die starke Stellung der Mehrheitsaktionäre. Insgesamt erscheint in Deutschland und in Österreich die Unternehmenskontrolle über Finanzmärkte stark eingeschränkt. Dies eröffnet Managern auf der obersten Leitungsebene von Unternehmen diskretionäre Ermessensspielräume. Diese füllen sie nicht selten nach eigenem Gutdünken aus, auch durch Direktinvestitionen in den Reformstaaten Mittel- und Osteuropas, die einen Unternehmenswert nicht mehren, wohl aber die persönliche Machtbasis.

Anhangtabelle: Grundlegende Daten zu den untersuchten Geschäftsvorfällen.

Direktinvestierendes Unternehmen	Herkunftsland	Wertpapierkennnummer	Direktinvestitionsobjekt	Gastland	Transaktionsart	Erworbener Anteil (in vH)	Direktinvestition (in Mio USD)	Informationsquellen	Angenommenes Veröffentlichungsdatum	Beginn der Untersuchung	Ende der Untersuchung
ABN AMRO	Niederlande	880026	Volltochter	Ungarn	Green Field	100,0%	11,67	VWD Osteuropa, Nr. 22, Di., 2. Feb. 1993, S. 3	01.02.93	10.04.92	01.03.93
ABN AMRO	Niederlande	880026	Magyar Hitelbank	Ungarn	Privatisierungskauf	98,0%	189	VWD Mittel- und Osteuropa, Nr. 223, Mo., 18. Nov. 1996, S. 3; Nr. 218, Mo., 11. Nov. 1996, S. 1; TWSJE, Mo., 6. Jan. 1997, S. R3	08.11.96	23.01.96	06.12.96
Alcatel Alsthom über 100%-Tochter Cegelec	Frankreich	873102	CKD Elektrotechnicke systemy, Polovidice	Tschechoslowakei	Privatisierungskauf	97,0%	6,353	VWD Osteuropa, Nr. 12, Fr., 19. Juni 1992, S. 1	17.06.92	29.08.91	16.07.92
Alitalia	Italien	862892	Malev	Ungarn	Privatisierungskauf	35,0%	65	VWD Osteuropa, Nr. 136, Fr., 11. Dez. 1992, S. 3; Nr. 125, Do., 26. Nov. 1992, S. 1	24.11.92	07.02.92	22.12.92
Allianz VNA	Deutschland	840400	Tochter Allianz Pojistovna a. s., Prag	Tschechoslowakei	Green Field	100,0%	9,5	VWD Osteuropa, Nr. 122, Mo., 23. Nov. 1992, S. 3	20.11.92	05.02.92	18.12.92
Aluminum Co of America (ALCOA)	USA	850206	KOFEM, Szekesfehervar	Ungarn	Privatisierungskauf	50,1%	50	WDT; VWD Spezial - Neue Bundesländer, Osteuropa, Nr. 33, Mo., 17. Feb. 1992, S. 12	14.02.92	26.04.91	13.03.92
Ameritech über MagyarCom, Cayman Islands (50% Deutsche Telekom AG, 50% Ameritech Corp.)	USA	868401	Matáv	Ungarn	Privatisierungskauf	33,7%	437,5	OMRI Daily Digest, Nr. 247 (21. Dez. 1995), Teil II; VWD Mittel- und Osteuropa, Nr. 46, Do., 6. März 1997, S. 1; Pressemitteilung Deutsche Telekom vom 22. Dez. 1993	22.12.93	05.03.93	20.01.94
Ameritech über MagyarCom, Cayman Islands (50% Deutsche Telekom AG, 50% Ameritech Corp.)	USA	868401	Matáv	Ungarn	Privatisierungskauf	17,5%	426	OMRI Daily Digest, Nr. 247 (21. Dez. 1995), Teil II; Pressemitteilung Deutsche Telekom	20.12.95	03.03.95	22.01.96
Amoco Oil Company	USA	852548	Tankstellennetz	Bulgarien	Green Field	100,0%	50	OMRI Daily Digest, 19. Aug. 1996, Teil II	16.08.96	27.10.95	13.09.96
AT&T Network Systems International BV	USA	868400	Telfa SA, Bydgoszcz	Polen	Privatisierungskauf	80,0%	33,6	WDT; HG, Nr. 224, Do., 19. Nov. 1992, S. 29	17.11.92	03.02.92	16.12.92
Atlantic Richfield Company (Arco), Los Angeles	USA	850335	LUKOil	Russland	Joint Venture	46,0%	1380	VWD Rußland mit GUS-Staaten, Nr. 196, Do., 10. Okt. 1996, S. 4; Nr. 183, Fr., 20. Sept. 1996, S. 1; Nr. 117, Do., 20. Juni 1996, S. 2; Nr. 62, Mi., 27. März 1996, S. 1	26.03.96	12.06.95	25.04.96

Direktinvestierendes Unternehmen	Herkunftsland	Wertpapierkennnummer	Direktinvestitionsobjekt	Gastland	Transaktionsart	Erworbener Anteil (in vH)	Direktinvestition (in Mio USD)	Informationsquellen	Angenommenes Veröffentlichungsdatum	Beginn der Untersuchung	Ende der Untersuchung
Audi AG, Ingolstadt	Deutschland	675700	Motorenfabrik in Györ	Ungarn	Green Field	100,0%	200	VWD Osteuropa, Nr. 126, Fr., 27. Nov. 1992, S. 4	26.11.92	11.02.92	28.12.92
Bank Austria / Creditanstalt-Gruppe (BA / CA)	Österreich	882705	Powszechny Bank Kredytowy S. A. (PBK), Warschau	Polen	Privatisierungskauf	13,0%	60	VWD Mittel- und Osteuropa, Nr. 197, Di., 14. Okt. 1997, S. 3	13.10.97	18.12.96	10.11.97
Banque Nationale de Paris (BNP)	Frankreich	887771	BNP-Dresdner Bank (Bulgaria) AD	Bulgarien	Joint Venture	40,0%	3,2	VWD Osteuropa, Nr. 224, Mo., 21. Nov. 1994, S. 4	18.11.94	02.02.94	16.12.94
Banque Nationale de Paris (BNP)	Frankreich	887771	Albena AD	Bulgarien	Privatisierungskauf	11,1%	3,63	Pari, Jg. 7, Nr. 218 (Sa., So., 20. Sept. 1997), S. 1 und 5	19.09.97	27.11.96	20.10.97
Bayerische Hypotheken- und Wechsel-Bank AG, München	Deutschland	802000	Tochtergesellschaft in Prag	Tschechoslowakei	Green Field	100,0%	12,16	VWD Spezial - Neue Bundesländer, Osteuropa, Nr. 34, Di., 18. Feb. 1992, S. 11	17.02.92	29.04.91	16.03.92
Bayerische Hypotheken- und Wechsel-Bank AG, München	Deutschland	802000	Hypo-Bank Slovakia as, Bratislava	Slowakische Republik	Green Field	100,0%	16,6	VWD Mittel- und Osteuropa, Nr. 119, Mo., 24. Juni 1996, S. 1; Nr. 91, Fr., 10. Mai 1996, S. 1	09.05.96	24.07.95	11.06.96
Bayerische Vereinsbank AG	Deutschland	802200	Vereinsbank Polska Spólka Akcyjna, Warschau	Polen	Green Field	100,0%	100	VWD Mittel- und Osteuropa, Nr. 184, Mo., 23. Sept. 1996, S. 1; FAZ, Nr. 233, Do., 8. Okt. 1998, S. 23	20.09.96	01.12.95	21.10.96
Bayerische Vereinsbank über Tochter Adig-Investment, Haar bei München	Deutschland	802200	Bank Rozwoju Eksportu SA (BRE)	Polen	Joint Venture	14,2%	1,643488	VWD Mittel- und Osteuropa, Nr. 248, Mo., 23. Dez. 1996, S. 1	20.12.96	05.03.96	24.01.97
Beiersdorf AG, Hamburg	Deutschland	520000	Fabryka Kosmetików Pollenia-Lechia S. A., Posen	Polen	Unternehmenskauf	43,0%	26,6	Handelsblatt, 8. Aug. 1997; VWD Mittel- und Osteuropa, Nr. 210, Fr., 31. Okt. 1997, S. 3; VWD Mittel- und Osteuropa, Nr. 151., Fr., 8. Aug. 1997, S. 1	07.08.97	15.10.96	04.09.97
Berliner Kraft und Licht (Bewag) AG, Berlin	Deutschland	530300	Mosenergo, Moskau	Russland	Unternehmenskauf	0,5%	4,2	VWD Rußland mit GUS-Staaten, Nr. 50 (Fr., 10. Nov. 1995), S. 1; FAZ, Nr. 264, Mo., 13. Nov. 1995, S. 24	09.11.95	23.01.95	07.12.95
Boeing Co. über Gemeinschaftsunternehmen mit CSA	USA	850471	Aero Vodochody	Tschechische Republik	Privatisierungskauf	33,3%	29,16	RFE/RL NEWSLINE, Jg. 1, Nr. 27, Part II, 9. Mai 1997; VWD Mittel- und Osteuropa, Nr. 46, Fr., 6. März 1998, S. 1; Nr. 87, Mi., 7. Mai 1997, S. 1	06.05.97	16.07.96	06.06.97
Brau und Brunnen AG	Deutschland	555030	Ursus S. A., Cluj	Rumänien	Privatisierungskauf	49,0%	0,8	WDT, FAZ, Nr. 47, Do., 25. Feb. 1993, S. 21	24.02.93	07.05.92	24.03.93
Brau und Brunnen AG	Deutschland	555030	Pitber-Brauerei, Pitesti	Rumänien	Privatisierungskauf	51,0%	3,9	VWD Osteuropa, Nr. 145, Mo., 31. Juli 1995, S. 3	28.07.95	07.10.94	25.08.95
Brau-Union AG	Österreich	887063	Arbema, Arad (Westrumänien)	Rumänien	Unternehmenskauf	50,2%	8,4	FAZ, Nr. 288, Di., 10. Dez. 1996, S. 20	09.12.96	21.02.96	13.01.97
Brau-Union AG	Österreich	887063	Brauerei SC Silva SA, Reghin (Siebenbürgen)	Rumänien	Unternehmenskauf	98,0%	27	Pressemitteilung der BBAG	12.05.98	22.07.97	12.06.98

Direktinvestierendes Unternehmen	Herkunftsland	Wertpapierkennnummer	Direktinvestitionsobjekt	Gastland	Transaktionsart	Erworbener Anteil (in vH)	Direktinvestition (in Mio USD)	Informationsquellen	Angenommenes Veröffentlichungsdatum	Beginn der Untersuchung	Ende der Untersuchung
British Petroleum Co plc	Großbritannien	850517	Sidanko	Russland	Unternehmenskauf	10,0%	571	VWD Rußland mit GUS-Staaten, Nr. 223, Mi., 19. Nov. 1997, S. 1; Nr. 210, Fr., 31. Okt. 1997, S. 3	30.10.97	13.01.97	27.11.97
BSN (firmiert seit dem Jahre 1994 unter Group DANONE)	Frankreich	851194	Cokoladovny, Tschechien	Tschechoslowakei	Privatisierungskauf	21,5%	64,35	WDT; Pressemeldung Nestlé vom 8. Jan. 1992; VWD Spezial - Neue Bundesländer, Osteuropa, Nr. 7, Fr., 10. Jan. 1992, S. 9; Nr. 23, Mo., 3. Feb. 1992, S. 11	08.01.92	18.03.91	05.02.92
Coca-Cola Co.	USA	850663	Produktionsstätten	Russland	Green Field	100,0%	100	VWD Rußland mit GUS-Staaten, Nr. 201, Mo., 20. Okt. 1997, S. 3; Nr. 187, Mo., 29. Sept. 1997, S. 2; Nr. 165, Di., 27. Aug. 1996, S. 2	26.08.96	06.11.95	23.09.96
Commerzbank AG über Wood & Comp., Prag	Deutschland	803200	Bank Ukraina	Ukraine	Unternehmenskauf	1,4%	1,6	VWD Rußland mit GUS-Staaten, Nr. 236, Do., 5. Dez. 1996, S. 7; Nr. 235, Mi., 4. Dez. 1996, S. 1	04.12.97	17.02.97	08.01.98
Commerzbank über Tochter Adig-Investment, Haar bei München	Deutschland	803200	Bank Rozwoju Eksportu SA (BRE)	Polen	Joint Venture	15,0%	1,74	VWD Mittel- und Osteuropa, Nr. 248, Mo., 23. Dez. 1996, S. 1	20.12.96	05.03.96	24.01.97
Continental	Deutschland	543900	Barum Holding AG, Otrokovice	Tschechoslowakei	Joint Venture	76,0%	64,7	VWD Osteuropa, Nr. 143, Di., 22. Dez. 1992, S. 1; Nr. 113, Mo., 9. Nov. 1992, S. 4; Nr. 66, Do., 3. Sept. 1992, S. 4	01.09.92	12.11.91	29.09.92
Creditanstalt-Bankverein (CA), Wien	Österreich	850822	Creditanstalt Ukraine	Ukraine	Joint Venture	87,5%	9,8875	VWD Rußland mit GUS-Staaten, Nr. 176, Fr., 12. Sept. 1997, S. 4	11.09.97	19.11.96	10.10.97
Daewoo	Südkorea	894119	MGM Rt.	Ungarn	Privatisierungskauf	65,6%	30	VWD Mittel- und Osteuropa, Nr. 131, Mi., 10. Juli 1996, S. 6	09.07.96	18.09.95	06.08.96
Daewoo	Südkorea	894119	Sheraton Sofia Balkan Hotel	Bulgarien	Privatisierungskauf	67,0%	22,3	TWSJE, Jg. 14, Nr. 167 (Do., 26 Sept. 1996), S. 23; TWSJE, Jg. 14, Nr. 168 (Fr.-Sa., 27.-28. Sept. 1996), S. 4	25.09.96	06.12.95	24.10.96
Daewoo Electronics	Südkorea	894119	Produktionsstätte für Unterhaltungselektronik (TV-Geräte)	Russland	Green Field	100,0%	10	VWD Rußland mit GUS-Staaten, Nr. 122, Mo., 30. Juni 1997, S. 42	27.06.97	03.09.96	25.07.97
Daewoo	Südkorea	894119	Schweineaufzuchtbetrieb	Polen	Green Field	100,0%	38	VWD Mittel- und Osteuropa, Nr. 147, Mo., 4. Aug. 1997, S. 3	01.08.97	09.10.96	29.08.97
Daewoo	Südkorea	894119	AvtoZAZ, Saporosche	Ukraine	Joint Venture	50,0%	300	VWD Rußland mit GUS-Staaten, Nr. 180, Do., 18. Sept. 1997, S. 2; Nr. 158, Di., 19. Aug. 1997, S. 3; Nr. 90, Di., 13. Mai 1997, S. 1; Nr. 234, Di., 3. Dez. 1996, S. 1	12.05.97	19.07.96	11.06.97
Daewoo Heavy Industries Ltd	Südkorea	894119	Wytwornia Silnikow Wysokopreznych "Andoria"	Polen	Unternehmenskauf	13,0%	130	VWD Mittel- und Osteuropa, Nr. 229, Di., 26. Nov. 1996, S. 4	25.11.96	07.02.96	23.12.96

Direktinvestierendes Unternehmen	Herkunftsland	Wertpapierkennnummer	Direktinvestitionsobjekt	Gastland	Transaktionsart	Erworbener Anteil (in vH)	Direktinvestition (in Mio USD)	Informationsquellen	Angenommenes Veröffentlichungsdatum	Beginn der Untersuchung	Ende der Untersuchung
Daimler Benz über 100%-Tochter Mercedes Benz AG, Stuttgart	Deutschland	550000	Avia	Tschechoslowakei	Privatisierungskauf	31,0%	71,7	WDT; VWD Spezial - Neue Bundesländer, Osteuropa, Nr. 4, Di., 7. Jan. 1992, S. 1	06.01.92	14.03.91	03.02.92
Daimler Benz über 80,2%-Tochter AEG AG	Deutschland	550000	Mikolowska Fabryka Tranformatorow (MEFTA)	Polen	Privatisierungskauf	51,0%	1,8	WDT; HB, Nr. 252, Mi., 30. Dez. 1992, S. 15; VWD Osteuropa, Nr. 141, Fr., 18. Dez. 1992, S. 3	17.12.92	03.03.92	20.01.93
Daiwa Securities	Japan	857092	Ungarische Außenhandelsbank und Tochter der ungarischen Nationalbank	Ungarn	Joint Venture	49,2%	4,8	VWD Spezial - Neue Bundesländer, Osteuropa, Nr. 110, Mi., 12. Dez. 1990, S. 11	11.12.90	20.02.90	15.01.91
Deutsche Babcock AG	Deutschland	550700	CKD - Kompresory, Prag	Tschechoslowakei	Joint Venture	50,0%	28,33	VWD Spezial - Neue Bundesländer, Osteuropa, Nr. 193, Di., 8. Okt. 1991, S. 11	07.10.91	12.12.90	04.11.91
Dow Chemical	USA	850917	Chem. Werke Sokolov (Westböhmen)	Tschechoslowakei	Unternehmenskauf	51,0%	100	VWD Spezial - Neue Bundesländer, Osteuropa, Nr. 222, Mo., 18. Nov. 1991, S. 12	15.11.91	29.01.91	13.12.91
Dresdner Bank AG	Deutschland	804610	OKHB	Ungarn	Joint Venture	37,0%	5,5	VWD Spezial - Neue Bundesländer, Osteuropa, Nr. 118, Mo., 24. Dez. 1990, S. 11; Nr. 112, Fr., 14. Dez. 1990, S. 10	21.12.90	02.03.90	25.01.91
Dresdner Bank AG	Deutschland	804610	BNP-Dresdner Bank (Bulgaria) AD	Bulgarien	Joint Venture	40,0%	3,2	VWD Osteuropa, Nr. 224, Mo., 21. Nov. 1994, S. 4	18.11.94	02.02.94	16.12.94
Dyckerhoff AG	Deutschland	559100	Cementownia Nowiny / Nowiny SA	Polen	Unternehmenskauf	60,0%	65	Pressemeldung vom 19. Juli 1996. TWSJE, Central European Economic Review, Jg. 4, Nr. 7 (Sept. 1996), S. 8; VWD Mittel- und Osteuropa, Nr. 139, Mo., 22. Juli 1996, S. 1	19.07.96	28.09.95	16.08.96
EA-Generali	Österreich	873075	Generali Poistovna A. S., Bratislava	Slowakische Republik	Green Field	100,0%	13,68	VWD Mittel- und Osteuropa, Nr. 209, Di., 29. Okt. 1996, S. 2; Nr. 192, Fr., 4. Okt. 1996, S. 2	02.10.96	13.12.95	31.10.96
Elcoteq Oy	Finnland	910489	Elektronikwerk in Pecs	Ungarn	Green Field	100,0%	2,67	VWD Mittel- und Osteuropa, Nr. 17, Mo., 26. Jan. 1998, S. 1	23.01.98	03.04.97	20.02.98
Elf Aquitaine	Frankreich	866693	Ölholding Juksi	Russland	Unternehmenskauf	5,0%	528	VWD Rußland mit GUS-Staaten, Nr. 68, Di., 7. Apr. 1998, S. 1; Nr. 58, Di., 24. März 1998, S. 1	23.03.98	05.06.97	22.04.98
ENI Energieholding über Agip SpA, Mailand / Rom	Italien	897791	LUKOil	Russland	Joint Venture	40,0%	88	VWD Rußland mit GUS-Staaten, Nr. 196, Do., 10. Okt. 1996, S. 4	04.10.96	14.12.95	01.11.96
Eurogas Inc, New York	USA	891969	Polish Oil and Gas (POGC)	Polen	Joint Venture	50,0%	7,5	VWD Mittel- und Osteuropa, Nr. 91, Mi., 14. Mai 1997, S. 2	13.05.97	22.07.96	12.06.97

Direktinvestierendes Unternehmen	Herkunftsland	Wertpapierkennnummer	Direktinvestitionsobjekt	Gastland	Transaktionsart	Erworbener Anteil (in vH)	Direktinvestition (in Mio USD)	Informationsquellen	Angenommenes Veröffentlichungsdatum	Beginn der Untersuchung	Ende der Untersuchung
Exxon Corp., Irving, TX, über 12,5%-Tochter Ruhrgas AG	USA	852549	Eesti Gaas	Estland	Privatisierungskauf	1,8%	0,975	VWD Osteuropa, Nr. 99, Di., 23. Mai 1995, S. 6	22.05.95	02.08.94	22.06.95
Exxon Corp., Irving, TX, über 12,5%-Tochter Ruhrgas AG	USA	852549	Del-dunantuli Gazsolgaltato Rt (DDGZ)	Ungarn	Unternehmenskauf	31,3%	3,25	VWD Mittel- und Osteuropa, Nr. 92, Mo., 13. Mai 1996, S. 5; Nr. 15, Mo., 22. Jan. 1996, S. 1	19.01.96	30.03.95	16.02.96
Fiat SpA, Turin	Italien	860007	Fabryka Samochodow Malolitrazowych (FSM), Bielsko Biala	Polen	Privatisierungskauf	90,0%	1760	WDT; HG, Nr. 203, Di., 20. Okt. 1992; VWD Spezial - Neue Bundesländer, Osteuropa, Nr. 104, Mo., 1. Juni 1992, S. 10; Nr. 83, Mi., 29. Apr. 1992, S. 12; Nr. 70, Mi., 8. Apr. 1992, S. 11	29.05.92	13.08.91	30.06.92
Fiat SpA, Turin	Italien	860007	GAZ, Nischni Nowgorod	Russland	Joint Venture	40,0%	340	VWD Rußland m/ GUS, Nr. 38, Di., 24. Febr. 1998, S. 1; Nr. 30, Do., 12. Febr. 1998, S. 1; Nr. 247, Di., 23. Dez. 1997, S. 3; Nr. 215, Fr., 7. Nov. 1997, S. 2; Nr. 196, Mo., 13. Okt. 1997, S. 3; Nr. 184, Mi., 24. Sept. 1997, S. 2;	23.09.97	29.11.96	22.10.97
Fiat SpA, Turin, über Iveco, N. V. (Niederlande)	Italien	860007	Kraz	Ukraine	Joint Venture	35,0%	10	VWD Rußland mit GUS-Staaten, Nr. 49 (Do., 9. Nov. 1995), S. 4; VWD Rußland mit GUS-Staaten, Nr. 53 (Mi., 15. Nov. 1995), S. 4	08.11.95	20.01.95	06.12.95
Fiat SpA, Turin, über Iveco, N. V. (Niederlande)	Italien	860007	Motor Sich	Ukraine	Joint Venture	60,0%	10,8	VWD Rußland mit GUS-Staaten, Nr. 81 (Mi., 27. Dez. 1995), S. 1	22.12.95	07.03.95	24.01.96
Fiat SpA, Turin, über New Holland, N. V. (Niederlande)	Italien	860007	S. C. Semanatoarea	Rumänien	Joint Venture	60,0%	50	VWD Mittel- und Osteuropa, Nr. 99, Do., 23. Mai 1996, S. 1	22.05.96	03.08.95	21.06.96
Ford Motor Company, Dearborn	USA	851091	Ford-Union	Weißrussland	Joint Venture	51,0%	8,16	VWD Rußland mit GUS-Staaten, Nr. 158, Di., 19. Aug. 1997, S. 4; Nr. 120, Di., 25. Juni 1996, S. 1; Nr. 101, Di., 28. Mai 1996, S. 1; Nr. 74, Di., 16. Apr. 1996, S. 1; Nr. 16, Do., 25. Jan. 1996, S. 6	24.01.96	04.04.95	21.02.96
General Electric	USA	851144	Budapest Bank	Ungarn	Privatisierungskauf	59,0%	87	TWSJEs Central European Economic Review, Jg. 4, Nr. 1 (Febr. 1996), S. 8	20.10.95	03.01.95	17.11.95
General Motors Corp (GM)	USA	850000	Jelabuga / Tatarstan	Russland	Joint Venture	25,0%	62,5	VWD Rußland mit GUS-Staaten, Nr. 71 (Mo., 11. Dez. 1995), S. 4; Nr. 6, Do., 9. Jan. 1997, S. 1; Nr. 248, Mo., 23. Dez. 1996, S. 1; Nr. 35, Mo., 19. Febr. 1996, S. 4	07.12.95	20.02.95	09.01.96

Direktinvestierendes Unternehmen	Herkunftsland	Wertpapierkennnummer	Direktinvestitionsobjekt	Gastland	Transaktionsart	Erworbener Anteil (in vH)	Direktinvestition (in Mio USD)	Informationsquellen	Angenommenes Veröffentlichungsdatum	Beginn der Untersuchung	Ende der Untersuchung
General Motors Corp (GM) über 100%-Tochter Adam Opel AG, Rüsselsheim	USA	850000	Opelfabrik bei Gliwice (Gleiwitz)	Polen	Green Field	100,0%	327,4	TWSJE, Mo., 6. Jan. 1997, S. R3; VWD Mittel- und Osteuropa, Nr. 123, Fr., 28. Juni 1996, S. 1; Nr. 99, Do., 23. Mai 1996, S. 1; Nr. 89, Mi., 8. Mai 1996, S. 1; Nr. 55, Mo., 18. März 1996, S. 5; Nr. 54, Fr., 15. März 1996, S. 1	14.03.96	30.05.95	15.04.96
General Motors Corp (GM) über 100%-Tochter Adam Opel AG, Rüsselsheim	USA	850000	Getriebewerk Szentgotthard	Ungarn	Green Field	100,0%	129	VWD Mittel- und Osteuropa, Nr. 75, Mo., 20. Apr. 1998, S. 1	17.04.98	30.06.97	18.05.98
Gerresheimer Glas AG	Deutschland	587300	Boleslawiecka Fabryka Materal w Medycznych (Polfa)	Polen	Unternehmenskauf	51,0%	12,81	VWD Mittel- und Osteuropa, Nr. 174, Mi., 10. Sept. 1997, S. 4	09.09.97	15.11.96	08.10.97
Glaxo Wellcome plc, London	Großbritannien	860226	Polfa Poznan	Polen	Privatisierungskauf	80,0%	60	VWD Mittel- und Osteuropa, Nr. 20, Do., 29. Jan. 1998, S. 1	28.01.98	08.04.97	25.02.98
Goodyear Tire & Rubber Co., Akron	USA	851204	T. C. Debica SA	Polen	Privatisierungskauf	51,0%	115	TWSJE, Jg. 13, Nr. 215 (Mo., 4. Dez. 1995), S. 3; VWD Mittel- und Osteuropa, Nr. 235, Di., 5. Dez. 1995, S. 2; Nr. 1, Di., 2. Jan. 1996, S. 5	01.12.95	14.02.95	03.01.96
Group Danone SA, Paris	Frankreich	851194	Wola, Warschau	Polen	Unternehmenskauf	30,0%	5	VWD Osteuropa, Nr. 32, Di., 14. Februar1995, S. 5	13.02.95	27.04.94	13.03.95
Heidelberger Zement AG	Deutschland	604700	Kralodvorska Cementarna & Vapenka Certovy Schody	Tschechoslowakei	Joint Venture	40,0%	222	VWD Spezial - Neue Bundesländer, Osteuropa, Nr. 34, Di., 18. Feb. 1992, S. 11	17.02.92	29.04.91	16.03.92
Heidelberger Zement AG	Deutschland	604700	Zlatna Panega und Granitoid, Batanovci	Bulgarien	Privatisierungskauf	51,0%	26	Pari, Jg. 7, Nr. 162 (Do., 17. Juli 1997), S. 1, 4 und 7	16.07.97	20.09.96	13.08.97
Hitachi	Japan	853219	AOOT Svetlana, St. Petersburg	Russland	Joint Venture	51,0%	0,17	VWD Rußland mit GUS-Staaten, Nr. 59, Mi., 25. März 1998, S. 1	24.03.98	06.06.97	23.04.98
Hitachi über Hitachi Cable Ltd.	Japan	853219	Gemeinschaftsunternehmen zur Produktion von Kabelnetzen für elektronische Anlagen	Ungarn	Joint Venture	45,0%	0,3749	VWD Mittel- und Osteuropa, Nr. 59, Di., 25. März 1997, S. 1	24.03.97	05.06.96	23.04.97
Hochtief AG, Essen	Deutschland	607000	Budokor SA, Warschau	Polen	Unternehmenskauf	40,0%	3,34	FAZ, Nr. 22, Mi., 27. Jan. 1993, S. 17; TWSJE, vol. 13, No 125, Monday, July 31, 1995, p. 5	26.01.93	06.04.92	23.02.93

Direktinvestierendes Unternehmen	Herkunftsland	Wertpapierkennnummer	Direktinvestitionsobjekt	Gastland	Transaktionsart	Erworbener Anteil (in vH)	Direktinvestition (in Mio USD)	Informationsquellen	Angenommenes Veröffentlichungsdatum	Beginn der Untersuchung	Ende der Untersuchung
Hoechst AG, Frankfurt am Main, über 66,7%-Tochter Messer Griesheim GmbH	Deutschland	575800	MG Chimco Gas GmbH	Bulgarien	Joint Venture	50,1%	1,5	VWD Mittel- und Osteuropa, Nr. 54, Fr., 15. März 1996, S. 6	14.03.96	30.05.95	15.04.96
Holderbank	Schweiz	869897	Beloizvorski Ciment	Bulgarien	Privatisierungskauf	51,0%	32,5	Pari, Jg. 7, Nr. 69 (Di., 25. März 1997), S. 2	24.03.97	05.06.96	25.04.97
ICN Pharmaceuticals Inc. of Califormia	USA	893382	Alkaloida Rt.	Ungarn	Privatisierungskauf	50,0%	9,1	VWD Mittel- und Osteuropa, Nr. 187, Do., 26. Sept. 1996, S. 5; Nr. 173, Fr., 6. Sept. 1996, S. 2	05.09.96	16.11.95	04.10.96
ING - International Nederlanden Groep, Amsterdam	Niederlande	881111	Bank Slaski, Katowice	Polen	Privatisierungskauf	25,9%	57	HB, Nr. 243, Do., 16. Dez. 1993, S. 12	15.12.93	01.03.93	14.01.94
ING - International Nederlanden Groep, Amsterdam	Niederlande	881111	Bank Przemyslowo Handlowy (BPH)	Polen	Privatisierungskauf	5,3%	16	VWD Osteuropa, Nr. 15, Fr., 20. Jan. 1995, S. 5	19.01.95	04.04.94	16.02.95
ING - International Nederlanden Groep, Amsterdam	Niederlande	881111	ING Bank Ukr.	Ukraine	Green Field	100,0%	10	VWD Rußland mit GUS-Staaten, Nr. 5, Mi., 8. Jan. 1997, S. 4	07.01.97	14.03.96	04.02.97
International Paper Inc.	USA	851413	Zaklady Celulozowo - Papiernicze S. A., Kwidzyn	Polen	Privatisierungskauf	80,0%	150	WDT; Pressemitteilung vom 11. Aug. 1992; VWD Osteuropa, Nr. 59, Di., 25. Aug. 1992, S. 5; Nr. 50, Mi., 12. Aug. 1992, S. 5	11.08.92	22.10.91	08.09.92
Isar-Amperwerke AG, München	Deutschland	504500	GuD-Heizkraftwerksprojekt in Kyjov	Tschechische Republik	Unternehmenskauf	38,8%	9,58	VWD Mittel- und Osteuropa, Nr. 94, Mo., 18. Mai 1998, S. 1	15.05.98	25.07.97	17.06.98
Italcementi	Italien	851435	Cementarna Ostrava	Tschechoslowakei	Privatisierungskauf	68,4%	81,7	WDT; VWD Spezial - Neue Bundesländer, Osteuropa, Nr. 28, Mo., 10. Feb. 1992, S. 12	07.02.92	19.04.91	06.03.92
Kampa-Haus	Deutschland	626910	Kampa-Montagebau Pllska GmbH, Zielona Gora (Grünberg)	Polen	Green Field	100,0%	20,5	VWD Mittel- und Osteuropa, Nr. 10, Mo., 15. Jan. 1996, S. 5	12.01.96	23.03.95	09.02.96
Leonische Drahtwerke AG, Nürnberg	Deutschland	647600	Fabrik für die Kabelfertigung für Fahrzeuge in Hatvan	Ungarn	Green Field	100,0%	8,6587	VWD Mittel- und Osteuropa, Nr. 157, Mo., 18. Aug. 1997, S. 1	15.08.97	23.10.96	12.09.97
Leykam-Muerztaler	Österreich	851595	Ospap	Tschechoslowakei	Privatisierungskauf	100,0%	34,4	WDT; VWD Osteuropa, Nr. 93, Mo., 12. Okt. 1992, S. 5; Nr. 42, Fr., 7. Aug. 1992, S. 4	09.10.92	20.12.91	06.11.92
LUKOil	Russland	905426	Tankstellennetz	Tschechische Republik	Green Field	100,0%	15	VWD Mittel- und Osteuropa, Nr. 225, Fr., 21. Nov. 1997, S. 1	20.11.97	03.02.97	18.12.97

Direktinvestierendes Unternehmen	Herkunftsland	Wertpapierkennnummer	Direktinvestitionsobjekt	Gastland	Transaktionsart	Erworbener Anteil (in vH)	Direktinvestition (in Mio USD)	Informationsquellen	Angenommenes Veröffentlichungsdatum	Beginn der Untersuchung	Ende der Untersuchung
MAN	Deutschland	593700	Omnibus-Produktionsstätte in Tarnowo Podgorne / Posen	Polen	Green Field	100,0%	14,62	VWD Mittel- und Osteuropa, Nr. 64, Do., 3. Apr. 1997, S. 2	02.04.97	13.06.96	30.04.97
MAN	Deutschland	593700	MAZ, Minsk	Weißrussland	Joint Venture	51,0%	5,6366	VWD Rußland mit GUS-Staaten, Nr. 245, Fr., 19. Dez. 1997, S. 1; Nr. 171, Fr., 5. Sept. 1997, S. 1	04.09.97	12.11.96	02.10.97
Mannesmann AG über 100%-Tochter VDO Adolf Schindling AG, Schwalbach / Taunus	Deutschland	656000	VDO Avtomobil'nyje komponenty OAO	Russland	Joint Venture	51,0%	0,677	VWD Rußland mit GUS-Staaten, Nr. 171, Mi., 4. Sept. 1996, S. 1	03.09.96	14.11.95	01.10.96
Mannesmann Aktiengesellschaft, Düsseldorf	Deutschland	656000	Röhren-Unternehmen zusammen mit Gazprom, Ischorskije Sawody, St. Petersburg	Russland	Joint Venture	11,8%	1,3176	VWD Rußland mit GUS-Staaten, Nr. 49, Mi., 11. März 1998, S. 1; Nr. 166, Fr., 29. Aug. 1997, S. 3; Nr. 92, Mo., 13. Mai 1996, S. 1	10.05.96	25.07.95	12.06.96
Mannesmann Aktiengesellschaft, Düsseldorf, über 100%-Tochter Mannesmann Demag AG, Duisburg	Deutschland	656000	Rohrwalzwerk in Nischnedneprowsk im Gebiet Dnepropetrowsk	Ukraine	Joint Venture	59,3%	66,34	VWD Rußland mit GUS-Staaten, Nr. 228, Mo., 25. Nov. 1996, S. 1	22.11.96	06.02.96	20.12.96
Michelin & Cie., Clermont-Ferrand	Frankreich	850739	Stomil-Olsztyn SA, Olsztyn	Polen	Privatisierungskauf	52,2%	111	TWSJE, Jg. 13, Nr. 215 (Mo., 4. Dez. 1995), S. 3; VWD Mittel- und Osteuropa, Nr. 235, Di., 5. Dez. 1995, S. 2	01.12.95	14.02.95	03.01.96
Mitsui & Co	Japan	861868	Polyesteranlage in Blagowescensk	Russland	Joint Venture	25,0%	100	VWD Rußland mit GUS-Staaten, Nr. 215, Mi., 6. Nov. 1996, S. 3	05.11.96	18.01.96	03.12.96
Mitsui & Co	Japan	861868	Nec Neva Communications Systems, Telecominvest	Russland	Joint Venture	10,0%	0,61	VWD Rußland mit GUS-Staaten, Nr. 177, Mo., 15. Sept. 1997, S. 2	04.07.97	10.09.96	01.08.97
Montedison SpA	Italien	863211	ZT Kruszwica SA	Polen	Unternehmenskauf	46,0%	35	VWD Mittel- und Osteuropa, Nr. 232, Di., 2. Dez. 1997, S. 1	01.07.98	05.09.97	29.07.98
Motorola	USA	853936	Europäisches Software-Zentrum und Halbleiterwerk in der Sonderwirtschaftszone Krakaus	Polen	Green Field	100,0%	150	VWD Mittel- und Osteuropa, Nr. 15, Do., 22. Jan. 1998, S. 1	21.01.98	01.04.97	18.02.98
NEC Corp.	Japan	853675	Nec Neva Communications Systems, Telecominvest	Russland	Joint Venture	45,0%	2,745	VWD Rußland mit GUS-Staaten, Nr. 177, Mo., 15. Sept. 1997, S. 2; Nr. 126, Fr., 4. Juli 1997, S. 1	04.07.97	10.09.96	01.08.97

Direktinvestierendes Unternehmen	Herkunftsland	Wertpapierkennnummer	Direktinvestitionsobjekt	Gastland	Transaktionsart	Erworbener Anteil (in vH)	Direktinvestition (in Mio USD)	Informationsquellen	Angenommenes Veröffentlichungsdatum	Beginn der Untersuchung	Ende der Untersuchung
Nestlé S. A., Vevey	Schweiz	851883	Intercsokolade	Ungarn	Privatisierungskauf	97,0%	38	WDT; Pressemeldung vom 12. Apr. 1991	12.04.91	21.06.90	15.05.91
Nestlé S. A., Vevey	Schweiz	851883	Carpathie Privizda	Tschechoslowakei	Privatisierungskauf	100,0%	8	VWD Osteuropa, Nr. 46, Do., 6. Aug. 1992, S. 4	05.08.92	16.10.91	02.09.92
Nestlé S. A., Vevey	Schweiz	851883	Zaklady Przemyslu Cukierwiczego Goplana	Polen	Privatisierungskauf	47,0%	42	WDT; Pressemeldung vom 6. Jan. 1994	06.01.94	19.03.93	03.02.94
Nestlé S. A., Vevey	Schweiz	851883	Zaklady Koncentratow Spozywczych Winiary de Kalisz	Polen	Privatisierungskauf	45,0%	76,4	VWD Osteuropa, Nr. 143, Do., 27. Juli 1995, S. 4	26.07.95	05.10.94	23.08.95
Nestlé S. A., Vevey	Schweiz	851883	Nestle Zhukovsky Ice Cream Zukovsky	Russland	Unternehmenskauf	50,1%	20	VWD Rußland mit GUS-Staaten, Nr. 162, Mo., 25. Aug. 1997, S. 3; Nr. 110, Di., 11. Juni 1996, S. 5	10.06.96	18.08.95	08.07.96
Nestlé S. A., Vevey, über Tochter Coport BV	Schweiz	851883	Cokoladovny, Tschechien	Tschechoslowakei	Privatisierungskauf	21,5%	64,35	WDT; Pressemeldung vom 8. Jan. 1992; VWD Spezial - Neue Bundesländer, Osteuropa, Nr. 7, Fr., 10. Jan. 1992, S. 9; Nr. 23, Mo., 3. Feb. 1992, S. 11	08.01.92	18.03.91	05.02.92
Nissho Iwai Corp, Osaka	Japan	862140	AO Uraltrak, Tscheljabinsk	Russland	Joint Venture	10,0%	0,2	VWD Osteuropa, Nr. 77, Do., 20. Apr. 1995, S. 7	19.04.95	01.07.94	18.05.95
Nokia Oy, Helsinki, über Tochter Nokia Cables & Machinery	Finnland	870737	Telephongesellschaft St. Petersburg	Russland	Joint Venture	51,0%	5,5	VWD Spezial - Neue Bundesländer, Osteuropa, Nr. 60, Mi., 25. März 1992, S. 10	24.03.92	11.06.91	23.04.92
Nomura Europe plc.	Japan	857054	Investicni a Postovni Banka (IPB)	Tschechische Republik	Unternehmenskauf	36,0%	372,5	VWD Mittel- und Osteuropa, Nr. 141, Fr., 25. Juli 1997, S. 1; Nr. 142, Mo., 28. Juli 1997, S. 2; Nr. 16, Fr., 23. Jan. 1998, S. 2; Nr. 50, Do., 12. März 1998, S. 1	24.07.97	30.09.96	21.08.97
Nomura Securities	Japan	857054	U. a. staatliche Ungarische Versicherungs AG	Ungarn	Joint Venture	51,0%	7,65	VWD Spezial - Neue Bundesländer, Osteuropa, Nr. 112, Fr., 14. Dez. 1990, S. 10	13.12.90	22.02.90	17.01.91
Obag AG, Regensburg	Deutschland	567800	Westböhmische Energieversorgung AG (ZCE)	Tschechische Republik	Joint Venture	50,0%	15,5	VWD Mittel- und Osteuropa, Nr. 216, Mo., 10. Nov. 1997, S. 1	07.11.97	21.01.97	05.12.97
Pepsi-co Food International	USA	851995	Fövárosi Asvanyviz es Jegipari Rt (FAU)	Ungarn	Privatisierungskauf	79,6%	6	WDT; HB, Nr. 48, Mi., 10. März 1993, S. 17	09.03.93	20.05.92	06.04.93
Pepsi-co Food International	USA	851995	Wedel SA	Polen	Unternehmenskauf	30,0%	100	VWD Mittel- und Osteuropa, Nr. 229, Do., 27. Nov. 1997, S. 1	26.11.97	07.02.97	29.12.97

Direktinvestierendes Unternehmen	Herkunftsland	Wertpapierkennnummer	Direktinvestitionsobjekt	Gastland	Transaktionsart	Erworbener Anteil (in vH)	Direktinvestition (in Mio USD)	Informationsquellen	Angenommenes Veröffentlichungsdatum	Beginn der Untersuchung	Ende der Untersuchung
Philip Morris Cos. Inc., Rye Brook, NY	USA	851777	ZPT Krakow	Polen	Privatisierungskauf	33,0%	227	TWSJE, Jg. 14, Nr. 1 (Mi., 31. Jan. 1996), S. 1 und 3; VWD Mittel- und Osteuropa, Nr. 23, Do., 1. Febr. 1996, S. 1	30.01.96	10.04.95	27.02.96
Philip Morris Cos. Inc., Rye Brook, NY	USA	851777	Zigarettenfabrik in Gorelowo im Verwaltungsgebiet Leningrad (St. Petersburg)	Russland	Green Field	100,0%	300	VWD Rußland mit GUS-Staaten, Nr. 112, Di., 16. Juni 1998, S. 3; Nr. 43, Di., 3. März 1998, S. 3; Nr. 150, Do., 7. Aug. 1997, S. 2; Nr. 85, Mo., 5. Mai 1997, S. 2; Nr. 74, Do., 17. Apr. 1997, S. 1; Nr. 80, Mi., 24. Apr. 1996, S. 1;	23.04.96	07.07.95	23.05.96
Philips Electronics N. V., Eindhoven	Niederlande	860025	Fabrik für Computermonitore	Ungarn	Green Field	100,0%	45	RFE/RL Daily Report, Nr. 219, 18. Nov. 1994	15.11.96	30.01.96	13.12.96
Philips Electronics N. V., Eindhoven, über Philips Lightning	Niederlande	860025	Polam, Pabianice	Polen	Privatisierungskauf	60,0%	9,96	VWD Mittel- und Osteuropa, Nr. 118, Fr., 21. Juni 1996, S. 5; VWD Mittel- und Osteuropa, Nr. 114, Mo., 17. Juni 1996, S. 5	14.06.96	24.08.95	12.07.96
Procter & Gamble Co., Cincinnati	USA	852062	Windelfabrik in Warschau	Polen	Green Field	100,0%	55	VWD Osteuropa, Nr. 27, Di., 9. Feb. 1993, S. 4	08.02.93	21.04.92	08.03.93
Renault S. A.	Frankreich	893113	OAO Avtoframos, Moskau	Russland	Joint Venture	50,0%	220	TWSJE, Mo., 3. Nov. 1997, S. 3; VWD Rußland mit GUS-Staaten, Nr. 235, Fr., 5. Dez. 1997, S. 2; Nr. 216, Mo., 10. Nov. 1997, S. 3; Nr. 211, Mo., 3. Nov. 1997, S. 1; Nr. 232, Fr., 29. Nov. 1996, S. 2	30.10.97	13.01.97	27.11.97
Royal Dutch / Shell-Gruppe, Den Haag / London, über Ruhrgas AG	Niederlande	907505	Eesti Gaas	Estland	Privatisierungskauf	1,8%	0,143	VWD Osteuropa, Nr. 99, Di., 23. Mai 1995, S. 6	22.05.95	02.08.94	22.06.95
Royal Dutch / Shell-Gruppe, Den Haag / London	Niederlande	907505	Tankstellennetz	Tschechoslowakei	Green Field	100,0%	100	VWD Osteuropa, Nr. 39, Di., 28. Juli 1992, S. 3	27.07.92	07.10.91	24.08.92
RWE über 100%-Tochter RWE Energie AG, Essen	Deutschland	703700	Aliatel, Prag (Datendienste und Mietleitungen, Telekommunikation)	Tschechische Republik	Unternehmenskauf	40,0%	14	VWD Mittel- und Osteuropa, Nr. 69, Mi., 8. Apr. 1998, S. 1; VWD Mittel- und Osteuropa, Nr. 63, Di., 31. März 1998, S. 1	30.03.98	12.06.97	29.04.98
RWE über 100%-Tochter RWE Energie AG, Essen, über 100%-Tochter RWE Entsorgung AG, Essen	Deutschland	703700	Stadt Benátky	Tschechoslowakei	Joint Venture	50,0%	15,825	FAZ, Nr. 2, Mo., 4. Jan. 1993, S. 17; VWD Osteuropa, Nr. 142, Mo., 21. Dez. 1992, S. 4	18.12.92	04.03.92	21.01.93
Salamander AG, Kornwestheim	Deutschland	730500	Tiosza Cipö AG, Martfü	Ungarn	Unternehmenskauf	100,0%	5,9	VWD Mittel- und Osteuropa, Nr. 6, Fr., 9. Jan. 1998, S. 1; Pressemitteilung vom 18. Dez. 1997.	18.12.97	03.03.97	22.01.98

Direktinvestierendes Unternehmen	Herkunftsland	Wertpapierkennnummer	Direktinvestitionsobjekt	Gastland	Transaktionsart	Erworbener Anteil (in vH)	Direktinvestition (in Mio USD)	Informationsquellen	Angenommenes Veröffentlichungsdatum	Beginn der Untersuchung	Ende der Untersuchung
Schmalbach-Lubeca AG	Deutschland	719230	Tochter Continental Can Polska Sp, Warschau	Polen	Green Field	100,0%	54	VWD Osteuropa, Nr. 95, Mi., 14. Okt. 1992, S. 1	13.10.92	27.12.91	10.11.92
Schneider Group	Frankreich	860180	Werk zur Herstellung elektronischer Bauteile, Pisek (Westböhmen)	Tschechische Republik	Green Field	100,0%	4,354	VWD Mittel- und Osteuropa, Nr. 66, Fr., 3. Apr. 1998, S. 2	02.04.98	17.06.97	05.05.98
Seita, Paris	Frankreich	894060	ZPT Radom	Polen	Privatisierungskauf	33,0%	64	VWD Mittel- und Osteuropa, Nr. 249, Mi., 27. Dez. 1995, S. 3	22.12.95	07.03.95	24.01.96
Siemens AG, Berlin, München	Deutschland	723600	Zwut	Polen	Joint Venture	49,0%	14,6	VWD Spezial - Neue Bundesländer, Osteuropa, Nr. 103, Mo., 3. Dez. 1990, S. 12	30.11.90	09.02.90	04.01.91
Siemens AG, Berlin, München	Deutschland	723600	Electromagnetica und Post-Tochter RomPostTelecom	Rumänien	Joint Venture	49,0%	13,4	VWD Spezial - Neue Bundesländer, Osteuropa, Nr. 109, Di., 11. Dez. 1990, S. 12	10.12.90	19.02.90	14.01.91
Siemens AG, Berlin, München	Deutschland	723600	AG Villanyszereloipari RT (VIV), Budapest	Ungarn	Unternehmenskauf	75,0%	6,6	VWD Spezial - Neue Bundesländer, Osteuropa, Nr. 245, Fr., 20. Dez. 1991, S. 12	19.12.91	04.03.91	22.01.92
Siemens AG, Berlin, München	Deutschland	723600	Incoms Telecom Holding, Sofia	Bulgarien	Joint Venture	40,0%	8,1	FAZ, Nr. 18, Fr. 22. Jan. 1993, S. 21; HB, Nr. 14, Do., 21. Jan. 1993, S. 15; VWD Osteuropa, Nr. 87, Fr., 2. Okt. 1992, S. 2; Nr. 24, Do., 21. Jan. 1993, S. 1	20.01.93	31.03.92	17.02.93
Siemens AG, Berlin, München	Deutschland	723600	Zavody Prymyslove Automatizace (ZPA), Trutnov, elektro-mechanische Produktionsdivision	Tschechische Republik	Privatisierungskauf	100,0%	1,3	WDT; HB, Nr. 18, Mi., 27. Jan. 1993, S. 17; VWD Osteuropa, Nr. 18, Mi., 27. Jan. 1993, S. 2	26.01.93	06.04.92	23.02.93
Siemens AG, Berlin, München	Deutschland	723600	Zwut und Elwro	Polen	Privatisierungskauf	80,0%	38,5	WDT; Pressemeldung vom 23. Sept. 1993	23.09.93	03.12.92	21.10.93
Siemens AG, Berlin, München, über 50%-Tochter Bosch-Siemens-Hausgeräte GmbH (BSHG), München	Deutschland	723600	Montagefabrik für Waschmaschinen in Lodz	Polen	Green Field	50,0%	25	VWD Osteuropa, Nr. 246, Mi., 21. Dez. 1994, S. 4	20.12.94	04.03.94	18.01.95
Siemens AG, Berlin, München, über 50%-Tochter Bosch-Siemens-Hausgeräte GmbH (BSHG), München	Deutschland	723600	Montagefabrik für Waschmaschinen in Lodz	Polen	Green Field	50,0%	17,1	VWD Mittel- und Osteuropa, Nr. 176, Mi., 11. Sept. 1996, S. 1	10.09.96	21.11.95	09.10.96

Direktinvestierendes Unternehmen	Herkunftsland	Wertpapierkennnummer	Direktinvestitionsobjekt	Gastland	Transaktionsart	Erworbener Anteil (in vH)	Direktinvestition (in Mio USD)	Informationsquellen	Angenommenes Veröffentlichungsdatum	Beginn der Untersuchung	Ende der Untersuchung
Siemens AG, Berlin, München, über KWU	Deutschland	723600	AO Elektrosila, St. Petersburg	Russland	Unternehmenskauf	20,0%	16,5	VWD-Osteuropa, Nr. 162, Mi., 23. Aug. 1995, S. 1; FAZ, Nr. 196, Do., 24. Aug. 1995, S. 16; TWSJW, Jg. 13, Nr. 143, Do., 24. Aug. 1995, S. 3	22.08.95	02.11.94	19.09.95
Siemens AG, Berlin, München, über Österreichische Kabelwerke GmbH, eine Tochter der Siemens AG Österreich	Deutschland	723600	Magyar Kabel Müvek Rt	Ungarn	Privatisierungskauf	40,0%	21,1	WDT; HB, Nr. 246, Di., 21. Dez. 1993, S. 15	17.12.93	03.03.93	18.01.94
Solvay SA	Belgien	856200	Sodi Devnja	Bulgarien	Privatisierungskauf	60,0%	160	TWSJE, Jg. 14, Nr. 228, Fr.-Sa, 20.-21. Dez. 1996, S. 1 und 4; Pari (Sofia), Jg. 6, Nr. 300, Fr., 20. Dez. 1996, S. 1	19.12.96	04.03.96	23.01.97
Sony	Japan	853687	Fabrik zur Herstellung von Unterhaltungselektronik in Gödöllö in der Nähe von Budapest	Ungarn	Green Field	100,0%	19,7	VWD Mittel- und Osteuropa, Nr. 89, Mi., 8. Mai 1996, S. 1; Nr. 67, Mi., 3. Apr. 1996, S. 4	02.04.96	20.06.95	03.05.96
Sony	Japan	853687	Werk zur Herstellung elektronischer Bauteile in Trnava	Slowakische Republik	Green Field	100,0%	14	VWD Mittel- und Osteuropa, Nr. 84, Mo., 29. Apr. 1996, S. 4; Nr. 73, Mo., 15. Apr. 1996, S. 1; Nr. 48, Do., 7. März 1996, S. 1	12.04.96	28.06.95	13.05.96
South African Breweries	Südafrika	891295	Pivovar Saris	Slowakische Republik	Unternehmenskauf	98,0%	38	VWD Mittel- und Osteuropa, Nr. 181, Fr., 19. Sept. 1997, S. 1	18.09.97	26.11.96	17.10.97
Suzuki Motor	Japan	857310	Zukauf von Anteilen an Magyar Suzuki	Ungarn	Unternehmenskauf	27,8%	20,7	VWD Mittel- und Osteuropa, Nr. 94, Mi., 15. Mai 1996, S. 1	14.05.96	27.07.95	14.06.96
Tele Danmark	Dänemark	890326	Ceske Radiokomunikace (CRK)	Tschechische Republik	Unternehmenskauf	20,8%	58,18	VWD Mittel- und Osteuropa, Nr. 156, Mo., 15. Aug. 1997, S. 1	14.08.97	22.10.96	11.09.97
Toray Industries	Japan	862442	Werk für die Herstellung und den Vertrieb von Polyesterstoffen in Prostejov / Olmütz (Olomouc)	Tschechische Republik	Green Field	100,0%	25	VWD Mittel- und Osteuropa, Nr. 164, Mi., 27. Aug. 1997, S. 3; VWD Mittel- und Osteuropa, Nr. 192, Di., 7. Okt. 1997, S. 1; Nr. 44, Di., 4. März 1997, S. 1	03.03.97	13.05.96	02.04.97
Toyota Motor über Denso International	Japan	853510	Diesel-Einspritzpumpenwerk in Szekesfehervar, Industriepark Sosto	Ungarn	Green Field	100,0%	100	VWD Mittel- und Osteuropa, Nr. 139, Mi., 23. Juli 1997, S. 3; Nr. 172, Mo., 8. Sept. 1997, S. 1	22.07.97	26.09.96	19.08.97

Direktinvestierendes Unternehmen	Herkunftsland	Wertpapierkennnummer	Direktinvestitionsobjekt	Gastland	Transaktionsart	Erworbener Anteil (in vH)	Direktinvestition (in Mio USD)	Informationsquellen	Angenommenes Veröffentlichungsdatum	Beginn der Untersuchung	Ende der Untersuchung
U. S. Steel, Pittsburgh	USA	881790	Vychodoslovenske Zeleziarne / VSZ Kosice (Ostslowakische Eisenwerke Kosice)	Slowakische Republik	Joint Venture	50,0%	57,1	VWD Mittel- und Osteuropa, Nr. 56, Fr., 20. März 1998, S. 3; VWD Mittel- und Osteuropa, Nr. 216, Mo., 10. Nov. 1997, S. 1	07.11.97	21.01.97	05.12.97
Unilever N. V., Rotterdam, London	Niederlande	860028	Povltavské Tukové Zavody (PTZ), Nelahozeves	Tschechoslowakei	Privatisierungskauf	100,0%	15	HB, Nr. 187, Mo., 28. Sept. 1992, S. 15; VWD Osteuropa, Nr. 83, Mo., 284. Sept. 1992, S. 5	25.09.92	06.12.91	23.10.92
Unilever N. V., Rotterdam, London	Niederlande	860028	Slaskie Zaklady Przemyslu Tluszczowego w Katowicach (SZPT)	Polen	Privatisierungskauf	70,0%	25	WDT; VWD Osteuropa, Nr. 137, Mo., 14. Dez. 1992, S. 3	11.12.92	26.02.92	14.01.93
Unilever N. V., Rotterdam, London	Niederlande	860028	Moskovsky Margarinovy Zavod	Russland	Unternehmenskauf	50,1%	20	Pressemitteilung vom 26. März 1998; VWD Rußland mit GUS-Staaten, Nr. 117, Mo., 23. Juni 1997, S. 1	20.06.97	27.08.96	18.07.97
Unilever N. V., Rotterdam, London	Niederlande	860028	Eiskremfabrik und Kühlanlagen in der Slowakei	Slowakische Republik	Green Field	100,0%	19,774	VWD Mittel- und Osteuropa, Nr. 67, Mo., 6. Apr. 1998, S. 2	03.04.98	18.06.97	06.05.98
Unipetrol	Tschechische Republik	908890	Tankstellennetz	Weißrussland	Joint Venture	51,0%	1,4	VWD Mittel- und Osteuropa, Nr. 213, Mi., 5. Nov. 1997, S. 2	04.11.97	16.01.97	02.12.97
VEBA Aktiengesellschaft, Düsseldorf, Berlin, über 100%-Tochter Raab Karcher AG, Essen	Deutschland	761440	Marciniak & spolka, Gorzow (Baufirma)	Polen	Joint Venture	6,4%	0,1908	VWD Mittel- und Osteuropa, Nr. 173, Mi., 7. Sept. 1995, S. 1	06.09.95	18.11.94	05.10.95
Veba über 100%-Tochter PreussenElektra AG, Hannover	Deutschland	761440	Latvijas Gaze, Riga (Gasversorgung)	Lettland	Unternehmenskauf	8,1%	12,253	VWD Mittel- und Osteuropa, Nr. 64, Do., 3. Apr. 1997, S. 1	02.04.97	13.06.96	30.04.97
VEW Energie AG, Dortmund	Deutschland	761221	DDGAZ, Pecs	Ungarn	Privatisierungskauf	25,5%	26	VWD Mittel- und Osteuropa, Nr. 229, Mo., 27. Nov. 1995, S. 5	24.11.95	07.02.95	22.12.95
VEW Energie AG, Dortmund	Deutschland	761221	Del-dunantuli Gazsolgaltato Rt (DDGZ)	Ungarn	Unternehmenskauf	25,0%	26	VWD Mittel- und Osteuropa, Nr. 92, Mo., 13. Mai 1996, S. 5; Nr. 15, Mo., 22. Jan. 1996, S. 1	19.01.96	30.03.95	16.02.96
VEW Energie AG, Dortmund	Deutschland	761221	DDGAZ, Pecs	Ungarn	Unternehmenskauf	18,6%	7,12	VWD Mittel- und Osteuropa, Nr. 54, Di., 18. März 1997, S. 1	17.03.97	29.05.96	16.04.97
VIAG über 97,1%-Tochter Bayernwerk AG, München	Deutschland	762620	Kögaz Közepdunantull Gazszolgatato Rt, Nagykanizsa	Ungarn	Privatisierungskauf	48,6%	65,057	VWD Mittel- und Osteuropa, Nr. 243, Fr., 15. Dez. 1995, S. 1 und 2	14.12.95	27.02.95	16.01.96

Direktinvestierendes Unternehmen	Herkunftsland	Wertpapierkennnummer	Direktinvestitionsobjekt	Gastland	Transaktionsart	Erworbener Anteil (in vH)	Direktinvestition (in Mio USD)	Informationsquellen	Angenommenes Veröffentlichungsdatum	Beginn der Untersuchung	Ende der Untersuchung
Villeroy & Boch AG VZ, Mettlach	Deutschland	765723	Alföldi Porcelángyár Rt, Hódmezövásáhely / Südostungarn	Ungarn	Privatisierungskauf	55,8%	12,1	WDT; Pressemeldung vom 3. Apr. 1992; VWD Spezial - Neue Bundesländer, Osteuropa, Nr. 69, Di., 7. Apr. 1992, S. 12	03.04.92	21.06.91	05.05.92
Villeroy & Boch AG VZ, Mettlach	Deutschland	765723	Mondial S. A., Lugoj	Rumänien	Unternehmenskauf	50,1%	20	VWD Mittel- und Osteuropa, Nr. 166, Mi., 28. Aug. 1996, S. 1; Nr. 157, Do., 15. Aug. 1996, S. 1	14.08.96	25.10.95	11.09.96
Volkswagen AG, Wolfsburg	Deutschland	766400	Volkswagen Bank Polska SA	Polen	Green Field	100,0%	11,9	VWD Mittel- und Osteuropa, Nr. 14, Mi., 21. Jan. 1998, S. 1	20.01.98	27.03.97	17.02.98
Volkswagen AG, Wolfsburg	Deutschland	766400	Skoda, Mlada Boleslav	Tschechoslowakei	Joint Venture	31,0%	415	VWD Osteuropa, Nr. 245, Di., 20. Dez. 1994, S. 4; Geschäftsbericht 1991 Volkswagen; VWD Spezial - Neue Bundesländer, Osteuropa, Nr. 109, Di., 11. Dez. 1990, S. 1; Nr. 103, Mo., 3. Dez. 1990, S. 11	10.12.90	19.02.90	14.01.91
Volkswagen AG, Wolfsburg	Deutschland	766400	Rechtsnachfolger der FSR Polmo, Posen	Polen	Joint Venture	25,2%	10,2	WDT; FAZ, Nr. 116, Fr., 21. Mai 1993, S. 25; Pressemeldung vom 1. Dez. 1993; VWD Osteuropa, Nr. 63, Mo., 31. Aug. 1992, S. 5 (Bezug auf Rzeczpospoita-Bericht vom 28. Aug. 1992); Nr. 21, Do., 2. Juli 1992, S. 1	27.08.92	07.11.91	24.09.92
Vyhodslovenske Zelesarna AS (VSZ), Kosice	Slowakische Republik	889443	Diosgyör Steel (DAM Rt), Stahl	Ungarn	Privatisierungskauf	68,2%	21,43	VWD Mittel- und Osteuropa, Nr. 176, Fr., 12. Sept. 1997, S. 1; VWD Mittel- und Osteuropa, Nr. 2, Mo., 5. Jan. 1998, S. 1; VWD Mittel- und Osteuropa, Nr. 8, Di., 13. Jan. 1998, S. 1	11.09.97	19.11.96	10.10.97
Whirlpool, Benton Harbor, Michigan, über Whirlpool International B. V. (WIBV)	USA	856331	Tatramat a. s., Poprad, Slowakei	Tschechoslowakei	Joint Venture	43,8%	5,668	WDT; Pressemeldungen vom 25. Nov. 1991 und vom 12. Mai 1992.	25.11.91	06.02.91	23.12.91
Wienerberger Baustoffindustrie AG, Wien	Österreich	852894	Przedsiebiorstwo Ceramiki Budowlanij, Lebork (Lauenburg) bei Stolp	Polen	Unternehmenskauf	100,0%	1,35	VWD Osteuropa, Nr. 128, Do., 6. Juli 1995, S. 5	05.07.95	13.09.94	02.08.95
Wrigley Jr. Co.	USA	852913	Kaugummifabrik in St. Petersburg	Russland	Green Field	100,0%	25	VWD Rußland mit GUS-Staaten, Nr. 86, Di., 6. Mai 1997, S. 2	05.05.97	15.07.96	05.06.97

Bemerkungen: WDT: INTERNATIONAL BANK FOR RECONSTRUCTION AND DEVELOPMENT: World debt tables 1993-94 - external debt of developing countries. Washington, DC, 1993; FAZ: Frankfurter Allgemeine Zeitung; RFE/RL: Radio Free Europe / Radio Liberty; TWSJE: The Wall Street Journal Europe. Quellen: Eigene Erstellung nach den in der Tabelle genannten Informationsquellen.

Literaturverzeichnis

ADEBAHR, Hubertus: Direktinvestitionen - Eine Problemskizze. Berlin (= Volkswirtschaftliche Schriften Nr. 306) 1981.

AGARWAL, Jamuna P.: Does foreign direct investment contribute to unemployment in home countries? An empirical survey. Kiel (= Kieler Arbeitspapiere Nr. 765) 1996.

AGMON, Tamir / LESSARD, Donald R.: Investor recognition of corporate international diversification; in: The journal of finance; Jg. 32 (1977), S. 1049-1055.

AITKEN, Alexander C.: On least squares and linear combinations of observations; in: Proceedings of the Royal Society of Edinburgh, Jg. 55 (1934-35), S. 42-48.

ALBRECHT, Dietrich / THORMÄHLEN, Thies: Subventionen - Politik und Problematik. Frankfurt am Main u. a. 1985.

ALESINA, Alberto / TABELLINI, Guido: Credibility and politics; in: European economic review, Jg. 32 (1988), Nr. 2/3, S. 542-550.

ALEXANDER, Susan / MURPHY, J. Carter: Exchange rates and direct international investment. Dallas, TX (= Department of Economics, Southern Methodist University, Working paper Nr. 71), 1975.

ALIBER, Robert Z.: A theory of foreign direct investment; in: KINDLEBERGER, Charles P. (Hrsg.): The international corporation - A symposium. Cambridge, MA, u. a. 1970.

ANDEL, Norbert: Finanzwissenschaft, 4. Auflage, Tübingen 1998, S. 273-285.

DERSELBE: Subventionen als Instrument des finanzwirtschaftlichen Interventionismus. Tübingen 1970.

APOLTE, Thomas / CASSEL, Dieter: Systemtransformation und Politikvertrauen; in: HERRMANN-PILLATH, Carsten / SCHLECHT, Otto / WÜNSCHE, Horst-Friedrich (Hrsg.): Marktwirtschaft als Aufgabe - Wirtschaft und Gesellschaft im Übergang vom Plan zum Markt. Stuttgart (= Grundtexte zur sozialen Marktwirtschaft, Nr. 3) 1994, S. 657-667.

ASQUITH, Paul / MULLINS, David: Equity issues and offering dilution; in: Journal of financial economics, Jg. 15, Nr. 1 / 2 (Jan. / Feb. 1986), S. 61-89.

AUSTIN, David H.: An event-study approach to measuring innovative output - the case of biotechnology; in: The American economic review - Papers and proceedings, Jg. 83 (1993), Nr. 2, S. 253-258.

BACKUS, David K. / DRIFFILL, Edward J.: Rational expectations and policy credibility following a change in regime; in: Review of economic studies, Jg. 52 (1985), Bd. 2 (= Nr. 169), S. 211-221.

BALASSA, Bela: Trade liberalisation and "revealed" comparative advantage. Manchester (= The Manchester School of Economic and Social Studies, Nr. 33) 1965, S. 99-123.

BALASUBRAMANYAM, Venkataraman N. / SALISU, Mohammed A. / SAPSFORD, David: Foreign direct investment and growth in EP and IS countries; in: The economic journal / Royal Economic Society, Jg. 106 (1996), Januar = Nr. 434, S. 92-105.

BALDWIN, Richard Edward / HAAPARANTA, Pertti Juhani / KIANDER, Jaakko, (Hrsg.): Expanding membership of the European Union. Cambridge, MA, u. a. 1995.

BALTAGI, Badi H.: Econometric analysis of panel data. Chichester u. a. 1995.

BAUMOL, William J.: Business behavior, value and growth. New York, NY, 1967.

BEA, Franz Xaver / DICHTL, Erwin / SCHWEITZER, Marcell: Allgemeine Betriebswirtschaftslehre - Band 1: Grundfragen. 4. Auflage, Stuttgart 1988.

BEGG, David K. / FISCHER, Stanley / DORNBUSCH, Rudiger W.: Economics, 3. Ausgabe, London u. a. 1991.

BEHRENS, Karl Christian: Allgemeine Standortbestimmungslehre. Opladen 1971.

BELLAK, Christian J.: Effekte aktiver Direktinvestitionen im Ursprungsland. Frankfurt am Main u. a. 1993.

BERNANKE, Ben S.: Irreversibility, uncertainty, and cyclical investment; The quarterly journal of economics, Jg. 98 (1983), S. 85-106.

BHAGWATI, Jagdish N. / DINOPOULOS, Elias / WONG, Kar-yiu: Quid pro quo foreign investment; in: The American economic review, Jg. 82 (1992), Nr. 2, S. 186-190.

BIEHL, Dieter: The contribution of infrastructure to regional development - final report, document. Luxembourg 1986.

BIEHL, Dieter / UNGAR, Peter: Kapazitätsausstattung und Kapazitätsengpässe an großräumig bedeutsamer Infrastruktur; in: BUNDESFORSCHUNGSANSTALT FÜR LANDESKUNDE UND RAUMORDNUNG (Hrsg.): Raumordnung in Deutschland, Teil 2: Aufgaben und Lösungsansätze. Bonn (= Materialien zur Raumentwicklung, Heft 40) 1991, S. 237-284.

BISKUP, Reinhold (Hrsg.): Globalisierung und Wettbewerb. Bern u. a. (= Beiträge zur Wirtschaftspolitik Nr. 63) 1996.

BLACK, Fischer: Capital market equilibrium with restricted borrowing; in: The journal of business, Jg. 45 (Juli 1972), S. 444-454.

BLACK, Fischer / SCHOLES, Myron: The pricing of options and corporate liabilities; in: Journal of political economy, Jg. 81 (1973), S. 637-654.

BLACK, Stanley W. / MÖRSCH, Mathias (Hrsg.): Competition and convergence in financial markets - the German and Anglo-American models. Amsterdam u. a. 1998.

BLANCHARD, Olivier J. / LAYARD, Peter R. / GROSFELD, Irena: How to privatize; in: The transformation of socialist economies - Beiträge eines Symposiums im Institut für Weltwirtschaft an der Universität Kiel. Tübingen 1992, S. 27-43.

BLEYMÜLLER, Josef / GEHLERT, Günther / GÜLICHER, Herbert: Statistik für Wirtschaftswissenschaftler. 5. Auflage, München 1988.

BLOMSTRÖM, Magnus / FORS, Gunnar / LIPSEY, Robert E.: Foreign direct investment and employment - home country experience in the United States and Sweden; in: The economic journal / Royal Economic Society, Jg. 107 (1997), November = No. 445, S. 1787-1797.

BOCHE, Jörg: Deutscher Aktienindex (DAX) - WestLB Aktienindex: Mit der neuen DAX-Gewichtung vom 18. 9. 1992; in: WestCapital Investment Research - Das Thema, 29. September 1992.

BOEHMER, Ekkehart / MUSUMECI, Jim / POULSEN, Annette B.: Event-study methodology under conditions of event-induced variance; in: Journal of financial economics, Jg. 30, Nr. 2 (December 1991), S. 253-272.

BÖHMER, Ekkehart / LÖFFLER, Yvonne: Kursrelevante Ereignisse bei Unternehmensübernahmen - Eine empirische Analyse des deutschen Kapitalmarktes; in: Zfbf - Schmalenbachs Zeitschrift für betriebswirtschaftliche Forschung, Jg. 51, Nr. 4 (April 1999), S. 299-324.

BOHNET, Armin / OHLY, Claudia: Zum gegenwärtigen Stand der Transformationstheorie - Eine Literaturstudie; in: Zeitschrift für Wirtschaftspolitik, Jg. 41 (1992), Nr. 1, S. 27-50.

BOJKO, Maksim V. / SHLEIFER, Andrei / VISHNY, Robert W.: A theory of privatization; in: The economic journal / Royal Economic Society, Jg. 106, Nr. 435 (= März 1996), S. 309-319.

BORENSZTEIN, Eduardo R. / de GREGORIO, José / LEE, Jong-wha: How does foreign direct investment affect economic growth? Cambridge, MA (= National Bureau of Economic Research, Working paper series Nr. 5057), 1995.

BORSOS, Julianna: Domestic employment effects of Finnish FDIs in Eastern Europe. Helsinki (= Elinkeinoelämän Tutkimuslaitos, Series B, Nr. 111) 1995.

BÖS, Dieter: Privatization - a theoretical treatment. Oxford 1991.

BRAINARD, S. Lael / RIKER, David A.: Are US multinationals exporting US jobs? Cambridge, MA (= National Bureau of Economic Research, Working paper Nr. 5958) 1997.

BRANDER, James A. / SPENCER, Barbara J.: Tariffs and the extraction of foreign monopoly rents; in: The Canadian journal of economics, Jg. 14 (1981), S. 371-389.

DIESELBEN: Foreign direct investment with unemployment and endogenous taxes and tariffs; in: Journal of international economics, Jg. 22 (1987), S. 257-279.

BREALEY, Richard A. / EDWARDS, Helen: A bibliography of finance. Cambridge, MA, u. a. 1991.

BRENNAN, Michael. J. / SCHWARTZ, Eduardo S.: Evaluating natural resource investments; in: The journal of business, Jg. 58 (1985), S. 135-157.

BRENTON, Paul / di MAURO, Francesca / LÜCKE Matthias: Economic integration and FDI - an empirical analysis of foreign investment in the EU and in Central and Eastern Europe. Kiel (= Kieler Arbeitspapiere Nr. 890) 1998.

BREWER, Thomas L.: Indicators of foreign direct investment in the countries of Central and Eastern Europe - a comparison of data sources; in: Transnational corporations, Jg. 3, Nr. 2 (August 1994), S. 115-126.

BROWN, Stephen J. / WARNER, Jerold B.: Measuring security price performance; in: Journal of financial economics, Jg. 8, Nr. 3 (September 1980), S. 205-258.

DIESELBEN: Using daily stock returns - The case of event studies; in: Journal of financial economics, Jg. 14 (1985), S. 3-31.

BRÜGGEMANN, Axel / KLEIN, Martin: Privatization and foreign direct investment in transition economies. Revised version, Halle (Saale) (= Martin-Luther-Universität Halle-Wittenberg, Wirtschaftswissenschaftliche Fakultät, Wirtschaftswissenschaftliche Diskussionsbeiträge Nr. 14) 1995.

BUCKLEY, Peter J.: Contemporary theories of international direct investment; in: Revue économique, Jg. 44 (1993), Nr. 4, S. 725-736.

BUCKLEY, Peter J. / CASSON, Mark: The economic theory of the multinational enterprise. London 1985.

BUNDESFORSCHUNGSANSTALT FÜR LANDESKUNDE UND RAUMORDNUNG (Hrsg.): Raumordnung in Deutschland, Teil 2: Aufgaben und Lösungsansätze. Bonn (= Materialien zur Raumentwicklung, Heft 40) 1991.

BUNDESMINISTERIUM FÜR WIRTSCHAFT (Hrsg.): Wirtschaftslage und Reformprozesse in Mittel- und Osteuropa - Sammelband. Bonn, verschiedene Ausgaben.

DASSELBE: Übersicht über Investitionsbedingungen in Polen, Ungarn, Tschechien, Slowakei, Rumänien, Bulgarien, Estland, Lettland, Litauen, Slowenien, Kroatien, Rußland, Ukraine, Weißrußland und Kasachstan. Berlin 1996.

CAKICI, Nusret / HESSEL, Chris / TANDON, Kishore: Foreign acquisitions in the United States - effect on shareholder wealth of foreign acquiring firms; in: Journal of banking and finance, Jg. 20 (1996), Nr. 2, S. 307-329.

DIESELBEN: Foreign acquisition in the United States and the effect on shareholder wealth; in: Journal of international financial management & accounting, Jg. 3 (1991), S. 39-60.

CAVES, Richard E.: Exchange rate movements and foreign direct investment in the United States. Cambridge, MA (= Harvard Institute of Economic Research, Harvard University, Discussion paper Nr. 1383) 1988.

DERSELBE: International corporations - The industrial economics of foreign investment; in: Economica, Jg. 38 (1971), S. 1-27.

DERSELBE: Multinational enterprise and economic analysis. Cambridge, MA, 1982.

CHEN, Haiyang / HU, Michael Y.: Stock valuation effects on international joint ventures - evidence from U.S. investment in Eastern European countries; in: Journal of multinational financial management, Jg. 1 (1991), Nr. 4, S. 67-85.

CHEN, Haiyang / HU, Michael Y. / SHIEH, Joseph C.: The wealth effect of international joint ventures - the case of US investment in China; in: Financial management, Jg. 20 (1991), Nr. 4, S. 31-41.

CHIANG, Alpha C.: Elements of dynamic optimization. New York u. a. 1992.

CHOW, Gregory C.: Tests of equality between sets of coefficients in two linear regressions; in: Econometrica, Jg. 28, Nr. 3 (Juli 1960), S. 591-605.

CHUNG, Il Yung / KOFORD, Kenneth J. / LEE, Insup: Stock market views of corporate multinationalism - some evidence from announcements of international joint ventures; in: The quarterly review of economics and finance, Jg. 33 (1993), Nr. 3, S. 275-293.

COASE, Ronald H.: The nature of the firm; in: Economica, N. S., Jg. 4, Nr. 4 (November 1937), S. 386-405, wiederabgedruckt in: STIGLER, George J. / BOULDING, Kenneth E.: Readings in Price Theory. Homewood, IL, 1952.

COFFEE, John C.: Investment privatization funds - The Czech experience. Paper presented at the conference "Corporate governance in Central Europe and Russia" held jointly by the World Bank, Transition Economics Division, Policy Research Department, and the Central European University privatization project. Washington, D. C., 1994.

COPELAND, Thomas E. / WESTON, John F.: Financial theory and corporate policy. 3. Ausgabe, Reading, MA, u. a. 1988.

CRUTCHLEY, Claire E. / GUO, Enyang / HANSEN, Robert S.: Stockholder benefits from Japanese-US joint ventures; in: Financial management, Jg. 20 (1991), Nr. 4, S. 22-30.

CSÁKI, György / FÓTI, Gábor / MAYES, David: Foreign direct investment and transition - The case of the Visegrád countries. Budapest (= Trends in world economy Nr. 78) 1996.

CUKIERMAN, Alex: The effects of uncertainty on investment under risk neutrality with endogenous information; in: Journal of political economy, Jg. 88 (1980), S. 462-475.

Čubajs, A(natolij): Itogi privatizacii v Rossii i zadači sledujuščego ėtapa; in: Voprosy ėkonomiki, Jg. 66 (1994), Nr. 6, S. 4-9.

DANN, Larry: Common stock repurchases - An analysis of returns to bondholders and stockholders; in: Journal of financial economics, Jg. 9 (1981), S. 113-138.

Dǎržaven Vestnik (Staatlicher Anzeiger Bulgariens) verschiedene Ausgaben.

DEUTSCHES INSTITUT FÜR WIRTSCHAFTSFORSCHUNG / INSTITUT FÜR WELTWIRTSCHAFT AN DER UNIVERSITÄT KIEL / INSTITUT FÜR WIRTSCHAFTSFORSCHUNG HALLE: Die wirtschaftliche Lage der Republik Belarus. Halle (Saale), verschiedene Ausgaben.

DICKERTMANN, Dietrich / DILLER, Klaus Dieter: Subventionen als Mittel der Wirtschaftspolitik; in Wirtschaftswissenschaftliches Studium, Jg. 16, Nr. 11 (November 1987) S. 537-543.

DIELMAN, Terry E.: Pooled cross-sectional and time series data analysis. New York, NY, u. a. 1989.

DIXIT, Avinash K.: Entry and exit decisions under uncertainty; in: Journal of political economy, Jg. 97 (1989), Nr. 3, S. 620-638.

DIXIT, Avinash K. / NORMAN, Victor D.: The theory of international trade - A dual general equilibrium approach. Digswell Place, Welwyn, Herts. 1980.

DIXIT, Avinash K. / PINDYCK, Robert S.: Investment under uncertainty. Princeton, NJ, 1994.

DJANKOV, Simeon / HOEKMAN, Bernard: Avenues of technology transfer - foreign investment and productivity change in the Czech Republic. London (= Centre for Economic Policy Research, Discussion paper Nr. 1883) 1998.

DNES, Antony W. / SEATON, Jonathan S.: The regulation of British Telecom - an event study; in: Journal of institutional and theoretical economics, Jg. 155 (1999), Nr. 4, S. 610-616.

McDONALD, Robert / SIEGEL, Daniel: The value of waiting to invest; in: The quarterly journal of economics, Jg. 101 (1986), Nr. 4, S. 707-727.

DOLLEY, James C.: Characteristics and procedure of common stock split-ups; in: Harvard business review, Jg. 11 (1933), April, S. 316-326, zit. nach MacKINLAY, Archie Craig: Event studies in economics and finance; in: The journal of economic literature, Jg. 35 (1997), Nr. 1, S. 13-39.

DONDERS, Monique W. M. / VORST, Ton C. F.: The impact of firm specific news on implied volatilities; in: Journal of banking and finance, Jg. 20, Nr. 9 (1. November 1996), S. 1447-1461.

DORNBUSCH, Rudiger W.: Credibility and stabilization; in: The quarterly journal of economics, Jg. 106 (1991), Bd. 3 (= Nr. 426), S. 837-850.

DOUKAS, John / TRAVLOS, Nikolaos A.: The effects of corporate multinationalism on shareholders' wealth - Evidence from international acquisitions; in: The journal of finance, Jg. 43 (1988), Nr. 5, S. 1161-1175.

DRESDNER BANK (Hrsg.): Mittel- und Osteuropa - Investieren mit Erfolg. Frankfurt am Main 1999.

DUNNING, John H. (Hrsg.): Multinational enterprises, economic structure and international competitiveness. Chichester u. a. 1985.

DUNNING, John H.: American investment in British manufacturing industry. London 1958.

DERSELBE: International investment. Harmondsworth, Middx., 1972.

DERSELBE: Explaining changing patterns of international investment - in defence of the eclectic theory; in: Oxford bulletin of economics and statistics, Jg. 41 (1979), S. 269-296.

DERSELBE: Toward an eclectic theory of international production - Some empirical tests; in: Journal of international business studies, Jg. 11 (1980), Nr. 1, S. 9-31.

DERSELBE: The eclectic paradigm of international production - a restatement and some possible extensions; in: Journal of international business studies, Jg. 19 (1988), Nr. 1, S. 1-31.

DERSELBE: The globalization of business - the challenge of the 1990s. London u. a. 1993.

EARLE, John S. / FRYDMAN, Roman / RAPACZYNSKI, Andrzej (Hrsg.): Privatization in the transition to a market economy - studies of preconditions and policies in Eastern Europe. London 1993.

EASLEY, David / o'HARA, Maureen: Price, trade size, and information in securities markets; in: Journal of financial economics, Jg. 19 (1987), S. 69-90.

EL-SHAGI, El-Shagi: Die EU-Osterweiterung und ihre Konsequenzen für Deutschland; in: Das Wirtschaftsstudium, Jg. 29 (2000), Nr. 4, S. 592-600.

EL-SHAGI, El-Shagi: Die externen Effekte und ihre Wirkung auf das Marktergebnis; in: Das Wirtschaftsstudium, Jg. 11 (1982), S. 551-559.

EMADI-MOGHADAM, Mehrdad / EMADI-COFFIN, Barbara: The link between foreign direct investment, human capital upgrading, and trade in the Czech Republic and Slovakia - 1990-1994; in: Prague economic papers, Jg. 4 (1995), Nr. 3, S. 249-259.

ENSIGN, Prescott C.: An examination of foreign direct investment theories and the multinational firm - A business / economics perspective; in: GREEN, Milford B. / MacNaughton, Rod B. (Hrsg.): The location of foreign direct investment - geographic and business approaches. Aldershot u. a. 1995, S. 15-27.

ERRUNZA, Vihang R. / SENBET, Lemma W.: The effects of international operations on the market value of the firm - Theory and evidence; in: Journal of finance, May 1981, S. 401-417.

ETEBARI, Ahmad: Market impact of announcements of joint ventures between U.S. firms and Eastern and Central European countries - early evidence; in: Global finance journal, Jg. 4 (1993), Nr. 2, S. 103-123.

ETHIER, Wilfred J.: The multinational firm; in: The quarterly journal of economics, Jg. 101 (1986), Nr. 4, S. 805-833.

DERSELBE / HORN, Henrik: Managerial control of international firms and patterns of direct investment; in: Journal of international economics, Jg. 28, Nr. 1 / 2 (Februar 1990), S. 25-45.

EUCKEN, Walter: Grundsätze der Wirtschaftspolitik, herausgegeben von EUCKEN, Edith / HENSEL, K. Paul. 4. Auflage, Tübingen, Zürich, 1968.

EUN, Cheol S. / KOLODNY, Richard / SCHERAGA, Carl: Cross-border acquisitions and shareholder wealth - Tests of the synergy and internalization hypotheses; in: Journal of banking and finance, Jg. 20, Nr. 9 (1. November 1996), S. 1559-1582.

EUROPÄISCHE KOMMISSION: Agenda 2000 - Eine stärkere und erweiterte Union (Die Veröffentlichung stützt sich auf Dokument KOM(97) 2000 endg.); in: Bulletin der Europäischen Union, Beilage Nr. 5/97, S. 46-49.

EUROPEAN BANK FOR RECONSTRUCTION AND DEVELOPMENT: Transition report. London, verschiedene Ausgaben.

EUROPEAN COMMISSION: European Commission forecast for the candidate countries, Spring 2001; in: European economy - Supplement C. Economic reform monitor - Economic situation and economic reform in Central and Eastern Europe. Nr. 2 (April 2001).

FAMA, Eugene F. / MILLER, Merton H.: The theory of finance. New York, NY, u. a., 1972.

FAMA, Eugene F.: Agency problems and the theory of the firm; in: Journal of political economy, Jg. 88 (1980), S. 288-307.

DERSELBE: Efficient capital markets - A review of theory and empirical work; in: The journal of finance, Jg. 28 (1970), S. 383-418.

DERSELBE: Foundations of finance - Portfolio decisions and security prices. New York, NY, 1976.

DERSELBE: The behavior of stock market prices; in: The journal of business, Jg. 38 (1965), S. 34-105.

DERSELBE / FISHER, Lawrence / JENSEN, Michael C. / ROLL, Richard: The adjustment of stock prices to new information; in: International economic review, Jg. 10, Nr. 1 (Februar 1969), S. 1-21.

FARKAS, Péter: The effect of foreign direct investment on research, development and innovation in Hungary. Budapest (= Hungarian Academy of Sciences, Institute for World Economics, Working papers Nr. 81) 1997.

FELDMANN, Horst: Die Transformation von Wirtschaftssystemen, in: Das Wirtschaftsstudium, Jg. 29 (2000), Nr. 1, S. 112-117.

FINNERTY, Joseph E. / OWERS, James E. / ROGERS, Ronald C.: The valuation impact of joint ventures; in: Management international review, Jg. 26 (1986), S. 14-26.

FÓTI, Klára: Some impacts of foreign direct investment on employment and labour in Hungary; in: OPPENLÄNDER, Karl Heinrich (Hrsg.): Einfluß der Europäischen Währungsunion auf den Transformationsprozess in Ostmitteleuropa unter besonderer Berücksichtigung Ungarns - Ifo/IfW-Symposium vom 11. bis 13. Dezember 1995 in München. München u. a. (= Ifo-Studien zur Osteuropa- und Transformationsforschung Nr. 24) 1996, S. 59-73.

FUNKE, Norbert: Credibility of government policy - lessons for economies in transition; in: Intereconomics, Jg. 28 (1993), Nr. 2, S. 73-78.

Geschäftsberichte ausgewählter Unternehmen, verschiedene Ausgaben.

GLOSTEN, Lawrence R.: Insider trading, liquidity, and the role of the monopolist specialist; in: The journal of business, Jg. 62 (1989), S. 211-235.

GNOTH, Werner / STEPHAN, Johannes: Ungarns Wirtschaftswachstum von Ungleichgewichten geprägt - Ein erneutes Problem mit dem Zwillingsdefizit? in: IWH - Wirtschaft im Wandel, Jg. 5 (1999), Nr. 8, S. 10-16.

GRASA, Antonio Aznar: Econometric Model Selection - A New Approach. Dordrecht / Boston / London 1989.

GREEN, Milford B. / MacNaughton, Rod B. (Hrsg.): The location of foreign direct investment - geographic and business approaches. Aldershot u. a. 1995.

GREENE, William H.: Econometric analysis. 3. Ausgabe, Upper Saddle River, NJ, 1993.

GRUBEL, Herbert G.: Internationally diversified portfolios - Welfare gains and capital flows; in: The American economic review, Jg. 58 (1968), S. 1299-1314.

GUTMANN, Gernot: Euckens kostituierende Prinzipien der Wirtschaftspolitik und der ordnungspolitische Wandel in den Ländern Osteuropas; in: SCHÜLLER, Alfred, et al. (Hrsg.): Zur Transformation von Wirtschaftssystemen - Von der Sozialistischen Planwirtschaft zur Sozialen Marktwirtschaft (Hannelore Hamel zum 60. Geburtstag). Marburg (Forschungsstelle zum Vergleich wirtschaftlicher Lenkungssysteme der Phillipps-Universität Marburg, Arbeitsberichte zum Systemvergleich Nr. 15), S. 61-69.

HARRIS, Robert S. / RAVENSCRAFT, David: The role of acquisitions in foreign direct investment - Evidence from the U. S. stock market; in: The journal of finance, Jg. 46, Nr. 3 (Juli 1991), S. 825-843.

HEINSCH, Brigitte: Der Einfluß des öffentlichen Inputs Verkehrsinfrastruktur auf die Wettbewerbsfähigkeit einer Volkswirtschaft - unter besonderer Berücksichtigung des Faktorproportionentheorems von Heckscher und Ohlin. Frankfurt am Main u. a. 1986.

HELMSTÄDTER, Ernst / POSER, Günter / RAMSER, Hans Jürgen (Hrsg.): Beiträge zur angewandten Wirtschaftsforschung - Festschrift für Karl Heinrich Oppenländer. Berlin 1997.

HELPMAN, Elhanan / KRUGMAN, Paul R.: Market structure and foreign trade - increasing returns, imperfect competition, and the international economy. Cambridge, MA, u. a. 1985.

DIESELBEN: Trade policy and market structure. Cambridge, MA, 1989.

HENNART, Jean-François: Transaction costs theory and the multinational enterprise; in: PITELIS, Christos N. / SUGDEN, Roger (Hrsg.): The nature of the transnational firm. 2. Ausgabe, London u. a. 2000, S. 72-118.

DERSELBE: The transaction costs theory of joint ventures - an empirical study of Japanese subsidiaries in the United States; in: Management science, Jg. 37 (1991), Nr. 4, S. 483-497.

HENNEBERGER, Fred / GRAF, Stefan: Deutsche Direktinvestitionen im Ausland - Gefahr für deutsche Arbeitsplätze? St. Gallen (= Diskussionspapiere des Forschungsinstituts für Arbeit und Arbeitsrecht an der Hochschule St. Gallen Nr. 41) 1996.

HERRMANN-PILLATH, Carsten / SCHLECHT, Otto / WÜNSCHE, Horst-Friedrich (Hrsg.): Marktwirtschaft als Aufgabe - Wirtschaft und Gesellschaft im Übergang vom Plan zum Markt. Stuttgart (= Grundtexte zur sozialen Marktwirtschaft, Nr. 3) 1994.

HIRSCH, Seev: An international trade and investment theory of the firm; in: Oxford economic papers, Jg. 28, Nr. 2 (Juli 1976), S. 258-270.

DERSELBE: Location of industry and international competitiveness. New York, NY, u. a. 1967.

HÖLSCHER, Jens: Entwicklungsmodell WestDeutschland - Aspekte der Akkumulation in der Geldwirtschaft. Berlin (= Volkswirtschaftliche Schriften Nr. 437) 1994.

DERSELBE / SMITH, Eric Owen / PUGH, Geoffrey: The DM undervaluation and West Germany's economic performance. Birmingham (= The University of Birmingham, Institute for German Studies, discussion paper Nr. 99, 13) 1999.

HORBACH, Jens / ROTHFELS, Jacqueline / MEISSNER, Thomas, et al.: Theoretische und empirische Zusammenhänge zwischen Wettbewerbsfähigkeit und Umweltschutz. Halle (Saale) (= IWH-Forschungsberichte Nr. 2) 1998.

http://europa.eu.int/comm/enlargement/index.htm.

HU, Michael Y. / CHEN, Haiyang / SHIEH, Joseph C.: Impact of U.S.-China joint ventures on stockholders' wealth by degree of international involvement; in: Management international review, Jg. 32 (1992), Nr. 2, S. 135-148.

HUMMEL, Marlies u. a.: Stärken und Schwächen Deutschlands im internationalen Wettbewerb um Einkommen und Arbeitsplätze - Strukturberichterstattung 1995. Berlin (= Schriftenreihe des Ifo-Instituts für Wirtschaftsforschung Nr. 143) 1996.

HUNT, Jennifer: Firing costs, employment fluctuations and average employment - An examination of Germany; in: Economica, Jg. 67 (2000), S. 177-202.

HYMER, Stephen H.: The international operations of national firms - A study of direct foreign investment. Cambridge, MA, 1976.

INTERNATIONAL BANK FOR RECONSTRUCTION AND DEVELOPMENT: World debt tables 1993-94 - external debt of developing countries. Washington, DC, 1993.

JAHRREISS, Wolfgang: Zur Theorie der Direktinvestitionen im Ausland - Versuch einer Bestandsaufname, Weiterführung und Integration partialanalytischer Forschungsansätze. Berlin (= Volkswirtschaftliche Schriften Nr. 337) 1984.

JENSEN, Michael C.: Risk, the pricing of capital assets and the evaluation of investment portfolios; in: Journal of Business, Jg. 42 (1969), S. 167-247.

JENSEN, Michael C. / MECKLING, William H.: The theory of the firm - Managerial behaviour, agency costs and ownership structure; in: Journal of financial economics, Jg. 3 (1976), S. 305-366.

JENSEN, Michael C. / RUBACK, Richard S.: The market for corporate control - the scientific evidence; in: Journal of financial economics, Jg. 11 (1983), S. 5-50.

JESSEL-HOLST, Christa: Bulgarien - Gesetz über ausländische Investitionen. Textdokumentation mit Einführung und Anmerkungen; in: Wirtschaft und Recht in Osteuropa, Jg. 1 (1992), Nr. 3, S. 86-90.

DIESELBE: Legal problems of privatization in Bulgaria; in: SCHÖNFELDER, Bruno (Hrsg.): Problems of privatization in Bulgaria. München (= Südosteuropa aktuell Nr. 24) 1997, S. 60-70.

JOCHIMSEN, Reimut: Theorie der Infrastruktur. Tübingen 1966.

JOHNSTON, Jack: Econometric methods. 3. Ausgabe, New York, NY, u. a. 1997.

JORION, Philippe: Returns to Japanese investors from US investments; in: Japan and the world economy, Jg. 8, Nr. 3 (1. September 1996), S. 229-241.

JUDGE, George G., u. a. : Introduction to the theory and practice of econometrics. 2. Ausgabe, New York, NY, u. a. 1988.

KAMIEN, Morton I. / SCHWARTZ, Nancy L.: Dynamic optimization - the calculus of variations and optimal control in economics and management. 2. Ausgabe, Amsterdam u. a. 1991.

KÄMPFE, Martina: Ausländische Direktinvestitionen in der Automobilindustrie Ostmitteleuropas - Untersuchung der Direktinvestitionen in Polen, Ungarn, der Tschechischen und der Slowakischen Republik. Halle (Saale) (= Institut für Wirtschaftsforschung Halle, Forschungsreihe Nr. 1996, 1) 1996.

KAUFMANN, Friedrich / MENKE, Andreas: Standortverlagerungen mittelständischer Unternehmen nach Mittel- und Osteuropa - eine empirische Untersuchung am Beispiel der vier Visegrád-Staaten. Stuttgart (= Schriften zur Mittelstandsforschung, N.F., Nr. 74) 1997.

KIENER, Stefan: Die Principal-Agent-Theorie aus informationsökonomischer Sicht. Heidelberg 1990.

KINDLEBERGER, Charles P. (Hrsg.): The international corporation - A symposium. Cambridge, MA, u. a. 1970.

DERSELBE: American business abroad - Six lectures on direct investment. New Haven, CT, 1969.

MacKINLAY, Archie Craig: Event studies in economics and finance; in: The journal of economic literature, Jg. 35 (1997), Nr. 1, S. 13-39, auch veröffentlicht als CAMPBELL, John Y. / LO, Andrew Wen-chuan / MacKINLAY, Archie Craig: The econometrics of financial markets. Princeton, NJ, 1997, S. 149-180.

KLEIN, Martin: Transition economies and the convergence criteria of Maastricht - Monetary vs. real aspects. Beitrag zur Konferenz "Meeting the convergence criteria of EMU - Problems of countries in transition", Warsaw, September 15th-16th 1997. Warsaw (= Polish economic society) 1997.

KLODT, Henning / MAURER, Rainer: Internationale Direktinvestitionen - Determinanten und Konsequenzen für den Standort Deutschland. Kiel (= Kieler Diskussionsbeiträge Nr. 284) 1996.

KLOTEN, Norbert: Die Transformation von Wirtschaftsordnungen - theoretische, phänotypische und politische Aspekte. Tübingen 1991.

KNICKERBOCKER, Frederick T.: Oligopolistic reaction and multinational enterprise. Cambridge, MA, 1973.

KROMPHARDT, Jürgen / BATHE, Oliver: Direktinvestitionen - ein Indikator für die internationale Wettbewerbsfähigkeit? in: HELMSTÄDTER, Ernst / POSER, Günter / RAMSER, Hans Jürgen (Hrsg.): Beiträge zur angewandten Wirtschaftsforschung - Festschrift für Karl Heinrich Oppenländer. Berlin 1997, S. 363-379.

KRUG, Walter / REHM, Norbert: Statistik für Wirtschafts- und Sozialwissenschaftler. Bamberg 1989.

KRUGMAN, Paul R.: Competitiveness - a dangerous obsession; in: Foreign affairs, Jg. 73 (1994), Nr. 2, S. 28-44.

DERSELBE: Geography and trade. Cambridge, MA, 1989.

DERSELBE: Rethinking international trade. Cambridge - London 1990.

KRÜSSELBERG, Utz: Theorie der Unternehmung und Institutionenökonomik - Die Theorie der Unternehmung im Spannungsfeld zwischen neuer Institutionenökonomik, ordnungstheoretischem Institutionalismus und Marktprozeßtheorie. Heidelberg 1993.

KUBIELAS, Stanislaw: Technology transfer and the restructuring of new market economies - The Case of Poland. Sussex (= University of Sussex, STEEP discussion paper Nr. 32) 1996.

KUNZE, Cornelie (Hrsg.): Mittel- und Osteuropa als Produktionsstandort und Absatzmarkt für Westeuropa. Leipzig (= Transformation - Leipziger Beiträge zu Wirtschaft und Gesellschaft Nr. 8.

LANG, Larry H. P. / OFEK, Eli: Why do firms invest in Eastern Europe? in: European financial management, Jg. 1 (1995), Nr. 2, S. 147-171.

LANSBURY, Melanie / PAIN, Nigel / ŠMÍDKOVÁ, Kateřina: The determinants of foreign direct investment in Central Europe by OECD countries - An econometric analysis; in: CSÁKI, György / FÓTI, Gábor / MAYES, David: Foreign direct investment and transition - The case of the Visegrád countries. Budapest (= Trends in world economy Nr. 78) 1996, S. 137-159.

LAŠTOVIČKA, Radek / MARCINČIN, Anton / MEJSTŘÍK, Michal: Privatization and opening the capital markets in the Czech and Slovak republics. Prague (= Economics Institute of the Academy of Sciences of the Czech Republic, Center for Economic Research and Graduate Education, Charles University, Working paper Nr. 54) 1994.

LINNE, Thomas: The integration of the Central and East European equity markets into the international capital markets - A Kalman filter approach. University of Leicester, ACE project, research memorandum Nr. 99/2. Leicester 1999.

DERSELBE / LÖHNIG, Claudia: Zahlungsbilanzkrisen in Transformationsökonomien - Das Beispiel Tschechien; in: IWH - Wirtschaft im Wandel, Jg. 3 (1997), Nr. 9, S. 15-23.

LINTNER, John: The valuation of risk assets and the selection of risky investments in stock portfolios and capital budgets; in: The review of economics and statistics, Jg. 47, Nr. 1 (Februar 1965), S. 13-37.

LIPTON, David / SACHS, Jeffrey D.: Privatization in Eastern Europe - the case of Poland; in: Brookings papers on economic activity 1990, Nr. 2, S. 293-341.

LIZONDO, José S.: Foreign direct investment. Washington, D. C. (= IMF working paper Nr. WP/90/63) 1990.

LÖHNIG, Claudia: Systemtransformation - Aspekte der wirtschaftlichen Umstrukturierung in den Reformstaaten Osteuropas und der ehemaligen Sowjetunion. Weiden u. a. 1996.

LUMMER, Scott L. / McCONNELL, John J.: Stock valuation effects of international joint ventures; in: Pacific basin capital markets research, Jg. 1 (1990), S. 531-546.

MACH, Zdzisław(Hrsg.): Polens Mitgift - Was bringt Polen in die Europäische Union? Beitragsband der gleichnamigen Tagung, Kraków, 3.-5. Dezember 1997. Kraków (Gespräche in der Villa Decius Nr. 1) 1999

MARTIN, Philippe / ROGERS, Carol Ann: Industrial location and public infrastructure; in: Journal of international economics, Jg. 39, Nr. 3/4 (November 1995), S. 335-351.

MARTIN, Philippe / ROGERS, Carol Ann: Trade effects of regional aid; in: BALDWIN, Richard Edward / HAAPARANTA, Pertti Juhani / KIANDER, Jaakko, (Hrsg.): Expanding membership of the European Union. Cambridge, MA, u. a. 1995, S. 166-188.

MATEŠOVÁ, Jana / SEĎA, Richard: Financial markets in the Czech Republic as a means of corporate governance in voucher privatized companies. Prague (= Economics Institute of the Academy of Sciences of the Czech Republic, Center for Economic Research and Graduate Education, Charles University, Working paper Nr. 62) 1994.

MÁTYÁS, László / KÖRÖSI, Gábor: The determinants of foreign direct investment in transforming economies - a comment; in: Weltwirtschaftliches Archiv, Jg. 132 (1996), Nr. 2, S. 390-393.

MAYER, Otto G. / SCHARRER, Hans-Eckhart (Hrsg.): Osterweiterung der Europäischen Union - Sind die mittel- und osteuropäischen Länder und die EU reif für eine Erweiterung? Baden-Baden (= Veröffentlichungen des HWWA-Institut für Wirtschaftsforschung Hamburg Band 35) 1997.

MEISSNER, Thomas: Die Wirkung der institutionellen Ausgestaltung der Treuhandanstalt, Berlin, auf die Privatisierung in den neuen Bundesländern. Trier (= Universität Trier, Fachbereich 4, Schriftenreihe des Schwerpunktes Finanzwissenschaft / Betriebswirtschaftliche Steuerlehre, herausgegeben von DICKERTMANN, Dietrich, und LEHMANN, Matthias, Nr. 2) 1994.

DERSELBE: Foreign direct investment in Bulgaria - The significance of the "Value of waiting to invest"; in: SCHÖNFELDER, Bruno (Hrsg.): Problems of privatization in Bulgaria. München (= Südosteuropa aktuell Nr. 24) 1997, S. 79-94.

DERSELBE: Mittel- und Osteuropa als Ziel des Kapital-, Waren- und Dienstleistungsexportes aus der Europäischen Union; in: MACH, Zdzisław (Hrsg.): Polens Mitgift - Was bringt Polen in die Europäische Union? Beitragsband der gleichnamigen Tagung, Kraków, 3.-5. Dezember 1997. Kraków (Gespräche in der Villa Decius Nr. 1) 1999, S. 31-39.

DERSELBE: Rückschläge bei der Transformation Mittel- und Osteuropas - das Beispiel Bulgariens; in: IWH - Wirtschaft im Wandel, Jg. 3 (1997), Nr. 8, S. 13-17.

DERSELBE: Bulgariens erste Erfahrungen mit seinem Currency board; in: IWH - Wirtschaft im Wandel, Jg. 4 (1998), Nr. 8, S. 9-14.

DERSELBE: Standortnachteile Mittel- und Osteuropas durch unzureichende Straßen- und Bahnnetze; in: IWH - Wirtschaft im Wandel, Jg. 2 (1996), Nr. 12, S. 15-19.

DERSELBE: Verkehrsinfrastruktur und Wettbewerbsfähigkeit am Beispiel der Reformstaaten Mittel- und Osteuropas. Halle (Saale) (= Institut für Wirtschaftsforschung Halle, Forschungsreihe Nr. 6 / 1999) 1999, S. 3-31.

DERSELBE: Wachsende deutsche Direktinvestitionen in Mittel- und Osteuropa und deren Unterstützung durch den deutschen Staat; in: IWH - Wirtschaft im Wandel, Jg. 3 (1997), Nr. 14, S. 3-8.

MERTON, Robert C.: The theory of rational option pricing; in: The Bell journal of economics and management science, Jg. 4 (1973), S. 141-183.

MEYER, Klaus E.: Direct foreign investment in Central and Eastern Europe - understanding the statistical evidence. London (= London Business School, CIS Middle Europe Centre, Discussion paper Nr. 12) 1994.

MIKHAIL, Azmi D. / SHAWKY, Hany A.: Investment performance of U.S.-based multinational corporations; in: Journal of international business studies, Jg. 10 (1979), Bd. 2, S. 53-66.

MORCK, Randall / YEUNG, Bernard: Why investors value multinationality; in: The journal of business, Jg. 64 (1991), Nr. 2, S. 165-187.

MÜNNICH, Frank E.: Verallgemeinerung eines Tests von Chow; in: Statistische Hefte, Jg. 11 (1970), S. 153-159.

MYERS, Stewart C.: Determinants of corporate borrowing; in: Journal of financial economics, Jg. 5 (1977), S. 147-175.

Nationale Statistiken.

o. V.: Central Europe's roads - Crash, bang, wait. En route to Bucharest, maybe, in: The economist, Band 359, Nr. 8 223 (26. Mai - 1. Juni 2001), S. 34-37.

o. V.: Flucht nach Osten; in: Manager Magazin, Nr. 3 / 1994, S. 84-97.

o. V.: Forint bald voll kompatibel; in: Frankfurter Allgemeine Zeitung, Nr. 129, Mittwoch, 6. Juni 2001, S. 33.

o. V.: Lockende Märkte; in: Wirtschaftswoche, Nr. 38 / 2000, S. 50-53.

o. V.: Ungarn und Zypern sind jetzt Spitzenreiter; in: Frankfurter Allgemeine Zeitung, Nr. 147, Donnerstag, 28. Juni 2001, S. 6.

o. V.: Verzögerung bei den EU-Beitrittsverhandlungen; in: Frankfurter Allgemeine Zeitung, Nr. 74, Dienstag, 28. März 2000, S. 1.

ODEWALD, Jens: Marktwirtschaft - Hoffnungsträger der osteuropäischen Zukunft; in: TREUHANDANSTALT / OSTAUSSCHUSS DER DEUTSCHEN WIRTSCHAFT / BUNDESVERBAND DER DEUTSCHEN INDUSTRIE (Hrsg.): Privatisieren - Miteinander in die Soziale Marktwirtschaft. Köln, 1992, S. 12-13.

OPPENLÄNDER, Karl Heinrich (Hrsg.): Einfluß der Europäischen Währungsunion auf den Transformationsprozess in Ostmitteleuropa unter besonderer Berücksichtigung Ungarns - Ifo/IfW-Symposium vom 11. bis 13. Dezember 1995 in München.

München u. a. (= Ifo-Studien zur Osteuropa- und Transformationsforschung Nr. 24) 1996.

ORGANISATION FOR CO-OPERATION AND DEVELOPMENT: Economic Survey, verschiedene Ausgaben.

PAASI, Marianne: The inherited and emerging absorptive capacities of firms - results of a firms survey in the Estonian electronics industry. Halle (Saale) (= Institut für Wirtschaftsforschung Halle, Diskussionspapier Nr. 46) 1996.

GÖRGENS, Egon: Die Drei-Sektoren-Hypothese; in: Das Wirtschaftsstudium, Jg. 4, Nr. 6 (Juni 1995), S. 287-292.

PAGE, Suzanne: Exchange rates, inflation, and international direct investment. Urbana, IL (= Univ. of Illinois at Urbana-Champaign, Dissertation, 1982), 1982.

PERRY, Martin K.: Vertical integration - Determinants and effects; in: SCHMALENSEE, Richard / WILLIG, Robert D. (Hrsg.): Handbook of industrial organization - 1. Amsterdam u. a. 1989, S. 183-255.

PETSCHE, Alexander: Der Weg Ungarns in die Europäische Union - Ausgangslage, Beitrittvoraussetzungen und Kosten eines ungarischen EU-Beitritts. Frankfurt / Main u. a. 1997.

PFAFFERMAYR, Michael: Die Determinanten der Direktinvestitionen im Ausland und ihre Wirkung auf die Exporttätigkeit - Ein kurzer Überblick über die theoretischen Erklärungsansätze; in: Wirtschaftspolitische Blätter, Jg. 42 (1995), S. 131-142.

DERSELBE: Direktinvestitionen im Ausland - die Determinanten der Direktinvestitionen im Ausland und ihre Wirkung auf den Außenhandel. Heidelberg (= Wirtschaftswissenschaftliche Beiträge Nr. 121) 1996.

PFÄHLER, Wilhelm / LORZ, Jens Oliver: Optionen der deutschen Standortpolitik; in: Deutschland im internationalen Standortwettbewerb. Baden-Baden 1995 (= Veröffentlichungen des HWWA-Institut für Wirtschaftsforschung Hamburg Nr. 18), S. 119-164.

PINDYCK, Robert S.: Irreversibility, uncertainty, and investment; in: SERVÈN, Luis / SOLIMANO, Andrès (Hrsg.): Striving for growth after adjustment - the role of capital formation. Washington, DC, 1993, S. 31-80.

PITELIS, Christos N. / SUGDEN, Roger (Hrsg.): The nature of the transnational firm. 2. Ausgabe, London u. a. 2000.

PITLIK, Hans: Explaining economic performance during transition - what do we know? in: Intereconomics, Bd. 35 (2000), H. 1, S. 38-45.

PRAGER, Robin A.: Using stock price data to measure the effects of regulation - the Interstate Commerce Act and the railroad industry; in: The Rand journal of economics, Jg. 20 (1989), Nr. 2, S. 280-290.

PRATT, John W. / ZECKHAUSER, Richard J. (Hrsg.): Principals and agents - the structure of business. Boston, Mass., 1985.

QUAISSER, Wolfgang: Ausländische Direktinvestitionen im polnischen Transformationsprozeß. München (= Arbeiten aus dem Osteuropa-Institut München Nr. 184) 1995.

RHEINISCH-WESTFÄLISCHES INSTITUT FÜR WIRTSCHAFTSFORSCHUNG ESSEN: Der Wirtschaftsstandort Deutschland vor dem Hintergrund regionaler Entwicklungstendenzen in Europa - Gutachten. Essen 1996.

ROLL, Richard: A critique of the asset pricing theory's tests; in: Journal of financial economics, Jg. 4, Nr. 2 (März 1977), S. 129-176.

ROSS, Stephen A.: The arbitrage theory of capital asset pricing; in: Journal of economic theory, Jg. 13, Nr. 3 (Dezember 1976), S. 341-360.

MARKOWITZ, Harry M.: Portfolio selection - Efficient diversification of investment. New York, NY / London 1959.

RUGMAN, Alan M.: New theories of the multinational enterprise - an assessment of internalization theory; in: Bulletin of economic research, Jg. 38 (1986), Nr. 2, S. 101-118.

RUGMAN, Alan M.: The selected scientific papers of Alan M. Rugman - 1: The theory of multinational enterprises. Cheltenham, UK / Brookfield, US, 1996.

SACHVERSTÄNDIGENRAT ZUR BEGUTACHTUNG DER GESAMTWIRTSCHAFTLICHEN ENTWICKLUNG: Jahresgutachten. Stuttgart, verschiedene Ausgaben.

SAPPINGTON, David E. M. / STIGLITZ, Joseph E.: Privatization, information and incentives; in: Journal of policy analysis and management, Jg. 6 (1987), Nr. 4, S. 567-582.

SCHMALENSEE, Richard / WILLIG, Robert D. (Hrsg.): Handbook of industrial organization - 1. Amsterdam u. a. 1989.

SCHMIDT, Reinhard H.: Grundzüge der Investitions- und Finanzierungstheorie. 2. Auflage, Wiesbaden 1990.

SCHMIDT, Reinhart / MAY, Axel: Erklärung von Aktienindizes durch Pressemeldungen; in: Zeitschrift für Betriebswirtschaft, Jg. 63 (1993), Nr. 1, S. 61-88.

SCHNEEWEISS, Hans: Ökonometrie. 4. Auflage, Heidelberg 1990.

SCHÖNFELDER, Bruno (Hrsg.): Problems of privatization in Bulgaria. München (= Südosteuropa aktuell Nr. 24) 1997.

SCHRADER, Klaus: Ordnungspolitische Weichenstellungen für eine marktwirtschaftliche Entwicklung in mittel- und osteuropäischen Reformländern. Tübingen (= Kieler Studien Nr. 297) 1999.

SCHÜLLER, Alfred: Probleme des Übergangs von der Staatswirtschaft zur Marktwirtschaft; in: SCHÜLLER, Alfred, et al. (Hrsg.): Zur Transformation von Wirtschaftssystemen - Von der Sozialistischen Planwirtschaft zur Sozialen Marktwirtschaft (Hannelore Hamel zum 60. Geburtstag). Marburg (= Forschungsstelle zum Vergleich wirtschaftlicher Lenkungssysteme der Phillipps-Universität Marburg, Arbeitsberichte zum Systemvergleich Nr. 15).

SCHULTE-MATTLER, Hermann: Direktinvestitionen - Gründe für das Entstehen von multinationalen Unternehmen. Frankfurt am Main u. a. 1988.

SCHUMACHER, Dieter / TRABOLD, Harald / WEISE, Christian: Transformation des Wirtschaftssystems in den mittel- und osteuropäischen Ländern - außenwirtschaftliche Bedingungen und Auswirkungen. Berlin (= Deutsches Institut für Wirtschaftsforschung, Sonderheft Nr. 161) 1997.

SEIFERT, Frank: Rahmenbedingungen für Gemeinschaftsunternehmen in Bulgarien; in: Der Betrieb, Jg. 45, Nr. 9 (28. Februar 1992), S. 463-465.

SEPPELFRICKE, Peter: Investitionen unter Unsicherheit - eine theoretische und empirische Untersuchung für die Bundesrepublik Deutschland. Frankfurt am Main 1996.

SERVÈN, Luis / SOLIMANO, Andrès (Hrsg.): Striving for growth after adjustment - the role of capital formation. Washington, DC, 1993.

SHANNON, Claude E. / WEAVER, Warren: The mathematical theory of communication. Urbana, IL, u. a. 1998.

SHARPE, William F.: A simplified model for portfolio analysis; in: Management science, Jg. 9, Nr. 2 (Januar 1963), S. 277-293.

DERSELBE: Capital asset pricing - A theory of market equilibrium under conditions of risk; in: The journal of finance, Jg. 19, Nr. 3 (September 1964), S. 425-442.

SHARPE, William F.: Portfolio theory and capital markets. New York, NY, 1970.

DERSELBE / ALEXANDER, Gordon J. / BAILEY, Jeffery V: Investments. 5. Auflage, Englewood Cliffs, NJ, 1995.

SIEBERT, Horst: On the concept of locational competition. Kiel (= Kieler Arbeitspapiere Nr. 731) 1996.

SMITH, Adam: An inquiry into the nature and causes of the wealth of nations. 1. Auflage, London 1776.

SMITH, Alasdair: Strategic investment, multinational corporations and trade policy; in: European economic review, Jg. 31 (1987), S. 89-96.

STEHN, Jürgen: Ausländische Direktinvestitionen in Industrieländern - theoretische Erklärungsansätze und empirische Evidenz. Tübingen (= Kieler Studien Nr. 245) 1992.

STEPPACHER, Burkard: Die Europäische Union vor einer neuen Erweiterungsrunde - Kernpunkte der intensivierten Heranführungsstrategie der EU für mittel- und osteuropäische Beitrittsaspiranten. 2. Auflage, Sankt Augustin 1997.

STIGLER, George J. / BOULDING, Kenneth E.: Readings in Price Theory. Homewood, IL, 1952.

STRAUBHAAR, Thomas: Standortbedingungen im globalen Wettbewerb; in: BISKUP, Reinhold (Hrsg.): Globalisierung und Wettbewerb. Bern u. a. (= Beiträge zur Wirtschaftspolitik Nr. 63) 1996, S. 217-239.

ŠVEJNAR, Jan: A framework for the economic transformation of Czechoslovakia; in: PlanEcon Report, Jg. 5 (1989), Nr. 52, S. 1-18.

SWAMY, Paravastu A. V. B.: Efficient inference in a random coefficient regression model; in: Econometrica, Jg. 38, Nr. 2 (März 1970) S. 311-323.

DERSELBE: Statistical inference in random coefficient regression models. Berlin u. a. (= Lecture notes in operations research and mathematical systems Nr. 55) 1971.

SZANYI, Miklós: Experiences with foreign direct investment in Hungary; in: Russian & East European finance and trade, Jg. 31 (1995), Nr. 3, S. 6-30.

TESCH, Peter: Die Bestimmungsgründe des internationalen Handels und der Direktinvestition - Eine kritische Untersuchung der außenwirtschaftlichen Theorien und Ansatzpunkte einer standorttheoretischen Erklärung der leistungswirtschaftlichen Auslandsbeziehungen der Unternehmen. Berlin (= Volkswirtschaftliche Schriften Nr. 301) 1980.

THIMANN, Christian / THUM, Marcel: Investing in terra incognita - waiting and learning; in: Economic systems, Jg. 22 (1998), Nr. 1, S. 1-22.

THOMSON FINANCIAL DATASTREAM.

TICHY, Gunther: Integrationstheorie und Osterweiterung; in: MAYER, Otto G. / SCHARRER, Hans-Eckhart (Hrsg.): Osterweiterung der Europäischen Union - Sind die mittel- und osteuropäischen Länder und die EU reif für eine Erweiterung? Baden-Baden (= Veröffentlichungen des HWWA-Institut für Wirtschaftsforschung Hamburg Band 35) 1997, S. 11-60.

TREUHANDANSTALT / OSTAUSSCHUSS DER DEUTSCHEN WIRTSCHAFT / BUNDESVERBAND DER DEUTSCHEN INDUSTRIE (Hrsg.): Privatisieren - Miteinander in die Soziale Marktwirtschaft. Köln, 1992.

UNITED NATIONS CONFERENCE ON TRADE AND DEVELOPMENT: World investment report - 1999. Foreign direct investment and the challenge of development. New York / Geneva 1999.

UNIVERSITY OF CHICAGO, CENTER FOR RESEARCH IN SECURITY PRICES: CRSP Daily excess return file, zit. nach CHEN, Haiyang / HU, Michael Y.: Stock valuation effects on international joint ventures - evidence from U.S. investment in Eastern European countries; in: Journal of multinational financial management, Jg. 1 (1991), Nr. 4, S. 67-85.

VARIAN, Hal R.: The arbitrage principle in financial economics; in: The journal of economic perspectives, Jg. 1 (1987), Nr. 2, S. 55-72.

VERNON, Raymond: International investment and international trade in the product cycle; in: The quarterly journal of economics, Jg. 80 (1966), S. 190-207.

DERSELBE: The product cycle hypothesis in a new international environment; in: Oxford bulletin of economics and statistics, Jg. 41 (1979), S. 255-267.

VINCENTZ, Volkhart / QUAISSER, Wolfgang: Wachstumsfaktoren in Osteuropa; in: ifo-Schnelldienst Nr. 30/1999, S. 16-24.

VWD Mittel- und Osteuropa; VWD Osteuropa; VWD Rußland mit GUS-Staaten; VWD Spezial - Neue Bundesländer, Osteuropa; http://www.vwd.de.

WANG, Zhen-quan / SWAIN, Nigel J.: The determinants of foreign direct investment in transforming economies - empirical evidence from Hungary and China; in: Weltwirtschaftliches Archiv, Jg. 131 (1995), Nr. 2, S. 359-382.

WEBER, Alfred: Über den Standort der Industrien - 1. Teil. Tübingen 1909.

WENGER, Ekkehard / KASERER, Christoph: The German system of corporate governance - a model which should not be imitated; in: BLACK, Stanley W. / MÖRSCH, Mathias (Hrsg.): Competition and convergence in financial markets - the German and Anglo-American models. Amsterdam u. a. 1998, S. 41-78.

WERNER, Klaus: Die wirtschaftliche Lage in Mittel- und osteuropa - Ergebnisse 1996 und Prognose 1997; in: IWH - Wirtschaft im Wandel, Jg. 3 (1997), Nr. 5, S. 7-8.

DERSELBE: Wachstum und Warenstruktur der MOE-Exporte nach Westeuropa seit 1990 - Anhaltspunkte für eine Arbeitsteilung zwischen Ost- und Westeuropa? Vortrag, gehalten beim 13. Leipziger Weltwirtschaftsseminar des Zentrums für Internationale Wirtschaftsbeziehungen (ZIW) der Universität Leipzig. Leipzig, 27.-28. November 1997.

WILLIAMSON, Oliver E.: Hierarchical control and optimum firm size; in: The Journal of political economy, Jg. 75, Nr. 2 (April 1967), S. 123-138.

DERSELBE: Markets and hierarchies. New York, NY, 1975.

WITTMANN, Waldemar: Unternehmung und unvollkommene Information. Köln 1959.

WORLD MONEY - W. MÜLLER (http://www.world-money.com).

ZEBREGS, Harm: Can the neoclassical model explain the distribution of foreign direct investment across developing countries? Washington, D. C. (= IMF working paper Nr. WP/98/139) 1998.

ZEMPLINEROVÁ, Alena: Die Rolle der ausländischen Direktinvestitionen im Restrukturierungsprozeß der Tschechischen Wirtschaft; in: KUNZE, Cornelie (Hrsg.): Mittel- und Osteuropa als Produktionsstandort und Absatzmarkt für Westeuropa. Leipzig (= Transformation - Leipziger Beiträge zu Wirtschaft und Gesellschaft Nr. 8); S. 106-121.

GPSR Compliance

The European Union's (EU) General Product Safety Regulation (GPSR) is a set of rules that requires consumer products to be safe and our obligations to ensure this.

If you have any concerns about our products, you can contact us on ProductSafety@springernature.com

In case Publisher is established outside the EU, the EU authorized representative is:

Springer Nature Customer Service Center GmbH
Europaplatz 3
69115 Heidelberg, Germany

Batch number: 10815964

Printed by Printforce, the Netherlands